Anatoli Karpow

Caro-Kann-
Verteidigung
– richtig gespielt

Joachim Beyer Verlag

Der Joachim Beyer Verlag bedankt sich bei Lothar Nikolaiczuk für die meisterliche Überarbeitung und Aktualisierung dieses Buches.

ISBN 978-3-95920-062-2

5. überarbeitete und ergänzte Auflage 2018

© by Joachim Beyer Verlag

Ein Imprint des Schachverlag Ullrich, Zur Wallfahrtskirche 5, 97483 Eltmann

Kapitel 3 – Das System mit 5. ♘xf6 exf6 112

Kapitel 4 – Das System mit 5. ♘xf6 gxf6 116

Kapitel 5 – Das klassische System 123

Vorwort zur Neuauflage

Dieses Buch ist der Caro-Kann-Verteidigung gewidmet – einer Eröffnung, die häufig mit meinem Namen in Verbindung gebracht wird. Seit mehr als einem Jahrhundert genießt sie den Ruf einer sehr soliden Verteidigung. Zu verschiedenen Zeiten stieg oder sank ihre Popularität. Als Michail Botwinnik die Caro-Kann Verteidigung spielte (mit deren Hilfe er vor allem seine Schachkrone in den Revanche-Matches gegen Smyslow und Tal verteidigte), erhöhte sich das Interesse daran deutlich. Und in den vergangenen Jahrzehnten ist die Wertschätzung noch größer geworden. Keine unwesentliche Rolle spielte dabei die Vorliebe des Autors für diese Verteidigung, der sie entsprechend regelmäßig in den wichtigsten Turnieren und WM-Kämpfen verwendet hat.

In jungen Jahren, als ich selbst 1.e2-e4 bevorzugte, spielte ich mit Weiß *gegen* die Caro-Kann-Verteidigung. Später wählte ich dann vor allem geschlossene Partieanfänge. Mit Schwarz jedoch begann ich, 1. e4 mit 1. ... c6 zu beantworten. Auf diese Weise habe ich einen großen Caro-Kann-Erfahrungsschatz mit beiden Farben angesammelt. Im vorliegenden Buch trete ich allerdings mehr als Anwalt des Nachziehenden auf und versuche, gegen die weiße Initiative in der einen oder anderen Variante ein Gegengift zu zeigen.

Sie haben kein herkömmliches Eröffnungswerk vor sich, das alle Systeme umfasst. Es ist anders aufgebaut und enthält die 60 interessantesten Caro-Kann-Partien der vergangenen Jahre. Ältere Partien wurden aus der Neuauflage entfernt und neuere wurden aufgenommen. Die Mehrzahl davon hat die Entwicklung dieser Eröffnung wesentlich beeinflusst. Vom aufmerksamen Studium der Beispielpartien profitiert der Leser mehr als vom Auswendiglernen der verschiedenen Varianten. Er dringt tiefer in das Wesen der Eröffnung ein und versteht den engen Zusammenhang zwischen Partieanfang, Mittelspiel und gelegentlich sogar dem Endspiel. Er erfährt Wichtiges über die strategischen Pläne sowie über die Spieltechnik in typischen Stellungen. Darüber hinaus bringt schon allein das Nachspielen der Großmeisterpartien Freude und Genuss.

Caro-Kann hat seine Bewährung als feuerfeste Eröffnung längst bestanden, obwohl sich Schwarz auch hier (wie bei jedem anderen Partieanfang) zu Beginn bemühen muss, Ausgleich zu erzielen. Andererseits bietet das weiße Streben nach Aktivität dem Schwarzen häufig reichlich Möglichkeiten zum Gegenspiel, wobei er nicht selten das bessere Endspiel erhält.

Weil dieses Buch kein Eröffnungslexikon ist, finden in der Praxis selten vorkommende Abspiele hier keine Berücksichtigung, wie z. B.:

– die Abtauschvariante 1. e4 c6 2. d4 d5 3. exd5 cxd5 4. ♗d3 ♘c6 5. c3;

– das System mit 1. e4 c6 2. d4 d5 3. ♘c3 g6 oder 3. ♘d2 g6;

– Systeme ohne den Zug d2-d4 wie z.B. die Zweispringervariante 1. e4 c6 3. ♘f3 d5 3. ♘c3 oder der königsindische Aufbau 1. e4 c6 2. d3 d5 3. ♘d2;

– sowie andere seltene Varianten wie 1. e4 c6 2. ♘e2, 1. e4 c6 2. b3, 1. e4 c6 2. ♘c3 d5 3. ♕f3 oder 1. e4 c6 2. d4 d5 3. ♘c3 b5.

Stattdessen liegt der Schwerpunkt auf den folgenden beliebtesten Systemen.

1. **Der Panow-Angriff**: 1. e4 c6 2. d4 d5 3. exd5 cxd5 4. c4

     bzw. das Steiner-System: 1. e4 c6 2. c4 d5 3. exd5 cxd5 4. cxd5

2. **Das geschlossene System:** 1. e4 c6 2. d4 d5 3. e5 ♗f5

3. **Das System** 1. e4 c6 2. d4 d5 3. ♘c3 dxe4 4. ♘xe4 ♘f6 5. ♘xf6+ **mit**
     5. ... exf6

4. **Das System** 1. e4 c6 2. d4 d5 3. ♘c3 dxe4 4. ♘xe4 ♘f6 5. ♘xf6+ **mit**
     5. ... gxf6

5. **Das klassische System**: 1. e4 c6 2. d4 d5 3. ♘c3 dxe4 4. ♘xe4 ♗f5

6. **Das Petrosjan-Smyslow-System**: 1. e4 c6 2. d4 d5 3. ♘c3 dxe4 4.
     ♘xe4 ♘d7

Wie bei jeder Eröffnung werden auch in der Caro-Kann-Verteidigung die Pläne beider Seiten durch die bestehende Bauernstruktur bestimmt. Bei diesem Partieanfang ist der Bauernaufbau aber nicht ganz so wesentlich wie z. B. in der Königsindischen Verteidigung. Dennoch beginnen wir die Betrachtung der sechs Haupt-Systeme mit einem Blick auf die jeweils gegebene charakteristische Bauern-Struktur.

Caro-Kann spielte ich als Antwort auf 1. e4 zum ersten mal im Kandidaten-Match 1974 gegen Boris Spasski. Die Sache verlief erfolgreich, und ich nahm die Verteidigung in mein Repertoire auf. Ungefähr zehn Jahre lang spielte ich sie sporadisch und abwechselnd mit Spanisch. Ab der zweiten Hälfte der Achtziger Jahre hat Caro-Kann die „Konkurrenz" meiner anderen Eröffnungen fast vollkommen verdrängt. z. B. vertraute ich in zwei wichtigen Duellen (dem Superfinale der WM-Kandidatenkämpfe 1987 gegen Andrej Sokolow und dem Viertelfinale 1991 gegen Viswanathan Anand) in allen Schwarzpartien auf diese Verteidigung. Ich habe es nicht bereut, und so blieb ich auch gegen Ende des vergangenen Jahrhunderts dabei.

Im WM-Match 1996 gegen Gata Kamsky (das Buch enthält alle Caro-Kann-Partien dieses Wettkampfs in Elista) sah sich der Herausforderer am Ende gezwungen, auf 1. e4 zu verzichten.

Im WM-Finale gegen Vishy Anand in Lausanne 1998 erzielte ich meinen letzten Sieg in der vierten regulären Partie mit Caro-Kann. Und im letzten Spiel des Matchs mit normaler Bedenkzeit nahm auch der indische Großmeister von 1. e4 Abstand.

Die im Buch enthaltenen 60 Partien wurden in Wettbewerben von höchstem Rang zwischen 1987 und 2008 gespielt. Und zählt man die Beispiele in den Kommentaren hinzu, so erhöht sich die Zahl der berücksichtigten Partien um das Dreifache. Viele wertvolle Ideen in der Caro-Kann-Verteidigung erblickten gerade in meinen Partien das Licht der Welt, so dass es nicht verwunderlich ist, dass beinahe die Hälfte der Beispielpartien von mir selbst stammt. Darum kann man das Buch durchaus auch als „Sammelband ausgewählter Caro-Kann-Partien des zwölften Schachweltmeisters" ansehen.

Das Interesse an der Caro-Kann-Verteidigung ist sehr stabil, und nach wie vor wird sie auf höchstem Niveau gern gespielt. In unserer vorliegenden Auflage wird dieser Trend berücksichtigt. Wir haben einige neue Partien in das Buch aufgenommen und stützen uns dabei auch auf Anmerkungen der Spieler. In der heutigen Zeit, in der alle Kommentatoren Computerprogramme benutzen, die eine Spielstärke von fast 3000 ELO haben, ist es schwer, Varianten zu „verbessern".

Ich hoffe, das Buch ist interessant und nützlich für alle Schachfreunde, unabhängig von ihrer Spielstärke und ihrem Eröffnungsgeschmack. Es wendet sich auch an Leser, die Caro-Kann bisher noch nicht in ihr Arsenal aufgenommen haben. Zum Schluss möchte ich dem Moskauer Schachmeister Jewgeni Gik danken. Ohne seine Hilfe würde es dieses Buch nicht geben.

Anatoli Karpow

Kapitel 1

Der Panow-Angriff
1. e4 c6 2. d4 d5 3. exd5 cxd5 4. c4 ♘f6 5. ♘c3

Das Hauptmotiv des Panow-Angriffs besteht im Angriff auf den Punkt d5. Als Antwort darauf hat Schwarz zwei Spielpläne. Der erste sieht die Organisation eines Gegenangriffs auf den Bauern d4 vor – sei es mittels Sc6 und Lg4 oder mittels Königs-Fianchetto. Diese Motive sind für die Caro-Kann-Verteidigung typisch.

Der zweite Plan, der heutzutage populärer ist, besteht darin, den Punkt d5 durch e7-e6 zu befestigen und den Bauern d4 in der Folge möglichst zu isolieren. Dabei ergeben sich geschlossene Stellungen, die vor allem auch für das Damengambit charakteristisch sind.

Beim Panow-Angriff entsteht in der Regel folgende Bauernstruktur.

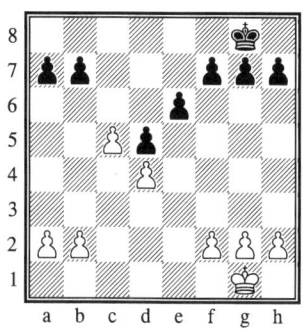

oder

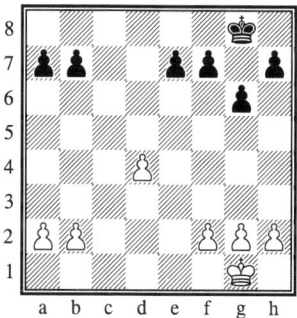

Die nachfolgenden Partien illustrieren die verschiedenen Spielarten des Panow-Angriffs.

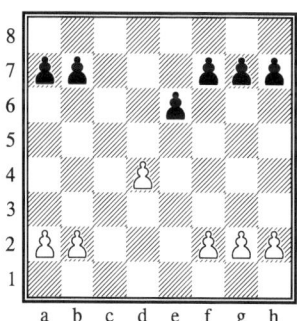

Spielt Weiß aber c4-c5 oder Schwarz g7-g6, dann ergeben sich etwas andere Bilder – nämlich entweder

Partie Nr. 1
Sweschnikow – Oll
Moskau 1992

1. e4   c6
2. d4   d5
3. exd5   cxd5
4. c4   ♘f6
5. ♘c3   ♘c6

Die beliebteste Antwort an dieser Stelle ist 5. ... e6, und entsprechend wird ihr in diesem Buch viel Aufmerksamkeit geschenkt. In diesem Fall geht das Spiel (wie bereits erwähnt wurde) ins Damengambit oder in die Nimzoindische Verteidigung über. Der Alternative 5. ... g6 ist die Partie Nr. 4 gewidmet.

6. ♗g5

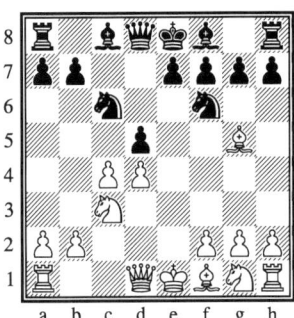

6. ...   dxc4

Nach Aufgabe des Zentrums erhofft sich Schwarz aktives Figurenspiel gegen den d-Bauern. Stattdessen kommt auch 6. ... e6 (Partie Nr. 2), 6...♗e6 oder 6...♛a5 in Frage.

Der Zug 6. ... ♛b6 stammt von Schachmeister Refir und wurde nach der Partie Botwinnik – Spielmann (Moskau 1935) sehr bekannt. Diese verlief wie folgt: 7. cxd5 ♛xb2? 8. ♖c1! ♘b4 9. ♘a4 ♛xa2 10. ♗c4 ♗g4 11. ♘f3 ♗xf3 12. gxf3, und wegen des drohenden Figurenverlusts 12. ... ♛a3 13. ♖c3 warf Schwarz bereits das Handtuch.

Die Hauptantwort in diesem Abspiel ist 7. ... ♘xd4.

1) Dem Gambitmanöver 8. ♗e3 e5 9. dxe6 ♗c5 10. exf7+ ♚e7 widmete Boleslawski seinerzeit eine gründliche Analyse. 11. ♗c4 ♖d8 12. ♘f3 ♗g4

(12...♛xb2 ist gefährlich wegen 13. 0-0! ♛xc3 14. ♖c1 ♛b2 15. ♖e1 ♚f8 16. ♘xd4 ♗xd4 17. ♛d3! mit starkem Angriff.)

13. ♗xd4 ♖xd4 14. ♛e2+ ♚f8 15. ♗b3 a5 16. 0-0 a4 17. ♗d1! Weiß hat seine Stellung konsolidiert.

2) Später fand man das noch stärkere 8. ♘f3! ♛xb2.

(Vorsichtiger wäre 8. ... ♘xf3+ 9. ♛xf3 ♗d7.)

9. ♖c1 ♘xf3+ 10. ♛xf3 ♗d7 11. ♗c4! ♖c8 12. ♗b3 Nach der Rochade ist der weiße Vorteil offensichtlich.

7. ♗xc4

Die andere prinzipielle Antwort ist 7. d5.

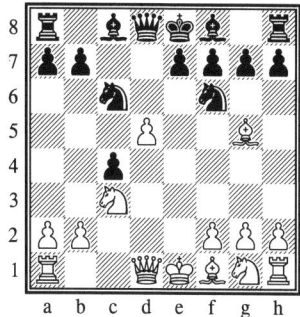

1) Nach 7. ... ♘a5 8. ♘f3 ergibt sich ein zweischneidiges Spiel. Riskanter für Weiß ist 8. b4 cxb3 9. axb3 ♗d7! 10. b4 ♖c8 11. ♘b5 ♘c4 12. ♘xa7 e6! 13. ♕b3 ♕b6 14. ♘xc8 ♗xb4+ 15. ♔e2 ♕c5 mit gefährlicher schwarzer Initiative (Sweschnikow – Roepert, Budapest 1988).

2) Möglich wäre auch 7. ... ♘e5 8. ♕d4.

(Günstig für Weiß ist nun 8. ... ♘d3+ 9. ♗xd3 cxd3 10. ♘f3!, was in einer Partie des erwähnten Matchs Botwinnik – Flohr geschah.)

8. ... h6

a) 9. ♗f4 ♘g6 10. ♗g3 e6 11. d6 ♘e7 12. ♖d1 ♘ed5

(Anand verweist auf die Möglichkeit 12. ... ♘f5 13. ♕xc4 ♘xg3 14. ♘b5 ♘d5 15. ♘c7+ ♘xc7 16. dxc7 ♕xd1+ 17. ♔xd1 ♘xh1 mit unklarer Stellung.)

Nach 13. ♕e5 ♘d7 fand Weiß in der Begegnung Anand – Seirawan (Amsterdam 1992) nichts Besseres als die Zugwiederholung 14. ♕d4 ♘7f6 15. ♕e5, weil 14. ♕e2? ♘xc3

15. bxc3 g6 Schwarz in die Hände spielen würde.

b) Ein Jahr später spielte Weiß in der Partie J. Polgar – Seirawan (Monaco 1993) 9. ♕xe5, und nach 9. ... hxg5 10. ♗xc4 a6 11. 0-0-0 ♕d6 12. ♘f3 g4 13. ♖he1 ♕xe5 14. ♘xe5 ♖xh2 15. d6 e6 16. ♘e4 ♘xe4 17. ♖xe4 f6 18. d7+ ♗xd7 19. ♘xd7 e5 20. ♘xe5 fxe5 21. ♖xe5+ ♗e7 22. ♖de1 waren die Hoffnungen von Schwarz dahin.

7. ...   **♕xd4**

Riskant wäre 7. ... ♘xd4 8. ♘f3 ♘xf3+ 9. ♕xf3, wonach Weiß großen Entwicklungsvorsprung erhält. Selbstverständlich kann Schwarz das Bauernopfer mit 7. ... e6 8. ♘f3 ♗e7 ablehnen, wonach sich eine Stellung mit dem Isolani d4 ergibt, die typisch für das Damengambit ist. Im gegebenen Fall wäre sie vorteilhaft für Weiß, weil der Königsläufer in einem Zug nach c4 gelangte.

8. ♕xd4   ♘xd4
9. 0-0-0   e5
10. ♘gf3

Wird die einzige aktive Figur des Schwarzen getauscht, fällt die Verteidigung äußerst schwer. Der Tausch des anderen Springers 10. ♘b5 ♘xb5 11. ♗xb5+ ♗d7 12. ♗xf6 ♗xb5 13. ♗xe5 f6 würde die Stellung zu sehr vereinfachen.

10. ...   ♘xf3

Für den Bauern besitzt Weiß klaren Entwicklungsvorsprung, während Schwarz sich schon um seinen König sorgen muss.

1) Auf 10. ... ♗g4 ist das Qualitätsopfer 11. ♘xe5 ♗xd1 12. ♗xf7+ ♔e7 13. ♖xd1 ♖d8 14. ♗c4 möglich, und der schwarzen Majestät wird es ungemütlich.

2) Und 10. ... ♗c5 11. ♘xe5 0-0 scheitert ebenfalls, da Weiß nach 12. ♗e3! ♘e6 13. ♗xc5 ♘xc5 14. ♘xf7 ♗e6 15. ♗xe6 ♘xe6 16. ♘e5 einen Mehrbauern hat.

11. gxf3   ♗e7

Der e-Bauer kann nicht gehalten werden: 11. ... ♘d7? 12. ♘b5!

12. ♖he1   0-0
13. ♖xe5   ♗d8

Nach 13. ... ♗b4 14. ♗xf6 gxf6 15. ♖g1+ ♔h8 16. ♖h5 ♗xc3 17. bxc3 wird der weiße Vorteil kleiner, aber logischer ist 14. ♔c2 ♗d7 15. ♗xf6 gxf6 16. ♖h5. Der Läufer hängt, und es droht sowohl ♖dg1+ als auch ♗d3.

14. ♘e4

Ungeachtet der einfachen Stellung ist der weiße Vorteil augenscheinlich. Seine Figuren entfalten maximale Aktivität, während sämtliche schwarzen defensiv stehen. Die aktivste davon möchte Weiß wieder tauschen, was zum Bauerngewinn führt: 14. ... ♘xe4 15. ♖xd8 ♗e6 (Nach 15. ... ♘xg5? 16. ♖ee8! ginge ein schwarzer Turm verloren.) 16. ♖xa8 ♖xa8 17. ♗xe6 ♘xg5 18. ♗d5.

14. ...   ♘d7

Es ist wohl am besten für Schwarz, den Bauern gleich herzugeben, um die eigenen Figuren zu aktivieren: 14. ... ♗e6 15. ♗xe6 fxe6 16. ♗xf6 ♗xf6 17. ♖xe6 ♖ac8+ 18. ♔b1 ♗c7.

15. ♖f5   ♘f6?

Dies verliert einzügig, weil der Turm f8 mit der Verteidigung von Läufer und Bauer überlastet ist, was übrigens auch in dem Abspiel 15. ... ♘b6 16. ♗xf7+ ♔h8 17. ♗e6! deutlich würde.

Hingegen konnten mit 15. ... ♗c7! alle Gefahren beseitigt werden. In der Partie Poluljachow - Majorow (Krasnodar 1995) erwiderte Weiß 16. ♘d6?!

(Zum Ausgleich geführt hätte 16. ♗e7 ♘e5 17. ♖h5 ♖e8 18. ♗d6 ♘xc4 19. ♗xc7.)

Nach 16. ... ♘b6! 17. ♖c5 ♗xd6 18. ♖xd6 ♘xc4 19. ♖xc4 ♗e6 erhielt Schwarz das bessere Spiel.

16. ♖f4   ♗e6
17. ♗xe6   fxe6
18. ♘xf6+   ♗xf6

Auf 18. ... gxf6 folgt der Mattangriff 19. ♗h6 ♖f7 20. ♖g4+ ♔h8 21. ♖dg1.

19. ♗xf6   ♖ac8+
20. ♔b1   gxf6
21. ♖g4+!   ♔h8
22. ♖d7

Wie schon Nimzowitsch lehrte, ist die absolute Beherrschung der 7. Reihe entscheidend.

22. ...   ♖fd8
23. ♖gg7   ♖xd7
24. ♖xd7   ♖g8

25. ♖xb7	♖g1+
26. ♔c2	♖g2
27. ♖xa7	♖xf2+
28. ♔c3	♖xf3+
29. ♔c4	♖f2
30. b4	f5
31. b5	♖b2
32. a4	

Schwarz gab auf.

Partie Nr. 2
Psachis – Granda-Zuniga
Manila 1992

1. e4	c6
2. d4	d5
3. exd5	cxd5
4. c4	♘f6
5. ♘c3	♘c6
6. ♗g5	e6

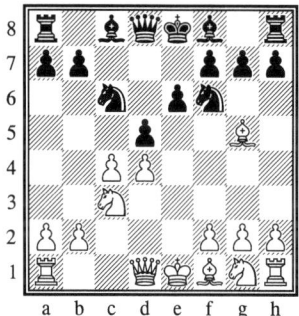

1) Es gibt noch eine andere Methode, den Bauern d5 zu verteidigen – und zwar durch 6. ... ♗e6. Dieser Zug wurde einst von Meister Belawenez in die Praxis eingeführt und ist bis heute nicht widerlegt.

a) Nach 7. ♗xf6 gxf6 ist die Ein-schnürung mit 8. c5 nicht zu befürch-ten, da die Idee von Miles 8. ... ♕d7 nebst ♗g4 den Tausch von Läufer gegen Springer nebst Angriff auf den Bauern d4 vorbereitet. In der Partie Sax – Miles (Wijk aan Zee 1989) geschah 9. ♘f3.

(Auf 9. ♗b5 ist 9. ..:.♖g8 10. g3 0-0-0 mit verteilten Chancen möglich.)

9. ... ♗g4 10. ♗e2 ♗xf3 11. ♗xf3 e6 12. 0-0 ♗g7 13. ♗e2 a6 14. ♕a4 0-0 15. ♖fd1 f5 16. ♖d3 ♕c7 Weiß hat Probleme mit dem Schutz des Bauern d4.

b) Logischer erscheint 7. ♕d2 g6 8. g3 mit der Idee, nach ♗f1-g2 und dem Tausch auf f6 den Druck auf den Bauern d5 zu verstärken. Auf 8. ... a5 wäre 9. ♗xf6 exf6 10. c5 nebst 11. ♗g2 und ♘g1-e2 gut.

2) Hinzuweisen wäre noch auf den Zug 6. ... ♕a5.

a) Und zwar ohne Furcht vor 7. ♗xf6 exf6 8. cxd5 wegen 8. ... ♗b4 9. ♕d2. (Nur zum Remis führt 9. dxc6 ♗xc3+ 10. bxc3 ♕xc3+ 11. ♔e2 0-0 12. f3 ♖e8+ 13. ♔f2 ♕e3+ 14. ♔g3 ♕g5+.)

9. ... ♗xc3 10. bxc3 ♕xd5 11. ♘e2 0-0 12. ♘f4 ♕a5 13. ♗e2 ♖d8 14. ♖d1 ♗e6! 15. d5 ♘e5 16. c4 ♕c5 mit Ausgleich (Beljawski – Bagirow, Tiflis 1978).

b) In der Partie Lanka – Fridman (Vilnius 1993) folgte interessant 7. a3!?

(Auch andere bekannte Züge – z.B. 7.

♗d2, 7. ♗e2, 7. ♕d2, 7. ♘ge2, 7. ♘f3, 7. g3 – versprechen so gut wie nichts.)

7. … dxc4 8. d5 ♘e5 9. ♕d4

Nach dem klassischen Muster der Partie Botwinnik – Flohr gespielt.

9. … ♘d3+ 10. ♗xd3 cxd3 11. ♘f3 ♗f5 12. 0-0 ♖d8 13. ♘h4 ♗d7 14. ♖fe1 ♕b6 15. ♕xd3 ♗c6 16. ♗xf6 gxf6 17. ♕f3 ♗d7 18. ♘e4 ♗g7 19. d6 Schwarz befindet sich in einer hoffnungslosen Lage.

7. c5

Wenn ein schwarzer Springer auf c6 steht, gilt der Vorstoß des c-Bauern als günstig, weil Schwarz es dann schwerer hat, Gegenspiel zu organisieren. Zugleich droht Weiß mit positionellem Druck.

I) Nach 7. ♘f3 ♗e7 8. ♗d3 0-0 9. 0-0 hat Schwarz mehrere Möglichkeiten Neben 9. … dxc4 mit Übergang zu Stellungen des angenommenen Damengambits gibt es den Ausfall 9. … ♘b4!, und wenn Weiß den Läufer behalten will, gewinnt sein Gegner nach 10. ♗e2 dxc4 11. ♗xc4 ♗d7 12. a3 ♘bd5 ein wichtiges Tempo zur Blockade des isolierten Bauern d4 (Fedorowicz – Seirawan, Wijk aan Zee 1991).

II) Ein anderer Weg besteht in der Auflösung der Bauernspannung mit 7. cxd5 exd5, was von Schwarz aufmerksame Verteidigung verlangt.

A) Den Verlust des Bauern d5 nach 8. ♗xf6 ♕xf6 9. ♘xd5 braucht er je-

doch wegen 9. … ♕e6+! 10. ♕e2 ♗b4+ nicht zu fürchten.

1) Jetzt wäre 11. ♔d1 gefährlich wegen 11. … 0-0 12. ♘c7 ♕d6 13. ♘xa8 ♘xd4 14. ♕c4 ♗g4+.

2) Und nach 11. ♘xb4 ♘xb4 12. ♔d2 0-0 13. ♕xe6

(Auf 13. a3 folgt 13. … ♕b3.)

13. … ♗xe6 14. a3 ♘c6 15. ♘f3 ♗d5 16. ♗e2 ♗xf3 17. ♗xf3 ♘xd4 hat Schwarz das bessere Endspiel.

B) Nach 8. ♗b5 ♗e7 9. ♘ge2 0-0 10. 0-0 h6 11. ♗h4 ♗f5 12. ♗xc6 bxc6 13. ♖c1 ♖e8 14. ♘a4 ♕a5 15. ♘ec3 ♕a6! hält Schwarz das Gleichgewicht (Waiser – Finegold, Groningen 1991). In dieser Partie geschah weiter 16. ♖e1 ♕d3 17. ♖e3?! ♕xd1+ 18. ♘xd1 g5! 19. ♗g3 ♘e4! 20. ♖xc6 ♗d7 21. ♖a6 ♗f6 22. ♗e5 ♖ac8! 23. f3 ♖c1 24. ♖e1 ♗xe5 25. dxe5 ♖xe5! 26. fxe4 ♖xe4 27. ♖xe4 ♖xd1+ 28. ♔f2 dxe4 29. ♘c3 ♖d2+ 30. ♔e3 ♖xg2 31. ♘xe4 ♗e6 32. b4? ♖xa2, und Schwarz erhielt entscheidenden Vorteil.

7. …   ♗d7

Plant den Vorstoß b7-b6 und schützt prophylaktisch den Springer c6 in Erwartung des Standardmanövers ♗b5 nebst ♗xc6. Dabei gerät Schwarz jedoch mit der Entwicklung des Königsflügels in Verzug und muss gewisse positionelle Zugeständnisse machen. Die Hauptfortsetzung ist 7. … ♗e7 8. ♘f3 0-0 mit kompliziertem Spiel.

1) 9. ♗b5 ♘e4 10. ♗xe7 ♘xe7
(Möglich wäre auch 10. ... ♕xe7 11. ♕c2 ♘g5!)

11. ♖c1 b6 Schwarz kann den Bauern c5 ausheben.

a) Nach 12. c6?! ♕d6 13. 0-0 a6 ist der Bauer c6 umzingelt und geht verloren.

b) 12. b4? scheitert an 12. ... bxc5, und nun fällt sowohl 13. bxc5 ♘xc3 14. ♖xc3 ♕a5 15. ♕b3 ♖b8 als auch 13. dxc5 ♖b8 14. ♕e2 ♘g6 15. g3 ♕f6 deutlich zugunsten von Schwarz aus.

Es bleibt also nur die Wahl:

c) 12. ♘xe4 dxe4 13. ♘e5 bxc5 14. ♖xc5 ♕a5+ nebst 15. ... ♕xa2 mit etwas Kompensation für den Bauern.

d) 12. cxb6 ♕xb6 13. ♗d3 ♗b7 mit ungefähr gleichen Chancen.

2) Besser ist es, den Bauern c5 sogleich mit 9. ♖c1 zu decken.

a) 9. ... b6 10. ♗b5 ♗d7 11. ♗xc6 ♗xc6 12. b4 bxc5 13. ♘e5! (13. bxc5 ♘d7!) 13. ... ♖c8 14. bxc5 ♘e4 (Sicherer ist 14. ... ♘d7.)
15. ♗xe7 ♕xe7 16. 0-0 ♘xc3 17. ♖xc3, und Weiß hat leichten Vorteil (Hort – Mestel, London 1982).

b) Auch nach 9. ... ♘e4 10. ♗xe7 ♕xe7 11. ♗e2 ♘xc3 12. ♖xc3 e5 13. ♘xe5 ♘xe5 14. ♖e3 verdient seine Stellung den Vorzug (Analyse von Byrne und Mednis).

8. ♗b5	b6
9. cxb6	♕xb6
10. ♗xf6	gxf6

Als Folge des vorsichtigen Zuges 7. ... ♗d7 muss Schwarz die Verschlechterung seiner Bauernstruktur in Kauf nehmen.

11. ♘ge2	a6

Nach 11. ... f5 12. 0-0 ♗g7 13. ♗xc6 ♗xc6 14. ♕d2 ♖b8 15. ♖ab1 0-0 16. ♖fd1 droht das gefährliche Manöver ♘e2-g3-h5. Beachtung verdient allerdings 11. ... ♗d6.

12. ♗xc6	♗xc6
13. ♖b1	♗d6
14. 0-0	h5

Angebracht war es, das weiße Bauernpaar am Damenflügel zu bremsen: 14. ... a5 15. ♘a4 (besser 15. ♘g3) 15. ... ♕b4 16. b3 ♗b5.

15. b4	♔e7
16. ♕d2	♗b5

Schwarz aktiviert seinen Läufer. Nach 16. ... ♖ag8 könnte Weiß dies durch 17. a4 verhindern und den Bauern b4 indirekt decken: 17. ... ♗xb4? 18. ♖xb4!

17. ♖fe1?!

Der Läufer sollte sofort getauscht werden. Nun hätte Schwarz ihn mittels 17. ... ♗c4 behalten können.

17. ...	♖ag8
18. ♘xb5	axb5
19. ♘c3	♔f8

Die ist gegen die Drohung ♘xd5+ gerichtet. Beachtung verdiente aber der Plan mit dem Angriff auf die Bauern b4 und d4: 19. ... ♕c6 20. ♕d3 ♖b8 21. ♖ec1 ♖hc8 22. ♘e2 ♕e8 mit Eindringen des Turms auf c4.

20. ♕d3   ♛b8
21. h3

Riskant wäre es, den Bauern b5 zu erobern, da Schwarz nach 21. g3 h4 22. ♕xb5 ♕c7 23. ♘e2 hxg3 24. fxg3 ♗xg3 gefährlichen Angriff entwickelt.

21. ...   ♖g5

Es stellt sich heraus, dass der Bauer g2 nicht zu halten ist. Auf 22. ♔h1 ♖hg8 23. ♖g1 geschieht 23. ... ♗h2, aber die Partie mündet in ein Endspiel, in dem das verbundene Freibauerpaar Weiß leichten Vorteil verspricht.

22. ♕xb5   ♖hg8

Auf 22. ... ♕c7 beabsichtigte Psachis 23. ♘d1 ♖hg8 24. ♘e3 ♗f4 mit der Wahl zwischen ...

1) ... einem Endspiel nach 25. ♕c5+ ♕xc5 26. bxc5 ♗xe3 27. ♖b8+ ♔e7 28. ♖b7+ ♔f8 29. ♖xe3 ♖xg2+ 30. ♔f1, in dem die weißen Freibauern sehr gefährlich sind –

2) ... und einem Mittelspiel mit einem Mehrbauern nach 25. ♖e2 ♗xe3 26. fxe3 ♕g3 27. ♔h1.

23. ♕xb8+   ♗xb8
24. a4

Auf 24. g3 würde 24. ... ♗xg3 folgen.

24. ...   ♖xg2+
25. ♔f1   ♖h2
26. a5

Der Versuch, den h-Bauern mittels 26. ♖e3 zu erhalten, scheitert an der überraschenden Ressource 26. ... ♗a7! 27. ♖d3 e5, denn der Bauer f2

gerät in den Röntgenblick des Läufers. Bei Freibauern auf verschiedenen Flügeln ist das Tempo ihres Vorrückens entscheidend.

26. ...   ♖xh3
27. ♘b5   ♗f4
28. a6   ♔e7

Besser ist der Turmtausch 28. ... ♖h1+ 29. ♔e2 ♖xe1+ 30. ♖xe1 ♔e7, denn mit zwei Türmen hat Weiß größere Angriffsmöglichkeiten.

29. ♔e2   ♖a8
30. a7   ♔d7

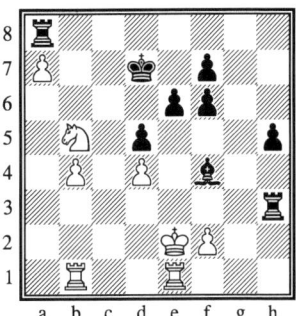

31. ♖ec1   ♖h4

Der weiße Turm kann nicht gut genommen werden, denn nach 31. ... ♗xc1 32. ♖xc1 ♖h4 33. ♖c7+ ♔d8 34. ♖b7 ist der Bauer a7 einen Turm wert.

32. ♖c5   ♖g4
33. ♖b3

Danach kann der schwarze Turm seinem König zu Hilfe kommen. Die logische Verwirklichung der Idee des Qualitätsopfers bestand in 33. ♖bc1! und nun:

1) 33....♖gg8 34. ♖c7+ ♔d8 35. ♖c8+ ♔d7 36. ♖1c7+ ♗xc7 37. ♖xc7+ ♔d8 38. ♖xf7 h4 mit dem pikanten Finale 39. ♘d6! h3 40. b5 h2 41. b6! h1♕ 42. b7 ♕h5+ 43. ♔d2 ♕xf7 44. bxa8♕+ ♔e7 45. ♕b7+;

2) oder 33. ... ♗xc1 34. ♖xc1 e5 35. ♖c7+ ♔e6 36. ♖b7 ♖gg8 37. ♘c7+ ♔d6 38. ♘xa8 ♖xa8 39. ♖xf7 usw.

33....	**♖gg8**
34. ♖bc3	**♖gd8**
35. ♔f3	**♗d6**
36. ♘xd6?	

Nach dem Tausch der Leichtfiguren geht mit dem Bauern a7 der Stolz der weißen Stellung verloren, und Weiß muss sich schon mit dem Gedanken an ein Remis anfreunden. Dabei war es noch immer nicht zu spät für ein Qualitätsopfer: 36. ♖c7+ ♗xc7 37. ♖xc7+ ♔e8 38. ♖b7, und nach ♘c7 wird der b-Bauer sehr gefährlich.

36....	**♔xd6**
37. ♖c7	**♖d7**
38. ♖3c6+	**♔e7**
39. b5	**♖xa7**
40. b6	**♖aa8?!**

Damit vergibt Schwarz die gegebenen Gewinnchancen. Im Endspiel sollte ein Turm nach maximaler Aktivität streben, und zwar selbst um den Preis materieller Verluste. Nach 40. ... ♖a3+ 41. ♔e2 ♖b3 wäre es nicht einfach für Weiß gewesen, die Partie zu retten.

41. ♖xd7+	**♔xd7**
42. ♖c7+	**♔d6**
43. ♖xf7	**♖b8**

44. b7	**f5**
45. ♔f4	**h4**
46. ♖h7	**h3**
47. ♔g3!	**♔c6**
48. ♖e7	**♖xb7**
49. ♖xe6+	**♔b5**
50. ♖h6!	**♔c4**
51. ♖xh3	**♔xd4**
52. ♔f4	**♔c4**
53. ♖h1	**d4**
54. ♔xf5	**d3**
55. f4	**♖e7**
56. ♔f6	**♖e2**
57. f5	**d2**
58. ♖d1	Remis.

Partie Nr. 3
Iwanow – Seirawan
USA 1992

1. e4	**c6**
2. d4	**d5**
3. exd5	**cxd5**
4. c4	**♘f6**
5. ♘c3	**♘c6**
6. ♘f3	**♗g4**
7. cxd5	**♘xd5**
8. ♕b3	

Eine der bekanntesten Stellungen im Panow-Angriff. Auf den alten Zug 8. ♗b5, der schon seit der Partie Nimzowitsch – Aljechin (Bled 1931) bekannt ist, zeigte Nimzowitsch selbst die beste Verteidigung: 8. ... ♖c8! 9. h3 ♗xf3 10. ♕xf3 e6 11. 0-0 ♗e7.

8....	**♗xf3**
9. gxf3	

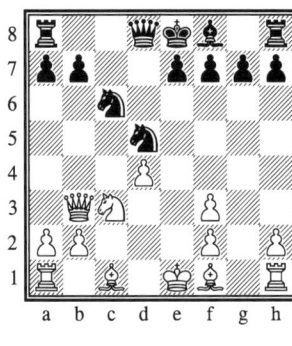

a b c d e f g h

9. ...   e6

Schwarz forciert den Übergang ins Endspiel. Zu einem scharfen Kampf führt 9. ... ♞b6 mit den Abspielen:

1) 10. d5 und nun z. B. 10. ... ♞d4 11. ♕d1 e5 12. dxe6 fxe6 13. ♗e3 ♗c5 14. ♗g2 ♕h4 15. 0-0 ♗d6 16. h3 ♞f5 17. ♕b3 0-0 18. ♕xe6+ ♔h8 19. ♕e4 ♕f6 20. ♕g4 ♕f7. Schwarz besitzt ausreichende Kompensation für den Bauern (Malanjuk – Judassin, UdSSR-Meisterschaft, Moskau 1991).

2) In der Partie Anand – Karoly (Frunse 1987) wählte Weiß die Folge 10. ♗e3 e6 11. 0-0-0 ♗e7 12. d5 exd5 13. ♞xd5.

(13. ♗xb6 ♕xb6 14. ♕xb6 axb6 15. ♞xd5 ♖xa2 16. ♔b1 ♖a5! ergibt ein gleiches Endspiel.)

13. ... ♞xd5 14. ♖xd5 ♕c7 15. ♔b1 0-0 16. f4 ♞b4! 17. ♖d4 ♞c6 18. ♖d1 ♗f6 19. ♗g2 Weiß steht nur geringfügig besser.

10. ♕xb7   ♞xd4
11. ♗b5+   ♞xb5

12. ♕c6+   ♔e7
13. ♕xb5

Nichts bringt 13. ♞xb5 ♖b8! 14. ♞d4 ♕d7 15. ♗e3 ♖xb2 16. ♕c4 f6 17. ♖d1 ♔f7 18. ♞b3 ♗e7 mit schwarzem Vorteil (Shurawljow – Stezko, Liepaja 1971).

13. ...   ♕d7

Der Zwischentausch 13. ... ♞xc3 14. bxc3 (mit dem Ziel, die weiße Bauernstruktur zu schwächen) spielt dem Anziehenden auch am Damenflügel in die Hände.

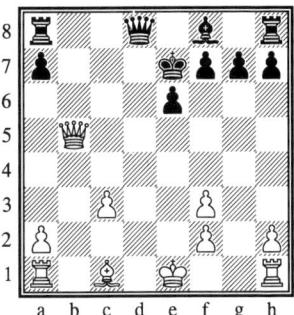

a b c d e f g h

1) Zur Illustration zeigen wir die berühmte Partie Fischer – Euwe von der Schacholympiade 1960 in Leipzig: 14. ... ♕d7 15. ♖b1! ♖d8?!

(Hartnäckiger wäre 15. ... ♕xb5 16. ♖xb5 ♔d6, obwohl der Turm nach 17. ♖b7 die siebte Reihe beherrscht.)

16. ♗e3 ♕xb5 17. ♖xb5 ♖d7 18. ♔e2 f6 19. ♖d1! ♖xd1 20. ♔xd1 ♔d7 21. ♖b8 ♔c6 22. ♗xa7 g5 23. a4, und der Freibauer tat seine Arbeit.

2) Sicherer ist 14. ... f6, um die Evakuierung des Königs vorzubereiten.

Ungefährlich wäre jetzt 15. ♕b7+ ♚e8 16. ♖b1 ♕c8! nebst ♚f7. Und auch nach 15. ♗a3+ ♚f7 16. ♖d1 ♕c8 17. ♖d7+ ♚g8 kann sich der König vor den weißen Drohungen schützen.

14. ♘xd5+   ♕xd5
15. ♕xd5

Das Zwischenschach 15. ♗g5+ f6 nebst 16. ♕xd5 exd5 17. ♗e3 ändert nichts am Gesamtbild. Nach 17. ... ♚e6! hält Schwarz die Stellung im Gleichgewicht, z. B. 18. 0-0-0. (Auf 18. ♚e2 ist 18. ... ♗d6 19. ♖hc1 ♖hb8! 20. ♖c2 ♗e5 gut.) 18. ... ♗b4 19. a3 ♖hc8+ 20. ♚b1 ♗c5 21. ♖he1 ♗xe3 22. ♖xe3+ ♚d6 23. ♖de1 ♖c4 Nun wird die Schwäche des Bauern h2 erkennbar (Belikow – Drejew, Moskau 1992).

15. ...   exd5

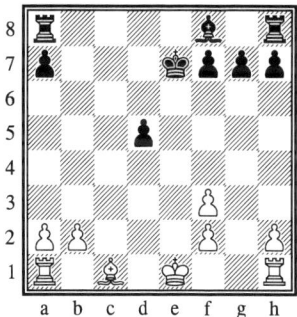

Nach kurzem Eröffnungsgefecht ging die Partie schon in ein Endspiel mit dem Isolani auf d5 über. Von dessen Bewertung hängt es ab, wie zuverlässig die Eröffnungswahl von Schwarz

war. Die Theorie schätzt die Stellung nach 5. ... ♘c6 als optimal für Weiß ein, denn der f-Doppelbauer wird durch den Angriff auf die schwachen Bauern d5 und a7 aufgewogen.

16. 0-0

1) Oder Weiß verfolgt einen anderen Plan, der die lange Rochade vorsieht: 16. ♗e3 ♚e6 17. 0-0-0. Dabei nimmt er die feindlichen Bauern sofort unter Kontrolle. Aber die offene Königsstellung gestattet ein gutes Zusammenwirken der schwarzen Figuren. Nach 17. ... ♖c8+ 18. ♚b1 ♗c5 19. ♖he1 ♚d6 20. ♗f4+ ♚c6 21. ♖e2 ♖hd8 ist bei Schwarz alles in Ordnung (J. Polgar – De Jong, Wijk aan Zee 1990).

2) Spielt Weiß 16. ♗f4, um den gegnerischen König nicht nach d6 zu lassen, so gelangt dieser mit Tempo nach f5. Nach 16. ... ♚e6 17. 0-0-0 ♗b4 18. a3 ♖ac8+ 19. ♚b1 ♗a5 20. ♖hg1 g6 21. b4 ♗b6 22. ♖ge1+ ♚f5 hat Schwarz keine Probleme (Brunner – Stoering, Liechtenstein 1989).

16. ...   ♚e6
17. ♖e1+   ♚f5
18. ♗e3   ♗e7
19. ♖ad1

Die Türme haben genug Züge zur Auswahl. Gespielt wurde auch schon 19. ♖ed1 und 19. ♖ac1.

19. ...   ♖hd8
20. ♖d4

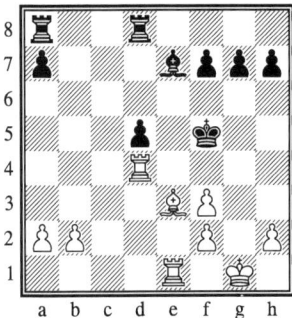

Noch ein kritischer Moment. Schwarz will den Läufer nach f6 stellen und seinen d-Bauern vorstoßen. Weiß hingegen deutet mit seinem Turmzug an, dass er den Bauern a7 attackieren möchte. Zugleich droht er ♖d4-f4+, wodurch die Koordination der feindlichen Figuren gestört wird.

20. ...   g5

Schwarz spürt die Gefahr und schränkt die Beweglichkeit des weißen Turms ein, wonach das Endspiel total ausgeglichen erscheint.

21. ♖ed1   ♔e6
22. ♖e1   ♔f5
23. ♖ed1   ♔e6
24. ♖e1   ♗c5

Schwarz weicht der Zugwiederholung aus. Zwar steht er nicht schlechter, aber für ein Spiel auf Gewinn hat er keinerlei Anlass.

25. ♗xg5+

Es macht keinen Sinn, in ein Turmendspiel überzugehen: 25. ♖a4?! ♗xe3 26. ♖xe3+ ♔f5 27. ♖e7 d4.

25. ...   ♔f5
26. ♗xd8

Auf 26. ♖g4?! folgt 26. ... f6 (oder sofort 26. ... h5!?) 27. ♗d2 ♖g8!? und dann h7-h5.

26. ...   ♗xd4
27. ♖d1   ♖xd8
28. ♖xd4   ♔e5

Nun haben wir doch ein Turmendspiel, und es müsste friedlich enden.

29. ♖a4   d4
30. ♔f1   ♖d7
31. ♔e2   ♔f4
32. ♔d3   ♔xf3
33. ♖xd4

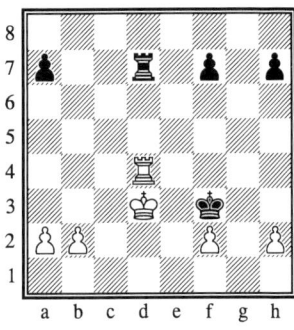

33. ...   ♖e7?

Einfacher war es, mit 33. ... ♖xd4 34. ♔xd4 die Türme zu tauschen und dann 34. ... h5! zu spielen. Weiter könnte folgen: 35. h4 ♔xf2 36. b4 ♔g3 37. b5 f5 38. a4 f4 39. a5 f3 40. b6 axb6 41. axb6 f2 42. b7 f1♕ 43. b8♕ ♔h4 44. ♔e3 mit einer Remisstellung (A. Iwanow).

34. ♖d5   ♔xf2
35. ♖h5   f6
36. b4   ♔g2?

Der entscheidende Tempoverlust. Nach 36. ... ♔f3 37. ♖f5+ ♔g2 38. ♖xf6 ♔xh2 39. a4 ♔g3 40. ♖h6 ♔g4 wäre das Remis unausweichlich.

37. a4	f5
38. ♖xf5	♔xh2
39. a5	♔g3
40. a6!	♔g4
41. ♖f8	

41. ♖b5 ♖e6! hätte den Sieg ausgelassen.

| 41. ... | h5 |
| 42. ♖b8 | ♖e6 |

Jetzt hilft weder 42. ... h4 43. ♖b7 – noch 42. ... ♔g5 43. ♖b7 ♔f6 44. b5 h4 45. ♖xe7 ♔xe7 46. b6 h3 47. bxa7 – bzw. 42. ... ♖d7+ 43. ♔c4 ♖c7+ 44. ♔b5.

43. b5	♖d6+
44. ♔e4	♖e6+
45. ♔d4	♖d6+
46. ♔e5	♖g6
47. b6	♔h3
48. bxa7	

Schwarz gab auf.

Partie Nr. 4
S. Polgar – Gipslis
Brno 1991

1. e4	c6
2. d4	d5
3. exd5	cxd5
4. c4	♘f6
5. ♘c3	g6

Schwarz opfert zeitweilig einen Bauern, fianchettiert den Läufer und erreicht eine bequeme Figurenstellung. Normalerweise gibt Weiß den Bauern mittels d5-d6 rechtzeitig zurück und erhält dabei die besseren Chancen. Aber eine kleine Ungenauigkeit genügt, und Schwarz ergreift die Initiative.

| 6. cxd5 | ♗g7 |
| 7. ♕b3 | |

Die exakteste Weise, den Bauern zu decken. Weniger zu empfehlen wäre 7. ♗c4 0-0 8. ♘ge2 ♘a6 9. 0-0 ♘c7. Diese Stellung entstand (unter Zugumstellung) in dem Treffen Conquest – Bronstein (Baywater 1989), das überraschend schnell zu Ende ging. 10. ♘f4

(Richtig war 10. d6.)

10. ... b6 11. a4 ♗b7 12. ♕b3 ♖b8 13. ♗e3 a6! 14. ♖fc1 (14. ♕xb6? ♗xd5 15. ♕c5 ♘d7) 14. ... g5! 15. ♘fe2 h6! 16. h4 b5! 17. axb5 axb5 18. ♗d3 b4 19. hxg5 hxg5 20. ♘a4 ♘cxd5!? 21. ♗xg5 ♕d6!

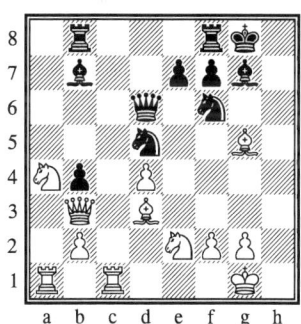

22. ♘g3?

(Nötig war 22. g3 mit ungefähr gleichen Chancen.)

22. ... ♞g4! 23. ♗e2 ♞xf2! 24. ♕f3 (24. ♔xf2 ♗xd4+ 25. ♔f1 ♞e3+) 24. ... ♗xd4 25. ♞f5 ♞g4+ 26. ♔f1 (26. ♞xd4 ♕h2+ 27. ♔f1 ♕h1 matt) 26. ... ♞h2+

7. ...   0-0

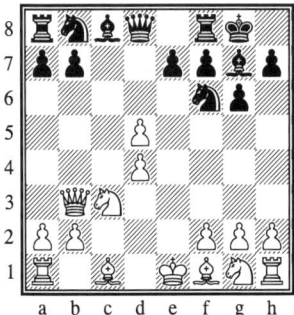

8. ♗e2

Der schwarze Plan ist klar: Er will nach der Entwicklung des Springers über d7-b6 oder a6-c7 den Bauern d5 angreifen und das Feld d6 als Stützpunkt verwenden, um Druck auf der d-Linie auszuüben.

Eine der weißen Hauptressourcen besteht im Rückopfer des Bauern durch d5-d6 mit dem Ziel, die d-Linie zu schließen und die Läufer zu aktivieren. Diese Idee wurde zum ersten Mal von Spasski in seinem WM-Match 1966 gegen Petrosjan demonstriert. Der Läufer kann nun nach f3 gestellt oder fianchettiert werden.

1) Zieht Weiß jedoch sofort 8. g3, muss er mit dem schlauen Bauernopfer 8. ... e6! rechnen, das Gipslis vorgeschlagen hat. Nach 9. dxe6 ♞c6! 10. exf7+ ♔h8 11. ♞ge2 ♕e7 12. ♗e3 ♞g4 bleibt er in seiner Entwicklung zurück.

2) Deshalb ist 8. ♞ge2 ♞bd7 9. g3 ♞b6 10. ♗g2 ♗f5 11. ♞f4 h6 12. h4 ♖c8 13. 0-0 ♕d7 14. a4 ♞c4 15. a5 ♖fd8 16. ♖a4 ♞d6 17. ♖d1 besser, denn Schwarz hat es nicht einfach, den Bauern zurückzugewinnen (A. Sokolow – Zyganow, Helsinki 1992).

8. ...   ♞bd7

Zu langsam ist 8. ... b6 – 9. ♗f3 ♗b7 10. ♞ge2 ♕d7 11. ♗g5! ♞a6 12. 0-0 ♞c7 13. ♗xf6 ♗xf6 14. ♖ad1 (S. Polgar – Drazic, Novi Sad 1990).

9. ♗f3   ♞b6
10. ♞ge2

Auf 10. ♗g5 ist 10. ... ♗f5 11. ♖d1 a5 12. ♞ge2 h6 13. ♗xf6 exf6! 14. 0-0 a4 15. ♕b5 ♖e8 16. ♞g3 ♗d7 17. ♕d3 f5! mit aktivem schwarzem Spiel möglich.

10. ...   ♗g4

Häufig entwickeln sich die Ereignisse so: 10. ... ♗f5 11. 0-0 a5 12. ♗f4 ♗d3 13. d6! exd6.

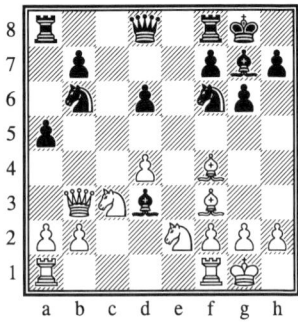

Ein solches Bauernopfer ist immer günstig für Weiß, weil er seine Läufer ins Spiel bringt: 14. ♕d1

(Nicht jedoch 14. ♗xb7? ♖b8 15. ♗f3 ♘d5.)

14. ... ♗a6 15. b3 h6 16. h3 Schwarz hat keinerlei Gegenspiel (Dolmatow – Adams, Hastings 1989/90).

11. ♗xg4   ♘xg4
12. a4   ♘f6

Der Springer geht am besten auf seinen Platz zurück. In der Begegnung J. Polgar – Skembris (Korfu 1990) folgte 12. ... a5 13. 0-0 ♕d6?! 14. ♗f4 ♕b4 15. ♕d1!, und es stellte sich heraus, dass die Dame auf b4 nichts zu suchen hat. 15. ... ♖fd8

(Nach 15. ... ♘f6 16. d6! exd6 17. ♘b5 ♖fd8 18. b3 ist die Dame gefangen.)

16. ♗c7! ♖d7 17. d6! exd6 18. ♗xb6 ♕xb6 19. ♘d5 ♕a7 20. ♘ec3! ♕xd4 21. h3 ♘h6 22. ♕xd4 ♗xd4 23. ♘b5 Weiß gewann die Qualität.

13. ♘f4

Oder 13. a5 ♘bxd5 14. ♕xb7 ♕d6 15. ♕b3 ♖ab8 16. ♕d1 e5! mit reichhaltigen Möglichkeiten.

13. ...   a5!

Die Fortsetzungen 13. ... ♕d7 14. a5 ♘c8 15. 0-0 ♘d6 16. ♖e1 und 13. ... ♖c8 14. 0-0 ♘e8 15. ♗e3 ♘d6 16. ♘b5 sind vorteilhaft für Weiß.

14. 0-0   ♕d6
15. ♘b5

Genauer war 15. ♖d1 ♖fd8 und erst jetzt 16. ♘b5 ♕d7 17. d6. In der Partie Sax – Gipslis (Kopenhagen 1994) erhielt Weiß nach 17. ... exd6 18. ♘c3 ♖a6 19. ♗e3 ♖c8 20. h3 ♖c4 21. ♘d3 ♕d8 22. ♘e5 dxe5 23. dxe5 ♕e8 24. exf6 ♖b4 25. ♕c2 ♗xf6 26. b3 ♕e6 27. ♖ab1 ♖a8 28. ♘b5 klaren Vorteil.

15. ...   ♕d7
16. d6   exd6
17. d5   ♖fc8!

Nichts taugt 17. ... ♖ac8? wegen 18. ♘a7.

18. ♕d3   ♘e8
19. ♖a2   ♘c4
20. b3   ♘e5
21. ♕d1

Besser würde sich die Dame auf e2 fühlen.

21. ...   ♘c7
22. ♘xc7   ♖xc7
23. ♗a3?!

Unbedingt notwendig war 23. ♗e3, denn jetzt übernimmt Schwarz die Initiative. Die Partie zeigt, dass Weiß in diesem System zielstrebiger handeln muss. Ein paar ungenaue Züge und Schwarz entwickelt gefährliche Aktivität.

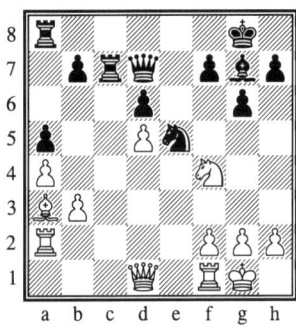

23. ...	**b5!**
24. axb5	♖b7
25. ♘e2	♕xb5
26. ♘c1	♘d7
27. ♗xd6	♘b6
28. ♗f4	♘xd5
29. ♗d2	♘c3!
30. ♗xc3	♗xc3
31. ♕f3	♖c8
32. ♖c2	♖bc7
33. ♖d1	♔g7
34. h3	

Richtig ist 34. g3 nebst h2-h4, um die Lage am Königsflügel zu stabilisieren.

34. ...	♗f6
35. ♖xc7	♖xc7
36. ♘e2	h5
37. ♖d6	♕e5
38. ♖d5	♕a1+
39. ♔h2	h4!

Bei materiellem Gleichstand ist der positionelle Vorteil von Schwarz unbestritten.

40. g3	♕f1
41. ♖d2	

Auf 41. gxh4 entscheidet 41. ... ♖c2.

41. ...	♗e5
42. ♕g2	♕e1
43. ♖a2	♖e7
44. ♕g1	♕b4
45. ♕d1	♕e4!
46. ♖d2	♖b7
47. ♖d3	

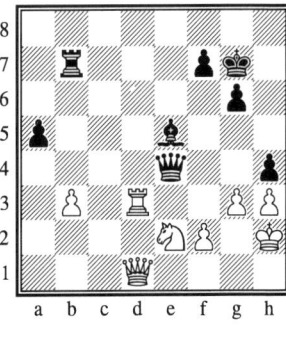

47. ...	**a4!**

Gipslis findet ein effektvolles Mittel, die weiße Verteidigung zu überwinden.

48. ♖e3	♕f5
49. f4	♗f6
50. bxa4	

Auf 50. g4 geschieht 50. ... ♕c5 mit der Drohung a4-a3.

50. ...	♖b2!
51. ♕d6	♕b1
52. ♕d5	

Auf 52. ♖e8 folgt wie in der Partie 52. ... ♕e1! nebst 53. ♕f8+ ♔h7 54. ♕xf7+ ♗g7 55. ♕g8+ ♔h6.

52. ...	♕e1!

Weiß gab auf.

Partie Nr. 5
Dolmatow – Speelman
Hastings 1989/90

1. e4	c6
2. d4	d5
3. exd5	cxd5
4. c4	♘f6
5. ♘c3	e6

Dieser Zug ist der natürlichste und führt zu einer ganz anderen Eröffnung, nämlich dem Damengambit bzw. der Nimzowitsch-Indischen Verteidigung. Im Prinzip könnte man den Leser nun auf entsprechende Theoriewerke über die geschlossenen Spiele verweisen. Das wäre jedoch aus einem bestimmten Grund nicht ganz angemessen. Wer Caro-Kann mit Schwarz und/oder den Panow-Angriff mit Weiß spielt, muss auf einen derartigen Wechsel der Ereignisse vorbereitet sein und sich auch in „gemischten" Eröffnungen orientieren können. Entsprechend sollte sich der Leser nicht wundern, im angenommenen Damengambit Partien zu entdecken, die als Caro-Kann begannen.

6. ♘f3

Seltener kommt 6. ♗g5 oder 6. c5 vor. Nach 6. a3 dxc4 7. ♗xc4 ♗e7 8. ♘f3 0-0 9. 0-0 ♘c6 ergibt sich eine Variante der Nimzoindischen Verteidigung. In der Partie Topalow – Judassin (Pamplona 1994/95) erwiderte Schwarz 9. ... ♗d7, und nach 10. ♕e2 ♗c6 11. ♖d1 ♗d5! hatte er alle Eröffnungsprobleme gelöst.

6. ...	♗b4

Der Bauerntausch 6. ... dxc4 7. ♗xc4 führt zum angenommenen Damengambit. Und der Zug 6. ... ♘c6 ist zwar im Hinblick auf 7. cxd5 ♘xd5 richtig, weil der Springer c6 am Kampf um das Zentrum teilnimmt. Allerdings gewinnt jetzt 7. c5! an Stärke, denn Schwarz hat es schwer, diesen Bauern zu bekämpfen. So konnte Weiß z. B. in der Partie Arnason – Hort (Debrecen 1992) nach 7. ... ♗e7 8. ♗b5 ♗d7 9. 0-0 0-0 10. ♖e1 a6 11. ♗xc6 ♗xc6 12. b4 ♘e4 13. ♕c2 f6 die Schwäche des Feldes e6 durch das Manöver 14. ♘d2 ♘xc3 15. ♕xc3 ♕d7 16. f4 nebst ♘f3 nutzen und stabilen Vorteil erhalten.

Bei anderen Antworten auf 6. ... ♘c6 (wie z.B. 7. ♗d3, 7. cxd5 oder 7. a3) geht Caro-Kann in der Regel in die Tarrasch-Verteidigung über. In jüngster Zeit wird häufig 6. ... ♗e7 gespielt. Diesen Zug werden wir noch untersuchen.

7. ♗d3

Die Fortsetzungen 7. ♕b3, 7. ♗g5 oder 7. ♗d2 versprechen Weiß nicht viel. In der regel wird fast automatisch 7. cxd5 gespielt (oder der Tausch erfolgt etwas eher). Entsprechende Partien dazu sehen wir uns später an.

7. ...	dxc4
8. ♗xc4	0-0

Verfrüht im Sinne der Nimzoindischen Verteidigung wäre 8. ... ♕c7 9. ♕e2! 0-0 10. 0-0 ♘bd7 11. ♘b5!

♕c6 12. a3 ♗e7 13. ♗g5, denn die schwarze Dame steht ungünstig.

9. 0-0   ♘bd7

Häufig wird der schwarze Damenspringer auch nach c6 entwickelt.

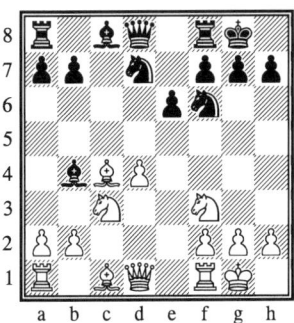

10. ♗g5

Weiß muss energisch handeln, sonst bringt Schwarz seinen anderen Springer nach d5 und erhält eine feste Stellung, z. B. 10.♕e2 a6 11. a4 ♘b6 12. ♗d3 ♘bd5. Nach 10. ♗d3 b6 entsteht eine bekannte Position aus der Nimzoindischen Verteidigung.

10. ...   ♗xc3

Sicherer war 10. ... b6 11. ♗d3 ♗b7 12. ♖e1 ♖c8 13. ♖c1 ♗e7, doch Schwarz entschließt sich zur Annahme des Bauernopfers.

11. bxc3   ♕c7
12. ♗d3

Es lohnt nicht, den Bauern halten zu wollen. Nach 12. ♕d3?! b6 13. ♗b3 ♗b7 14. ♖fe1 ♖ac8 hat Schwarz keine Sorgen mehr.

12. ...   ♕xc3

13. ♖c1   ♕a5
14. ♘e5!

Nichts bringt das vorsichtige 14. ♖e1? wegen 14...b6 15. ♘e5 ♗b7, und Weiß erhält keine Kompensation für den Bauern.

14. ...   ♘xe5

Ungenügend wäre hier schon 14... b6?! 15. ♕f3 ♕d5 16. ♕h3 mit starker weißer Initiative.

15. ♖c5   ♕a3
16. dxe5

Nicht überzeugend ist 16. ♖xe5 wegen 16. ... ♘d5 nebst 17. ... f5.

16. ...   ♕xc5

Springermanöver können nicht überzeugen: 16. ... ♘e4 17. ♖xc8 ♘xg5 18. ♖xa8 ♖xa8 19. h4 g6 20. ♗b1! oder 16. ... ♘d7 17. ♖b5! mit großem Vorteil.

17. ♗xf6

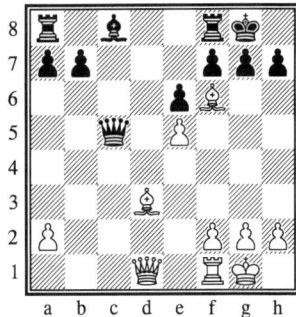

17. ...   ♖e8

Danach inszeniert Weiß einen tödlichen Angriff. Bedeutend hartnäckiger war 17. ... gxf6. Dolmatow führt

die folgenden Varianten an: 18.
♕g4+.

(Nach 18. ♗xh7+ ♔xh7 19. ♕h5+
♔g8 20. ♕g4+ ♔h7 hat Weiß nur
Dauerschach.)

18. ... ♔h8 19. ♕h4 (19. exf6? ♖g8
20. ♕h4 h5!) 19. ... f5 20. ♕f6+ ♔g8
21. ♖e1 Weiß begnügt sich nicht mit
Dauerschach. 21. ... b6 22. ♖e3 ♕xe3
23. fxe3 ♗b7 24. h4 ♖fd8 mit unklarem Spiel.

18. ♗xh7+!   ♔xh7

Oder 18. ... ♔f8 19. ♕g4 gxf6 20.
exf6.

19. ♕h5+   ♔g8
20. ♕g5   ♕f8

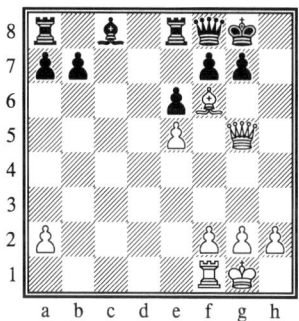

21. ♖d1!!

Die Krönung der ganzen Kombination. Schwarz hat einen Turm mehr und
drei Tempi in Reserve. Dennoch gibt
es keine Rettung mehr für ihn.

21. ...   b6
22. ♖d4   ♗a6
23. ♖g4   ♗e2
24. ♗xg7!

Ein effektvoller Abschluss des An-
griffs. Weiß leitet die Partie einfach
in ein technisch gewonnenes Endspiel über. Sofortige Gewinnversuche
würden hingegen fehlschlagen: 24.
♕xg7+ ♕xg7 25. ♖xg7+ ♔h8! bzw.
24. ♖g3 ♖ed8 25. h4 ♖d3 26. f3
♖d1+ 27. ♔h2 ♗d3 28. ♗xg7 ♕c5.

24. ...   ♗xg4
25. ♗xf8+   ♔xf8
26. ♕xg4   ♖ac8
27. h4

Oder 27. ♕g5!? mit unaufhaltsamem
Vormarsch des h-Bauern, ohne den
schwarzen König zum Damenflügel
zu lassen.

27. ...   ♔e7
28. ♕g5+   ♔d7
29. ♕f4   a5
30. ♕xf7+   ♔c6

Die weiße Aufgabe ist einfach: Er
lässt seine Bauern am Königsflügel
laufen und verhindert, dass Schwarz
einen Freibauern am anderen Flügel
bildet.

31. ♕f3+   ♔c5
32. ♕e3+   ♔c6
33. ♕f3+   ♔c5
34. ♕a3+   ♔c4
35. ♕b3+   ♔c5
36. a4   ♖b8
37. ♕c3+   ♔d5
38. f4   ♔e4

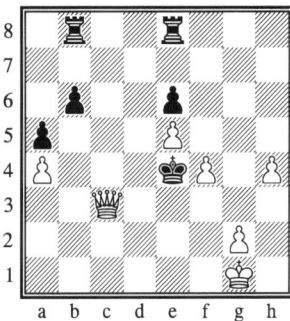

39. ♛f3+

Dies erlaubt Schwarz längeren Widerstand. Sofort gewann 39. ♛c4+ ♚e3 40. g3.

39....	♚d4
40. ♛c6	♚e3
41. ♛c1+	♚e2
42. h5	♜ec8
43. ♛f1+	♚d2
44. ♛b5	♚e3
45. g3	♚d4
46. ♚g2	♚c3
47. h6	

Hier war 47. g4 ♜c5 48. ♛d7 ♚b4 49. ♚g3 einfacher. Jetzt zieht sich die Entscheidung noch zwanzig Züge hin.

47....	♜h8
48. ♛d7	b5
49. axb5	a4
50. b6	a3
51. ♛a4	♚b2
52. ♛b4+	♚a2
53. h7!	♜bc8

1) Auf 53. ... ♜xh7 gibt Dolmatow 54. ♛d2+♚b1 55. ♛d3+♚b2 56. ♛xh7 a2 57. ♛a7 ♜h8 58. b7.

2) Und auf 53. ... ♜b7 folgt 54. ♛d2+ ♚b1 55. ♛d3+♚b2 56. ♛e2+♚a1 57. ♛f3 ♚b2 58. ♛xb7 a2 59. ♛g7.

54. b7	♜c2+
55. ♚f3	♜b2
56. ♛c4+	♜b3+
57. ♚g4	♚b2
58. ♛c8	♜xh7
59. b8♛	♜g7+
60. ♚h5	♜xg3
61. ♛d6	♜h3+
62. ♚g6	♜bg3+
63. ♚f7	♜h7+
64. ♚xe6	♜h6+
65. ♚f5	♜xd6
66. exd6	a2
67. d7	a1♛
68. ♛b7+	

Schwarz gab auf.

Partie Nr. 6
Wahls – Karpow
Baden-Baden 1992

1. e4	c6
2. d4	d5
3. exd5	cxd5
4. c4	♞f6
5. ♞c3	e6

Ich wähle diesen Zug immer, weil mir der Wechsel in andere Eröffnungen sehr entgegenkommt. Damengambit oder Nimzoindisch gehören zu meinem festen Repertoire.

6. ♞f3	♝b4
7. cxd5	♞xd5
8. ♝d2	

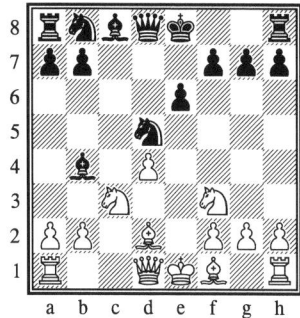

Als Alternativen dienen hier 8. ♕c2 oder 8. ♕b3, doch der Damenausfall bereitet Schwarz keine großen Schwierigkeiten.

8. ...   ♘c6
9. ♗d3   0-0
10. 0-0   ♗e7

Diese Stellung ergibt sich auch nach dem sofortigen 6. ... ♗e7, allerdings ohne das Mehrtempo ♗c1-d2. Es ist aber unklar, ob dieser Zeitgewinn Weiß etwas einbringt.

11. a3

Statt dieses Standardzugs zog Kamsky gegen mich sofort 11. ♕e2 (siehe die beiden nächsten Partien). Zu verteilten Chancen führt 11. ♕c2?! ♘db4 12. ♗xh7+ ♔h8 13. ♕b1 (13. ♕e4? f5) 13. ... f5 (oder 13. ... ♘xd4) 14. ♗g6 ♘xd4 15. ♘e5 ♘e2+ 16. ♘xe2 ♕xd2 17. ♗h5.

11. ...   ♗f6
12. ♕e2

Auf 12. ♕c2 spielt Schwarz 12. ... h6 13. ♖ad1 ♘xc3 14. ♗xc3 (14. bxc3 e5!) 14. ... ♘e7 15. ♕e2 ♗d7 16. ♕e4 g6 17. ♘e5 ♗a4! 18. ♖de1 ♗c6 mit

Ausgleich (Illescas – Dorfman, Frankreich 1991).

Das interessante Qualitätsopfer 18. d5!? führt übrigens nur zum Remis: 18. ... ♗xd1 19. dxe6 ♗b3 20. ♘xf7 ♖xf7 21. exf7+ ♔xf7 22. ♗xf6 ♔xf6 23. ♖e1 ♗d5 24. ♕e5+ ♔f7 25. ♕f4+ ♔g7 26. ♕e5+ usw. (Dorfman).

12. ...   ♘xc3

Eine wichtige Neuerung statt 12. ... ♘xd4.

(Unklar wäre 12. ... ♗xd4 13. ♘xd5 ♕xd5 14. ♗e4 mit genügender Kompensation für den Bauern.)

Nach 13. ♘xd4 ♗xd4 14. ♗xh7+ ♔xh7 15. ♕e4+ ♔g8 16. ♕xd4 ♘xc3 (genauer ist 16. ... ♘b6!) 17. ♕xc3 ♗d7 18. ♕g3 ♗a4 19. ♗b4 ♖e8 20. ♖fe1 f6 21. ♖e3 liegt die Initiative bei Weiß (Hübner – Campora, Biel 1987).

13. bxc3   g6
14. ♗e4

Nach 14. ♖ab1 b6 15. ♗e4 ♗b7 nimmt Schwarz bereits das Heft in die Hand.

14. ...   ♗d7
15. ♖ab1   b6

Auf 15. ... ♕c7 folgt 16. c4 mit der Absicht d4-d5.

16. ♘e5

Nach 16. c4 ♖c8 17. d5 exd5 18. cxd5 ♘d4 steht das Spiel gleich. Schwarz verfügt jedoch über den guten Zug 16. ... ♖e8!

16. ...   ♖c8

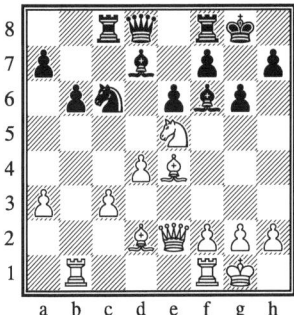

17. f4?!

Dies ist etwas abenteuerlich, so dass ich schon über Vorteil nachzudenken begann.

17. ...	**♗g7**
18. ♖be1	**♖c7**
19. ♖f3	**♘a5**
20. g4	

Der Angriff am Königsflügel ist ungefährlich für Schwarz. Schlecht wäre 20. c4? ♘xc4 21. ♘xc4 ♗b5 22. ♗d3 ♗xc4 23. ♗xc4 ♕xd4+.

20. ...	**♖e8!**
21. ♗b1	

Nach 21. g5 ♗c6! steht Schwarz besser. Konsequenter war jedoch 21. f5 exf5 22. gxf5 ♗xf5 23. ♗xf5 gxf5 mit verteilten Chancen.

21. ...	**♗c8**

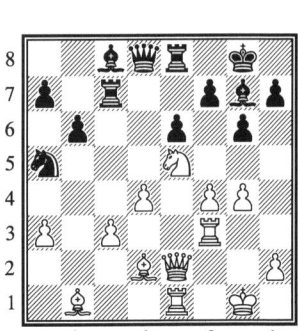

22. g5

22. f5 käme nun zu spät, denn nach 22. ... exf5 23. gxf5 ♘c4 (oder 23. ... ♗b7!?) 24. ♘c6 ♖xe2 25. ♘xd8 ♘xd2 26. ♖xe2 ♘xf3+ bleibt Schwarz am Drücker.

22. ...	**♗b7**
23. ♖g3	**♕d5**
24. ♔f2	**♖ec8**
25. h4	**♘c4**
26. ♗a2	

Oder 26. ♘xc4 ♕xc4 mit schwarzem Vorteil.

26. ...	**♗a6**
27. ♗xc4	

Auch nicht besser ist 27. h5 ♘xe5 28. ♗xd5 ♗xe2 29. ♖xe2 ♘c4 usw.

27. ...	**♗xc4**
28. ♕e3	**♗a6!**
29. h5	**♕a2!**

Mit der entscheidenden Drohung 30. ... ♖xc3.

30. ♔g1	**gxh5**
31. ♖h3	**♗b7**

Erneuert die Drohung ♖xc3.

32. ♕e2	**♕d5**
33. ♔h2	

Auf 33. ♖xh5 folgt wieder 33. ... ♖xc3.

33. ...	**b5**
34. ♖g1	**♕a2!**

Jetzt ist alles klar.

35. ♖c1	**♗e4**
36. ♖e3	**♗f5**
37. ♗e1	**♕xa3**

Weiß gab auf.

Partie Nr. 7
Kamsky – Karpow
2. WM-Partie
Elista 1996

1. e4	**c6**
2. d4	**d5**
3. exd5	**cxd5**
4. c4	**♘f6**
5. ♘c3	**e6**
6. ♘f3	**♗b4**
7. cxd5	**♘xd5**
8. ♗d2	**♘c6**
9. ♗d3	**♗e7**
10. 0-0	**0-0**
11. ♕e2	

Vorher wurde immer 11. a3 gespielt, um den Springerausfall nach b4 zu verhindern. Vermutlich hatte Gata Kamsky den Damenzug und das folgende Springermanöver nach e4 in häuslicher Analyse vorbereitet.

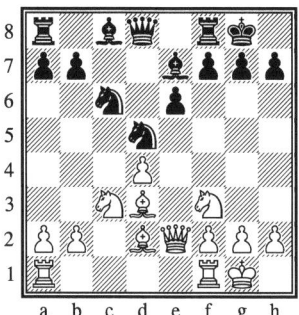

11. ...	**♘f6**
12. ♘e4	**♗d7**

Die richtige Figurenaufstellung mit 12. ... ♕b6 zeige ich in der nächsten Partie.

13. ♖ad1	**♖c8**
14. ♖fe1	**♘d5**
15. ♘c3	

Über die Rückkehr des Springers auf seinen Stammplatz dachte Kamsky fast eine Stunde nach. Der Springer d5 ist ein guter Verteidiger der schwarzen Festung, und seine Eliminierung wäre bestimmt nützlich.

15. ...	**♘f6**

Auch dieser Springer nimmt seinen Zug zurück. Aufmerksamkeit verdiente jedoch 15. ... ♘cb4 16. ♗b1 und erst jetzt 16... ♘f6, um den kritischen Punkt d5 mit beiden Springern zu überdecken.

16. a3	**♕c7?**

Ein ernster Fehler, der auf einer Verrechnung beruht.

17. ♗g5	**♕a5?**

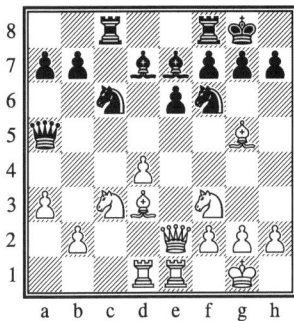

Anstelle von ♕d8-c7 wollte ich gleich 16. ... ♕b6 spielen und erst nach 17. ♗e3 mit 17. ... ♕a5 an den Brettrand gehen. Jetzt folgt auf 18. ♗g5 der Zug 18. ... ♖fe8, und die kombinatorischen Motive, die Schwarz in dieser Partie zugrunde richten, würden nicht entstehen. Doch im 16. Zug ging ich eben nicht mit der Dame nach b6, und in der Folge ergab sich eine Stellung aus der eben betrachteten Variante – allerdings mit dem Unterschied, dass der schwarze Turm noch nicht von f8 nach e8 gezogen hat.

Einige Kommentatoren schlugen gleich 17. ... ♖fe8 vor, aber nach 18. ♘e5! ♘xd4 19. ♕e3! ist die weiße Attacke kaum abzuwehren. Um ihr auszuweichen, stellte ich die Dame nach a5, ließ dabei aber ein wichtiges Detail außer Acht.

18. d5

Ein thematischer Vorstoß, der wegen des ungeschützten Läufers d7 (nach dem Tausch von dessen Verteidiger auf f6) zum Ziel führt. Ich könnte hier

eine ganze Sammlung von Niederlagen meiner Gegner anführen, die den Durchbruch d4-d5 probiert haben, aber in dieser Partie war ich selbst der Leidtragende.

18. ...   **exd5**

Noch schlechter ist 18. ... ♘xd5 19. ♘xd5 exd5 (19. ... ♕xd5 20. ♗xh7+) 20. ♗xe7 ♖fe8 21. ♗b4!, denn Schwarz büßt Material ein.

19. ♗xf6   **♗xf6**
20. ♗xh7+!

Ein effektvoller Einschlag. 20. ♘xd5 ♖fe8!?

(Nach 20. ... ♗d8? 21. b4! ♕a4 22. ♗b5 ♕xa3 23. ♖a1 ♕b3 24. ♗c4 geht die Dame verloren.)

21. ♘xf6+ gxf6 22. ♕d2 mit nur geringem weißem Vorteil.

20. ...   **♔xh7**
21. ♖xd5   **♗xc3?**

Darauf hatte ich mich verlassen, übersah jedoch den 23. Zug von Weiß. Natürlich musste ich mit der Dame nach a6 gehen und das Endspiel mit einem Bauern weniger in Kauf nehmen.

22. ♖xa5   **♗xa5**
23. b4!

Schwarz hat zu wenig Kompensation für die Dame. Der Versuch, eine Festung zu errichten, gelingt ihm auch nicht. Kamsky realisierte jetzt ganz exakt seinen Vorteil, auch wenn sich der schwarze Widerstand noch 40 Züge hinzog.

23. ...	♔g8
24. bxa5	♗g4
25. a6	bxa6
26. ♕e4	♗xf3
27. ♕xf3	♖fe8
28. ♖a1	♖e6
29. h3	♖d8
30. ♕c3	♖dd6
31. ♖b1	♖d7
32. ♕c4	a5
33. ♖b5	♖d1+
34. ♔h2	♖d2
35. ♖f5	♖d4
36. ♕c3	♖dd6
37. ♖c5	♖f6
38. ♖c4	♖fe6
39. ♖c5	♖f6
40. ♕e3	♖fe6
41. ♕g3	♖g6
42. ♕b3	♖gf6
43. ♕b7	♖fe6
44. ♕c7	♖f6
45. f4!	

Schließlich setzt Weiß seinen f-Bauern in Bewegung und überwindet damit den toten Punkt.

45. ...	g6
46. f5	gxf5
47. ♖xf5	♖de6
48. ♖h5	♖h6
49. ♕g3+	♔f8
50. ♖d5	♖hg6
51. ♕f2	♖gf6
52. ♕b2	♔e7
53. ♖h5	♖h6
54. ♖b5	♖hf6
55. ♕c3	♔f8
56. ♖h5	♖fh6
57. ♖f5	♖hg6

58. ♕f3	♖g7
59. ♕f4	♔g8
60. ♕c7	♔f8
61. ♕c8+	♔e7
62. ♖d5	♔f6
63. ♕h8	♖e4

Im Falle von 63. ... ♘e5 wäre die Tapferkeit von Schwarz nach 64. ♖xa5 ♘f3+! 65. gxf3 ♖e2+ noch mit ewigem Schach belohnt worden. Aber auf den Springerzug hätte 64. g4 nebst g4-g5+ die Partie entschieden.

64. ♖h5	♘e7

Hier konnte man mit 64. ... ♘e5 65. ♖h7? ♘f3+ eine letzte Falle stellen, doch Weiß hat einen kürzeren Turmzug zur Verfügung: 65. ♖h6+ ♘g6 66. g4 ♖e5 67. h4 und g4-g5.

65. ♖h7	

Schwarz gab auf.

Partie Nr. 8
Kamsky – Karpow
4. WM-Partie
Elista 1996

1. e4	c6
2. d4	d5
3. exd5	cxd5
4. c4	♘f6
5. ♘c3	e6
6. ♘f3	♗b4
7. cxd5	♘xd5
8. ♗d2	♘c6
9. ♗d3	0-0
10. 0-0	♗e7
11. ♕e2	♘f6
12. ♘e4	♕b6!

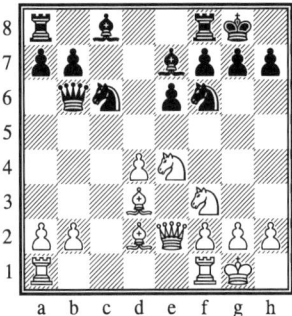

Hier ist die wertvolle Neuerung. Sie führt zu einem der wichtigsten Eröffnungsdispute in diesem Match. Am Ende kann ich die Oberhand behalten.

13. a3   ♗d7
14. ♖fd1   ♖ad8!

Die Bauern b2 und d4 sind unantastbar.

1) 14. ... ♕xb2 15. ♘xf6+ ♗xf6 16. ♕e4 und 17. ♖db1 mit Damengewinn.

2) Und nach 14. ... ♘xd4 15. ♘xd4 ♕xd4 16. ♗c3 ♕a4 17. ♘xf6+ ♗xf6 18. ♗xf6 gxf6 19. ♕h5 f5 20. ♗xf5! exf5 21. ♕g5+ ♔h8 22. ♕f6+ ♔g8 23. ♖d3 würde Schwarz vernichtet.

15. ♘xf6+   ♗xf6
16. ♕e4   g6
17. ♗e3

Es sieht so aus, als ob die schwarze Dame die Diagonale a7-g1 verlassen muss, doch nun folgt ein überraschendes Springermanöver. Danach wird klar, dass Schwarz den strategischen Kampf für sich entschieden hat.

17. ...   ♘e7!

Der d-Bauer ist jetzt zuverlässig blockiert.

18. ♘e5   ♘f5
19. ♘c4

Weiß kann seinen d-Bauern nicht loswerden: 19. d5? ♘xe3 20. ♘xd7 ♖xd7 21. dxe6 ♘xd1 22. exd7 ♘xf2 mit schwarzer Dominanz.

19. ...   ♕a6!

Die mutige Dame fürchtet auf keiner Diagonale die Gegenüberstellung mit den weißen Läufern.

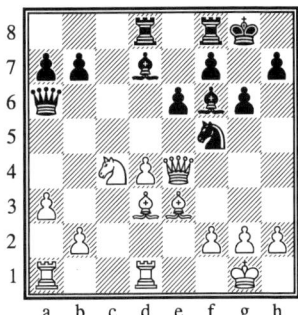

20. a4

Ein Springerabzug ist wegen der Antwort 20. ... ♗b5 ungefährlich.

20. ...   ♗c6
21. ♕f4   ♗d5
22. ♘e5

Natürlich nicht 22. g4? wegen 22. ... g5!

22. ...   ♕b6
23. ♗xf5   exf5
24. ♖d2   ♗g7
25. h4   ♖fe8

26. ♕g3　♖c8
27. ♘d7　♕c6
28. ♘c5　b6
29. ♘d3　♕d7
30. a5　♖e4!

Der Turm in der Brettmitte lähmt alle gegnerischen Kräfte.

31. ♘f4　b5
32. ♖dd1　♗c4
33. ♖ac1　h6!

Unterstreicht die Hilflosigkeit von Weiß. Nach h4-h5 gibt es die Parade g6-g5.

34. ♖c3　b4
35. ♖c2　♖c6
36. ♖dc1

Der d-Bauer kann sich immer noch nicht rühren: 36. d5 ♖c8 37. ♖dc1 b3.

36. ...　♗b5
37. ♔h2　♔h7
38. ♖xc6　♗xc6

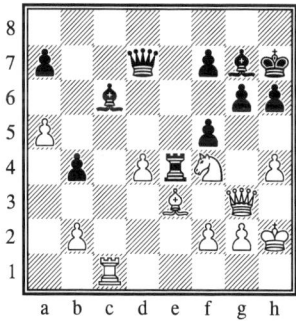

39. ♖c4?

Die ganze Partie über träumte Weiß davon, seinen Isolani loszuwerden.

Jetzt bot sich ihm die einmalige Rettungschance mit 39. d5!

39. ...　♗f8!

Der Läufer will auf die Diagonale b8-h2, was den Kampf entscheidet.

40. ♘d3　♕e6

Bei meinem letzten Zug vor der Zeitkontrolle unterläuft mir eine kleine Ungenauigkeit. Natürlich scheitert das sofortige 40. ... ♖g4? an 41. ♘e5!, aber nach 40. ... ♕d5! müsste Weiß die Qualität geben, da er in der Variante 41. ♘e5 ♖xe5 42. ♖xc6 ♖xe3 eine Figur verliert.

41. d5

Endlich kann Weiß den Vorstoß verwirklichen, wenn auch nur als Verzweiflungsakt. Bei einem Turmrückzug würde der schwarzfeldrige Läufer den entscheidenden Schlag anbringen.

41. ...　♗xd5!

Im Falle von 41. ... ♕xd5 42. ♖xe4 fxe4 43. ♘e5 ♗d6 44. ♗f4 ♗xe5 45. ♗xe5 ♕xa5 46. ♗d4 erhält Weiß gefährliches Gegenspiel. Seine Dame beherrscht die Diagonale, wo eben noch mein Läufer das Sagen hatte.

42. ♖xe4　♗xe4
43. ♗xa7　♗d6

Der Doppelangriff 43. ... ♕a6? oder 43. ... ♕d7? führt wegen 44. ♗c5! nicht zum Ziel.

44. ♘f4

Oder 44. f4 ♕d7! 45. ♗d4 ♗xd3 46. ♕xd3 ♗xf4+ 47. ♔h3 ♗e5.

44....	♛e5!
45. ♘h3	

Der Springer wanderte sehr lange über das Brett (es ist schon sein 11. Zug in dieser Partie!), ohne einen guten Platz zu finden. Nach 45. ♗e3 ♛xb2 45. a6 ♛a1 47. a7 b3 erreicht der schwarze Bauer das Umwandlungsfeld.

45....	♛e7!

Weiß gab auf.

Wenn Kamsky in der zweiten WM-Partie zeigte, wie man *mit* einem isolierten Bauern spielt, so demonstrierte ich dem Herausforderer in der vierten Partie, wie man *gegen* den Isolani kämpft.

Partie Nr. 9
Karpow – Beljawski
Linares 1995

1. c4	c6
2. e4	d5
3. exd5	cxd5
4. d4	♘f6
5. ♘c3	

Diese Zugumstellung hat keine Bedeutung. Auch wenn der d- Bauer nicht gleich bewegt wird, haben wir eine Modifikation des Panow-Angriffs, von der weiter unten noch die Rede sein wird.

5....	e6
6. ♘f3	♗e7
7. cxd5	♘xd5
8. ♗d3	0-0

9. 0-0	♘c6
10. ♖e1	♘f6
11. ♗g5	

In der vorherigen Partie ging der Läufer erst nach den Zügen 11. a3 b6 auf dieses Feld.

11....	h6

Die Standardantwort lautet hier 11. ... ♘b4, wodurch der Punkt d5 maximal kontrolliert wird. Dabei ist allerdings mit einem Angriff auf h7 zu rechnen. Beljawski löst das Problem gewissenhaft und zieht einfach den Bauern von diesem neuralgischen Punkt weg.

12. ♗e3	

Im Falle von 12. ♗h4 ♘h5!? 13. ♗xe7 ♘xe7 14. ♘e5 ♘f6 hat Schwarz keinerlei Schwierigkeiten.

12....	♘b4
13. ♗b1	b6?!

Weil der Bauer auf h6 steht, muss Schwarz sich mit ♖e8 und ♗f8 um ihn kümmern. Jetzt kommt er damit etwas zu spät, und Weiß kann die Initiative an sich reißen.

14. ♛d2	

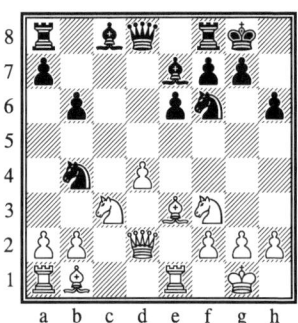

14. ...   ♖fe8

Schwarz versucht, die Löcher zu stopfen. Auf das natürlich aussehende 14. ... ♗b7 folgt das klassische Opfer 15. ♗xh6! ♗xf3 16. ♗xg7 ♔xg7 17. ♕g5+ ♔h8 18. ♕h6+ ♔g8 19. ♖e5 mit unparierbarem Matt.

15. a3   ♘c6

Der einzig richtige Zug. Nach 15. ... ♘bd5 16. ♘xd5 würde Schwarz in allen Varianten forciert verlieren:

1) 16. ... ♘xd5 17. ♗xh6 gxh6 18. ♕xh6 f5 19. ♖xe6! ♗xe6 20. ♕xe6+ ♔g7 21. ♘e5, und es ist aus;

2) 16. ... exd5 17. ♗xh6 gxh6 18. ♕xh6 ♘e4 (oder 18. ... ♗g4 19. ♖e5 ♘e4 20. ♗xe4 dxe4 21. ♘g5) 19. ♖xe4 dxe4 20. ♗xe4 f5 21. ♕g6+ ♔h8 22. ♘e5 ♖f8 23. ♗xa8 mit entscheidendem Materialvorteil;

3) 16. ... ♕xd5 17. ♗xh6 gxh6 18. ♖e5 ♕b3 19. ♕xh6 +-.

16. ♕d3

Kaltblütig verstärkt Weiß seine Drohungen. Um die Dynamik der Stellung zu verstehen, ist es interessant, einmal den typischen Durchbruch 16. d5!? zu untersuchen. Den Bauern sofort zu nehmen wäre offensichtlich sehr riskant für Schwarz.

1) 16. ... exd5? 17. ♗xh6 gxh6 18. ♕xh6 ♗f8 19. ♖xe8+ ♕xe8 20. ♕xf6

2) 16. ... ♘xd5 17. ♘xd5 ♕xd5 18. ♕c2 ♗f6 19. ♕h7+ ♔f8 20. ♗e4 ♕d7 21. ♖ed1! ♕c7 22. ♗xc6 ♕xc6

23. ♖ac1 ♕b7 24. ♗f4 e5 25. ♗xe5

3) Nicht so klar ist die Sache im Falle von 16. ... ♘a5.

a) Der Angriff 17. ♗xh6 würde dann am einfachsten mittels 17. ... ♘b3 18. ♕g5 ♗f8 19. ♖a2 exd5 abgewehrt.

b) Aufmerksamkeit verdient jedoch die ruhigere Fortsetzung 17. ♕c2!? exd5 18. ♗d4 g6 19. ♗xf6 ♗xf6 20. ♖xe8+ ♕xe8 21. ♘xd5 mit starker weißer Initiative.

16. ...   ♗b7
17. ♘e4   ♔f8!

Eine nützliche Vorsichtsmaßnahme gegen das Schach auf h7.

18. ♗d2

Nach 18. ♘xf6 ♗xf6 19. ♕h7 könnte Schwarz den Bauern d4 schlagen. Jetzt aber ist er indirekt geschützt, denn nach 18. ... ♖xe4 19. ♕xe4 ♗f6 20. ♕h7 ♘xd4? 21. ♗b4+ behält Weiß die Oberhand.

18. ...   a5
19. ♗f4!

Mit dem Läufermanöver wird der Damenflügel des Gegners geschwächt.

19. ...		**♘d5**
20. ♗g3		**♗a6**
21. ♕d2		**♖c8**
22. ♗a2		**♔g8**
23. ♖ac1		**♘f6**
24. ♘c3		**♗f8**

Schließlich erreicht der Läufer das gelobte Land.

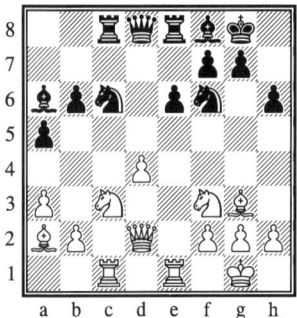

25. d5

Diese Partie dient als weitere nützliche Illustration des Spiels mit dem isolierten d-Bauern. Sobald die feindliche Figur das Blockadefeld verlässt, wird die Idee eines Durchbruchs lebendig. Es ist nur wichtig, was dabei herauskommt. Wenn der Vorstoß im 16. Zug gut begründet war, so ist der jetzige Moment nicht so günstig. Bekanntlich ist im Schach eine Drohung stärker als ihre Ausführung. Deshalb lohnte es sich nicht, die Sache zu überstürzen.

Richtig war 25. ♗h4!, denn Schwarz wird zur Schwächung seines Königsflügels gezwungen: 25. ... g5 26. ♗g3. Jetzt droht nach 26. ... ♗g7 27. ♖cd1 erneut d4-d5, und der Bauerngewinn 26. ... g4 27. ♘e5 ♛xd4 wäre recht gefährlich: 28. ♛c2 ♗g7 (28. ... ♛c5 29. ♘e4) 29. ♘e2 ♗xe2 30. ♘xc6 ♖xc6 31. ♛xc6 ♛xb2 32. ♖c2 mit entscheidendem Vorteil.

25. ...	**exd5**
26. ♖xe8	**♛xe8**

27. ♘xd5	♘xd5
28. ♗xd5	♘e7
29. ♗a2	♖xc1+
30. ♛xc1	♗b7
31. ♘e5	♗d5
32. ♗b1	♘c6
33. ♛d2	♛e6
34. ♘d3	♛f5
35. ♛d1	♘d4
36. ♘f4	♗b3

In der letzten Stunde der Partie hat sich die Situation deutlich geändert. Weiß kann sich nun keinerlei Vorteil mehr ausrechnen, denn das Endspiel ist remis.

37. ♗xf5	♗xd1
38. ♗d3	♗b3
39. ♔f1	g6
40. ♔e1	♗g7
41. ♔d2	♗a4
42. ♗c4	♘b3+

Sicherer war 42. ... ♘f5 43. b3 ♗c6 44. ♗d5 ♗xd5 45. ♘xd5 ♘xg3 46. hxg3 ♗d4 usw.

43. ♔c2	♘d4+
44. ♔b1	♘b3
45. ♗d5	♘d2+
46. ♔c1	♘b3+
47. ♔c2	♘d4+
48. ♔d3?!	

Weiß kann sich nicht mit dem friedlichen Tanz von Springer und König abfinden und übertreibt das Risiko etwas. Jetzt ist Schwarz mit dem Unentschieden schon nicht mehr einverstanden, obwohl sein Vorteil nur symbolisch ist.

48. ... ♘f5!

Auf der Jagd nach der Überlegenheit des Läuferpaares.

49. b3 ♗d7
50. a4 h5

Etwas größere Erfolgschancen verhieß 50. ... ♘xg3 51. hxg3 h5, weil dadurch die weiße Bauernstruktur verschlechtert würde.

51. ♘e2 ♘xg3
52. ♘xg3 ♔f8

Auch nach 52. ... b5 53. axb5 ♗xb5+ 54. ♗c4 ♗c6 55. ♘e4 ♔f8 56. f3 sind die weißen Figuren genügend zentralisiert, so dass sich Weiß um die Zukunft keine Sorgen machen müsste.

53. ♘e4 ♔e7
54. h4 ♗b2
55. ♘g5 f6
56. ♘e4 ♗c8
57. g3 ♗h3
58. ♔e3 ♗a3
59. ♗c4 ♗c8
60. ♔e2 ♗b4
61. ♔d3 ♗b7
62. ♔e3 ♗a3
63. ♘c3 ♗c5+
64. ♔e2 ♔f8
65. ♘d5 ♔g7
66. ♘f4 ♔h6
67. ♘e6 ♗a3
68. ♘f4 g5
69. ♘d5 ♗xd5
70. ♗xd5

Remis.

Partie Nr. 10
Topalow – Karpow
Linares 1995

1. e4	c6
2. d4	d5
3. exd5	cxd5
4. c4	♘f6
5. ♘c3	e6
6. ♘f3	♗e7
7. cxd5	♘xd5
8. ♗d3	♘c6
9. 0-0	0-0
10. ♖e1	♗f6

Die gute Alternative gegenüber dem Zug 10. ... ♘f6.

11. ♗e4 ♘ce7

Dies ist wohl die zuverlässigste der vielen anderen Fortsetzungen, die hier schon erprobt wurden: 11. ... h6, 11. ... ♘de7, 11. ... ♕d6, 11. ... ♘xc3.

12. ♕d3

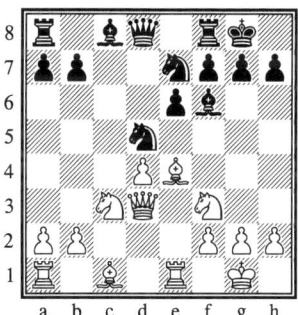

1) Der scharfe Zug 12. h4 wird im nächsten Spiel beleuchtet. In der bekannten Partie Spasski – Petrosjan (WM-Kampf, Moskau 1966) waren die Chancen nach 12. ♕c2 g6 13.

♗h6 ♗g7 14. ♗g5 f6 15. ♗d2 ♗d7 16. ♕b3 ♗c6 17. ♗xd5 exd5 18. ♘e4 ♖f7 19. ♘c5 ♘f5 20. h3 ♗f8 gleich.

2) Wir erinnern noch an die interessante Begegnung Iwantschuk – Karpow (Paris 1992), wo 12. ♘e5 ♗d7 geschah.

(Schnell endete das Duell Pijoch – Mich. Zeitlin, Minsk 1990: 12...♘f5?! 13. ♘g4! ♘xd4 14. ♕d3 ♘xc3 15. ♗xh7+ ♔h8 16. bxc3 ♘f3+ 17. ♕xf3 ♔xh7 18. ♖d1 ♕e7 19. ♗a3! ♕xa3 20. ♕e4+ g6 21. ♘xf6+ ♔g7 22. ♕e5, und Schwarz gab auf.)

13. ♕d3 ♘g6 14. ♗d2 ♗c6 15. ♘xc6 bxc6 16. ♘a4 ♘b6 17. ♘xb6 ♕xb6 18. ♗e3 ♖ad8 19. ♖ed1 ♕xb2 20. ♖db1 ♖xd4! 21. ♗xd4 ♕xd4 22. ♕c2 ♕c3 23. ♕a4.

Hier hätte Weiß nach 23. ... ♗d4 24. ♖d1 bessere Chancen erhalten. Aber mit 23. ... ♕d4! hätte ich der feindlichen Dame „ewiges Gardez" bieten können, weil Schwarz nach 24. ♕xc6 gefährliche Aktivität entfalten könnte: 24. ... ♘e5 25. ♕c2 ♘g4 mit der Drohung ♘xf2 und ♕e5.

12. ...   h6

Topalow folgte bisher der Partie Kamsky – Jepischin (Las Palmas 1994), wo Schwarz mit 12. ... ♘g6 fortsetzte und bald darauf keine beneidenswerte Stellung hatte. Wahrscheinlich spekulierte mein Gegner darauf, weil Jepischin damals mein ständiger Sekundant war. Aber gerade deshalb kannte ich diese Partie gut, und es traf mich nicht überraschend.

In dieser Variante zerstört Weiß häufig das Zentrum mit d4-d5, und die Frage, ob man den Springer von e7 wegzieht, von wo aus er den Punkt d5 kontrolliert, stellt sich nicht.

13. ♘e5   ♘xc3
14. ♕xc3   ♘f5

Eine interessante Idee. Wenn auf f5 getauscht wird, blockiert Schwarz den d-Bauern mit dem Läufer. Deshalb ist die Antwort von Weiß erzwungen.

15. ♗e3   a5

Die übliche Fortsetzung ist 15. ... ♘xe3 16. ♖xe3 ♕b6 nebst ♖d8 und ♗d7, aber ich strebte nach schärferem Spiel. Der Bauer a5 stoppt die feindlichen Bauern am Damenflügel, und gleichzeitig erhält der Turm a8 mehr Spielraum.

16. ♖ac1   a4
17. ♖ed1

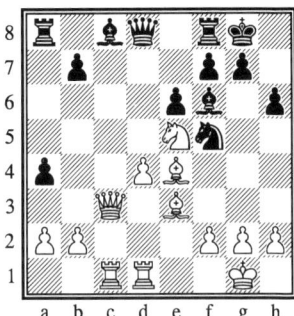

Der erste kritische Augenblick. Ich erwog hier den Zug 17. ... ♖a5, war aber der Meinung, dass der Turm auf diesem Feld in der Luft hängt. Sodann dachte ich über 17. ... ♖a6 nebst ♖d6 nach, verwarf diese Idee aber wegen 18. ♗xf5 exf5 19. d5 nebst f2-f4.

17. ... ♘xe3
18. ♕xe3

Nach 18. fxe3 nähme das Spiel einen gänzlich anderen Charakter an. Weiß könnte auf c7 eindringen, obwohl ich dann die Möglichkeit ♗xe5 nebst ♖a5 in Betracht ziehen könnte. Nachdem er mit der Dame auf e3 geschlagen hat, will Topalow am Königsflügel angreifen, indem er seine Schwerfiguren über die dritte Reihe dorthin bringt.

18. ... ♕b6
19. ♘g4

Eine wesentliche Ungenauigkeit (soehe nächste Anmerkung).

19. ... ♗g5
20. f4 ♗e7
21. ♗b1

Topalow hatte nicht bemerkt, dass er in dem Abspiel 21. ♕g3 f5 22. ♘xh6+ ♔h7 eine Figur verliert.

21 ... ♗d7
22. ♕g3

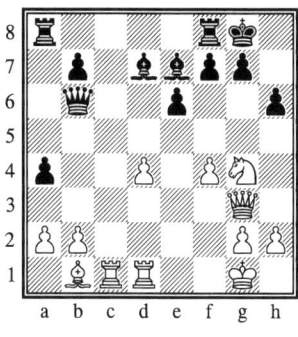

22. ... f5

Noch ein wichtiger Moment.

1) Ich sah, dass ich mich nach 22. ... ♔h8 23. ♕h3 ♔g8 24. ♘xh6+ gxh6 25. ♕g4+ ♔h8 26. ♕h5 e5 27. ♕xe5+ nebst 28. ♕e4 nicht halten konnte und zog deshalb schnell den f-Bauern vor.

2) Bedeutend stärker war jedoch 22. ... ♖fc8. Wenn jetzt 23. ♘xh6+, so folgt 23. ... ♔f8 24. ♖xc8+ ♖xc8 25. ♘g4 ♕xb2 26. ♕h3, und Schwarz hat den listigen Zug 26. ... ♔e8! zur Verfügung, wonach er klar bessere Chancen besitzt.

23. ♘xh6+ ♔h7
24. ♘g4 ♖fd8
25. ♘e5 ♗e8

Auf den ersten Blick hat Weiß die Initiative. Sieht man jedoch genauer auf die Stellung, ist dem nicht so. Schwarz hat sowohl den starken Bauern a4 als auch das Läuferpaar und übt Druck auf die Bauern b2 und d4 aus. Der weiße Läufer auf b1 hingegen ist schlecht; die einzige Möglichkeit, ihn zu aktivieren, besteht in a2-a3 und ♗a2. In dieser Zeit aber kann ich weiteren Druck auf d4 machen.

26. ♕e3   **♗f6**

Dies ist kein leichter Zug. Seine Idee besteht in der Drohung, auf e5 zu schlagen, wonach mein weißfeldriger Läufer stärker ist als sein Widerpart. Eine Schlüsselszene dieser Partie: Schwarz beherrscht bald die Diagonale a8-h1, während der Bauer f5 Weiß die Diagonale b1- h7 verstellt.

27. g4   **g6**
28. gxf5   **exf5**
29. ♕c3   **♖ac8**
30. ♕h3+   **♔g7**
31. ♖xc8   **♖xc8**
32. ♕g2   **♖d8**
33. ♕f2

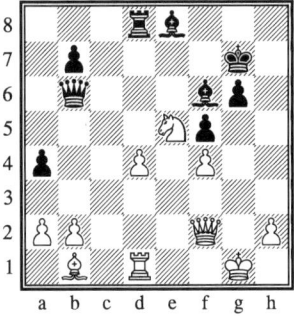

33. ...   **♗e7**

Das war wohl der schwierigste Zug in der ganzen Partie. Er droht 34. ... ♗c5 oder 34. ... ♖xd4 35. ♖xd4 ♗c5 36. ♘f3 ♗c6. Wichtig ist, dass Weiß den h-Bauern nicht vorrücken darf, weil

die schwarze Dame dann zum Königsflügel schwenken und Gegenspiel schaffen könnte. Stünde mein Läufer noch auf f6, würde h2-h4-h5 wegen der Schwächung des Bauern f5 an Stärke gewinnen.

34. h4

Diese aktive Geste bringt Weiß um. Vorsichtiger war 34. h3 mit der Hoffnung auf ein Remis-Endspiel mit ungleichen Läufern.

34. ...   **♕f6**
35. ♖c1   **♕xh4**
36. ♖c7   **♔f8**

Würden die Damen getauscht, so könnte der weiße König von e3 aus die Bauern d4 und f4 leicht verteidigen. Nach 37. ♕xh4 ♗xh4 38. ♘f3 ♗f6 39. ♖xb7 ♗xd4+ 40. ♘xd4 ♖xd4 erhielte Schwarz wegen seines starken Freibauern a4 ein gewonnenes Endspiel.

37. ♕e3   **♗d6**
38. ♖xb7

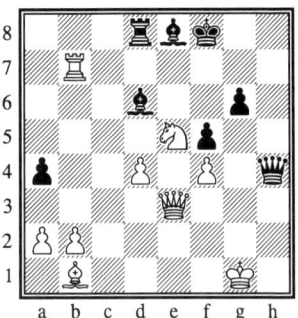

38. ...   **♗xe5**

Der Beginn einer netten Kombination. Gut sah auch 38. ... ♗c5 aus, aber nach 39. ♖d7! ♖xd7 40. ♘xd7+ ♗xd7 41. dxc5 ♗c6 42. ♗d3 ist kein Gewinn für Schwarz in Sicht.

39. ♕xe5

Sofort verlieren würde 39. dxe5 ♖d1+ oder 39. fxe5 ♖xd4. Es sieht jetzt so aus, als habe Schwarz nur ein ewiges Schach, aber tatsächlich erzielt er ein ewiges Matt!

39. ...	**♕g3+**
40. ♔f1	**♕f3+**
41. ♔e1	**♕xb7**
42. ♕f6+	**♗f7**
43. ♕xd8+	**♔g7**
44. d5	**♕b4+**

Der weiße König hat kein gutes Fluchtfeld, und das Schicksal der Partie ist entschieden.

45. ♔d1	**♕d4+**
46. ♔c2	**♕e4+**
47. ♔c3	**♕xb1**
48. d6	**♕e1+**
49. ♔d4	**♕b4+**
50. ♔e3	**♕e4+**
51. ♔d2	**♕xf4+**
52. ♔c2	**♕e4+**
53. ♔d2	**♕d4+**
54. ♔c1	

Oder 54. ♔c2 ♗xa2 mit der Drohung ♗b3+ und ♕d1 matt.

54. ...	**f4**

Weiß gab auf.

Partie Nr. 11
Anand – Karpow
4. WM-Partie
Lausanne 1998

1. e4	**c6**
2. d4	**d5**
3. exd5	**cxd5**
4. c4	**♘f6**
5. ♘c3	**e6**
6. ♘f3	**♗e7**

Die Fortsetzung 6. ... ♗b4 wurde zweimal in meinem WM-Kampf mit Kamsky (Elista 1996) erprobt. Sie kann zu Varianten des Damengambits oder der Nimzoindischen Verteidigung führen.

7. cxd5	**♘xd5**
8. ♗d3	**♘c6**
9. 0-0	**0-0**
10. ♖e1	

Und wieder haben wir eine klassische Stellung mit dem isolierten d-Bauern vor uns. Dieses Mal gelingt mir der Nachweis, dass ein solcher Bauer keine Stärke, sondern eine Schwäche ist.

10. ...	**♗f6**
11. ♗e4	**♘ce7**
12. h4!?	

Der Vorstoß des h-Bauern ist nicht neu. Weiß erobert mit der Operation am Flügel Raum und verschafft sich einen Stützpunkt auf g5. Den Zug 12. ♕d3 haben wir in der vorigen Partie untersucht.

12. ...	**♘f5!?**

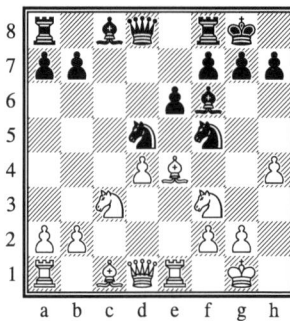

Der Springerausfall nach f5 ist eine wertvolle Neuerung. In der Partie Dshandsgawa – Kalegin (Batumi 1991), wo h2-h4 zum ersten Mal vorkam, folgte 12. ... ♗d7 13. ♕d3 h6

(Nach 13. ... g6 14. ♗h6 ♗g7 15. ♗xg7 ♔xg7 16. ♗xd5 ♘xd5 17. ♘xd5 exd5 18. ♖e5 ♗g4 19. g3 f6 20. ♖ee1 ♗xf3 21. ♕xf3 ♕d7 22. ♖ac1 ♖fe8 23. ♔g2 ♖ac8 24. ♖xc8 ♖xc8 25. ♕a3 kassiert Weiß den Bauern ein und hat Gewinnchancen im Turmendspiel.)

14. ♘g5

(Anstelle dieses riskanten Zuges gibt es andere Wege; z.B. das ruhige 14. a3 ♗c6 15. ♘e2 ♘b6 16. ♘g3 ♗xe4 17. ♕xe4 ♕d5 18. ♕g4 ♔h7 19. ♘e4 ♘d7 20. ♗g5 mit starker Initiative – oder 14. g4!?)

14. ... g6

(Schlecht ist 14. ... ♗c6? 15. ♗h7+! ♔h8 16. ♗g8! bzw. 14. ... ♘g6? 15. ♘xf7! oder auch 14. ... hxg5? 15. hxg5 ♗c6 16. ♗h7+ ♔h8 17. ♕h3.)

15. ♘f3 ♗g7 16. h5 g5 17. ♘xg5

hxg5 18. ♗xg5 f6 19. ♗h7+ Kh8 20. h6 fxg5?

(Ein Zeitnotversehen! Richtig war 20. ... ♘xc3 21. ♗d2 ♘cd5 22. hxg7+ ♔xg7 mit unklarem Spiel.)

21. hxg7+ ♔xg7 22. ♘xd5 exd5 23. ♖e5! mit baldiger schwarzer Kapitulation.

13. ♕d3

Die Dame geht trotzdem nach d3.

1) Nichts bringt 13. ♗xf5 exf5 14. ♘xd5 ♕xd5 15. ♗g5 ♗xg5 16. hxg5 ♗d7.

2) Offenbar muss Weiß sich um den Bauern h4 kümmern. So folgt auf 13. ♗g5 die Variante 13. ... ♘xc3 14. bxc3 ♘xh4 15. ♗xh4 ♗xh4 16. ♖b1 ♖b8 17. ♘e5 f5 18. ♗c2 ♕c7 19. ♖b3 b6 20. ♖e3 ♗f6 21. ♘d3 ♗a6 22. ♘b2 ♖fe8 mit schwarzem Vorteil.

3) Auch im Falle von 13. g4 ♘xh4 14. ♘xh4 ♗xh4 15. g5 ♗xg5 16. ♕h5 h6 17. ♗xg5 ♕xg5 18. ♕xg5 hxg5 19. ♘xd5 exd5 20. ♗xd5 ♖d8 steht es schlecht um Weiß.

13. ... ♘xc3

Es hat keinen Sinn, 13. ... ♘b4 zu spielen, weil die Dame nach b1 zurückgeht (14. ♕c4 a5). Auf 13. ... g6 ist 14. h5 mit Angriff möglich.

14. bxc3 h6

Der Bauer h4 ist tabu: 14. ... ♗xh4 15. ♗xf5 exf5 16. ♗a3. Jetzt gleicht Schwarz aber bequem aus, weil ♘xh4 und ♘d6 droht, wonach der wichtige weißfeldrige Läufer getauscht wird.

15. h5

Hier musste natürlich die Variante 15. ♗xf5 exf5 16. ♗a3 ♖e8 17. ♖xe8+♕xe8 18.♖e1 ♕d8 durchgerechnet werden.

1) 19. ♕b5 ♗e6 20. ♕xb7 ♗d5 21. ♕b5 ♖b8 22. ♕e2 ♕a5 23. ♗b4 ♕xa2 24. ♕xa2 ♗xa2 25. ♗e7 (Schwächer wäre 25. ♖a1 ♗d5 26. ♖xa7 ♗xf3 27. gxf3 ♗xd4+.) 25. ... a5 26. ♗xf6 gxf6, und die Remisbreite ist erreicht.

2) Und im Falle des scharfen 19. c4 b5!? 20. cxb5 ♗e6 21. h5 ♕a5 erhält Schwarz reichlich Spiel für den Bauern.

15. ...   ♘d6

16. ♘e5

Die Fortsetzung 16. ♗h7+ ♔h8 17. ♗a3 ♕c7 18. ♘e5 ♖d8 19. ♖ad1 b6 ist günstig für Schwarz.

16. ...   ♘xe4

17. ♕xe4

Oder 17. ♖xe4 ♗xe5 18. ♖xe5 b6.

17. ...   ♗xe5

18. dxe5

Zum Remis führt 18. ♕xe5 ♕d5 19. ♕xd5 exd5 20. ♗a3 ♖d8 21. ♖e7 b6 22. f3 ♗e6. Anand möchte sich aber nicht so leicht von seinen Figuren trennen und strebt danach, die Bauernstruktur zu verändern.

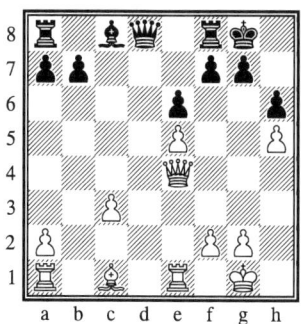

18. ...   **f5!**

Unterstreicht die Sicherheit des schwarzen Königsflügels. Hier konnte Weiß zum letzten Mal problemlos Frieden schließen: 19. exf6 ♕xf6 20. ♕d4.

19. ♕e2?!

Anand spürt die Gefahr noch nicht und handelt leichtsinnig. Wenn er schon die Dame behalten will, muss er sie nach f3 stellen.

19. ...   ♗d7

20. ♖d1   ♗b5!

Das ist der Knackpunkt: Schwarz bekommt ein wichtiges Tempo für die Umgruppierung der Figuren.

21. ♕f3

Das Endspiel mit ungleichen Läufern nach 21. ♖xd8 ♗xe2 22. ♖xa8 ♖xa8 23. f3 ♖d8 ist bedeutend angenehmer für Schwarz.

21. ...   ♕e8!

22. ♗f4

Die Variante 22. ♕xb7 ♗c6 23. ♕c7 ♖c8 24. ♕xa7 ♕xh5 25. f3 ♗xf3! 26. gxf3 ♕xf3 27. ♕d4 ♕g3+ 28.

♔f1 ♖xc3 29. ♖d2 ♖fc8! 30. ♗b2 ♖f3+ 31. ♖f2 ♖c2 führt zum Untergang von Weiß.

22....	♖c8
23. ♖d4	♖c4

Ein anderer Weg bestand in 23. ... ♗c6!? 24. ♕e2 ♗d5 25. ♖xd5 exd5 26. e6 ♖c4 27. e7 ♖f7 28. ♗d6 ♖e4 29. ♕d3 ♕c6 30. ♖d1 ♖f6 31. ♕xd5+ ♕xd5 32. ♖xd5 ♔f7, und die Chancen im Endspiel sind wiederum besser für Schwarz.

24. ♖ad1

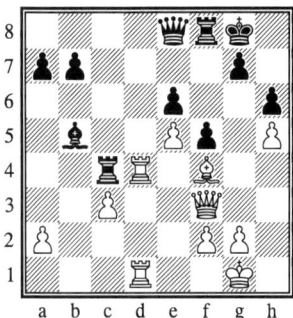

Nach 24. ♖xc4 ♗xc4 25. ♕xb7 ♗d5 26. ♕xa7 ♕xh5 27. ♕e3 g5 ist der schwarze Bauernangriff nicht aufzuhalten.

24....	♕f7!

Dies droht ♖fc8, und die Lage von Weiß wird jetzt äußerst kritisch.

25. ♖xc4	♗xc4
26. a3	♖c8
27. ♖d4	♔h7!?

Dies ist genauer als 27. ... ♗d5 28. ♕h3 ♕c7 29. ♖d3 ♗e4 30. ♖g3 ♔h7.

28. ♗d2

Auf 28. g4 folgt nicht 28. ... fxg4? 29. ♕e4+, denn Weiß behält die Oberhand, sondern 28. ... ♗d5 29. ♕d3 ♔g8, wonach sich der weiße König ungemütlich fühlt.

28....	♗d5
29. ♕h3	b5
30. a4	

Das erlaubt Schwarz, einen Freibauern auf der a-Linie zu bilden. Es ist nicht klar, was man Weiß jetzt noch raten soll.

30....	bxa4
31. ♖xa4	♖c4
32. ♖xc4	♗xc4
33. ♕h4	♗b5
34. c4	♗e8

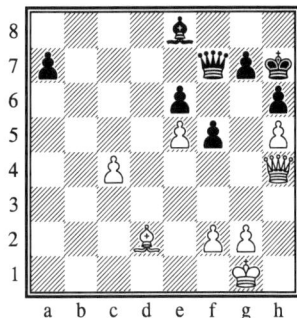

35. c5

Während der Partie schien mir, dass sich Weiß hier durch 35. ♕d8 ♕xh5 36. ♗e3 ♗c6 37. ♕d6 ♗a8 38. ♕d8 ♗e4 39. f3 retten kann. Wie Igor Saizew später zeigte, konnte Schwarz aber 36. ... ♕g6! spielen; z.B. 37. ♕d6.

(37. ♗xa7 wird mit 37. ... ♗c6 pariert.)

37. ... f4! 38. ♗xf4

(38. ♗xa7 f3 39. g3 ♕b1+ 40. ♔h2 ♕f1 führt zum Matt.)

38. ... ♕b1+!

(Ein wichtiges Zwischenschach, denn nach 38. ... ♕e4 39. ♕xe6 ♗c6 40. f3 käme Weiß mit heiler Haut davon.)

39. ♔h2 ♕e4 40. ♕d2

(Oder 40. ♗e3 ♗c6 41. f3 ♕xe3 42. ♕xc6 ♕xe5+ mit einem Mehrbauern im Damenendspiel.)

40. ... ♕xc4 Schwarz hat gute Chancen im Endspiel.

35. ...   **♕d7**

Der Bauer h5 ist ohnehin verloren. Wichtiger war es, die Dame zu aktivieren.

36. ♗c3   **♕d3**
37. ♕d4

Auch im Läuferendspiel wird es nicht leichter für Weiß.

37. ...   **♕xd4**
38. ♗xd4   **a5**

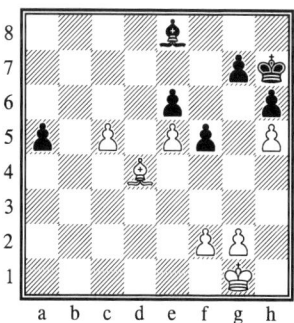

39. c6?

Anand hat sich wohl mit der Niederlage abgefunden.

1) Auch nach 39. ♗c3 a4 40. ♗b4 ♗xh5 41. c6 ♗e2! 42. c7 ♗a6 könnte er nicht standhalten.

2) Hartnäckiger war jedoch 39. f3 a4 40. ♗b2 ♗xh5 41. c6 ♗e8 42. c7 ♗d7 43. g3 ♔g6 44. ♔f2.

39. ...   **♗xc6**
40. f3   **f4!**

Ein studienartiger Zug. Jetzt droht Schwarz mit Freibauernbildung an beiden Flügeln. Deshalb konnte man hier eigentlich den Schlusspunkt setzen.

41. ♗b2   **♗e8**
42. ♗c1   **a4**
43. ♗xf4   **a3**
44. ♗e3   **♗xh5**
45. ♔f2   **♗e8**
46. ♗d4   **♗c6**
47. ♗c3   **a2**

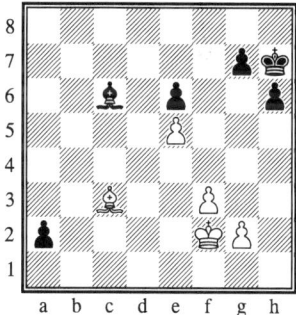

Der schwarze König schickt sich an, den Punkt f5 einzunehmen. Darauf folgt g7-g5, h6-h5-h4 und g5-g4!

Entweder erhält der Nachziehende einen zweiten Freibauern auf der h-Linie, oder sein Anführer läuft über das Brett zum Bauern a2.

48. g3   h5
49. g4

Dies beschleunigt das Ende.

49. ...   h4!

Weiß gab auf.

Ein seltener Fall, dass ein Großmeister von so hoher Klasse in einem fast gleich stehenden Endspiel besiegt wird. Dies ist mir mit ungleichen Läufern etliche Male gelungen, und das eben gezeigte Beispiel komplettiert meine Sammlung.

Die Partie gegen Anand ist darüber hinaus sehr lehrreich für die gezeigte Variante. Wenn Schwarz die Eröffnungsprobleme gemeistert hat, übernimmt er im Endspiel oft die Initiative, wovon wir uns hier ja überzeugen konnten.

Kapitel 2
Das geschlossene System – 1. e4 c6 2. d4 d5 3. e5

Die Bauernstruktur mit dem Keil auf e5 ergibt weißen Raumvorteil (siehe Diagramm).

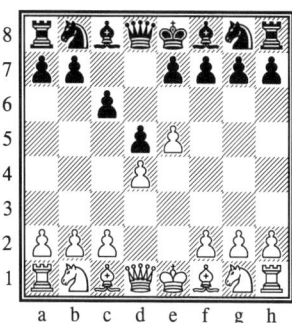

Nach 3. ... ♗f5 nebst e7-e6 und c6-c5 erinnert die Stellung an die Französische Verteidigung, allerdings mit dem wesentlichen Unterschied, dass Schwarz schon das Problem mit seinem „schlechten" weißfeldrigen Läufer gelöst hat.

Als das geschlossene System zu Beginn des vorigen Jahrhunderts entstand, war Läufertausch mittels 4. ♗d3 ♗xd3 5. ♕xd3 üblich. Schnell wurde jedoch herausgefunden, dass dies vollkommen ungefährlich für Schwarz ist. Zu verschiedenen Zeiten spielte Weiß 4. ♘e2, 4. c4, 4. c3, 4. f4, 4. g4 oder 4. h4. Jedes Mal fand Schwarz Wege für ein ausreichendes Gegenspiel. In den vergangenen Jahren wurden die Züge 4. ♘c3 und 4. ♘f3 besonders populär. Ihnen sind

auch unsere Beispielpartien gewidmet.

Partie Nr. 12
Timman – Seirawan
Hilversum 1990

1. e4	c6
2. d4	d5
3. e5	♗f5
4. ♘c3	e6

Ohne Furcht vor einem Vorrücken des weißen g-Bauern kann Schwarz auch 4. ... ♕b6 spielen, denn falls darauf 5. g4 geschieht, so kann der Läufer nach d7 zurückgehen – mit der Folge 6. ♘a4 ♕c7.

1) In der Partie Kamsky – Adams (London 1989) erhielt Schwarz nach 7. ♘c5 e6 8. ♘d3 c5 9. dxc5 ♗b5 10. f4 ♗xc5 11. ♘f3 ♘e7 12. a4 ♗xd3 13. ♗xd3 ♘bc6 14. ♕e2 h5! ausgezeichnetes Spiel.

2) Stärker für Weiß ist jedoch 7. ♗e3! e6 8. ♗g2.

a) Jetzt bringt 8. ... c5 nichts wegen 9. ♘xc5! ♗xc5 10. dxc5 ♕xe5? 11. ♘f3 ♕xb2 12. ♗d4 ♕b4+ 13. c3 mit klarem Vorteil für Weiß.

b) Anders verlief die Partie Timman – Kamsky (Tilburg 1990): 8. ... ♘e7 9. f4 ♘a6 10. ♘f3 h5 11. h3 ♘g6 12. ♘c3 ♗e7 13. ♕e2 ♘h4 14. ♘xh4 ♗xh4+, und hier empfiehlt Timman anstelle von 15. ♗f2 (was zum Ausgleich führen würde) 15. ♔f1 ♗e7 16. gxh5 0-0-0 17. ♗f3 mit besseren Chancen von Weiß.

5. g4   ♗g6
6. ♘ge2   c5

I) Manchmal inszeniert Schwarz den Gegenangriff auf die Spitze der Bauernkette mit 6. ... f6.

A) Nach 7. ♘f4 vertreibt Weiß zwar den feindlichen Läufer, muss jedoch Zugeständnisse bei seiner Bauernstruktur im Zentrum machen.

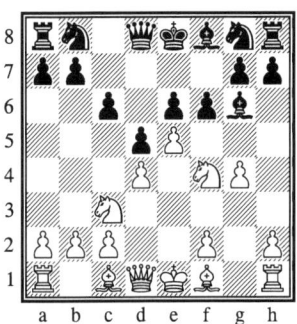

Hier ein Blick auf einige Varianten:

1) 7. ... fxe5

a) Nach dem Figurentausch 8. ♘xg6 hxg6 9. dxe5 ♗c5 10. ♗f4 ♕b6 steht Schwarz aktiver.

b) Nach 8. ♘xe6 ♕e7 9. ♘xf8 exd4+ 10. ♗e2 ♕xf8 11. ♕xd4 ♘f6 verschwinden die weißen Mittelbauern, wonach Schwarz leichtes Spiel hat.

c) Nach 8. dxe5 ♗f7 9. ♕e2 c5 10. ♘xd5!? exd5 11. e6 ♗g6 12. ♘xg6 hxg6 13. ♕f3 kompensiert die weiße Initiative die geopferte Figur, doch

die Stellung muss noch weiter in der Praxis überprüft werden.

2) 7. ... ♗f7

a) Die Auflösung der Spannung mittels 8. exf6 gxf6 9. ♕e2 ♕e7 10. ♘d3 ♘d7 11. f4 ♗g7 12. ♗e3 e5 13. fxe5 fxe5 14. ♘xe5 ♘xe5 15. dxe5 ♕xe5!? erlaubt es Schwarz, sich zu befreien, Sweschnikow – Wyschmanawin, Helsinki 1992.

b) Und nach 8. ♕e2 fxe5 9. ♕xe5 ♘d7 10. ♕e2 ♕e7 11. ♘d3 ♗g6 12. h4 ♗xd3 13. ♕xd3 e5 14. ♗g5 ♕f7 15. 0-0-0 verheißt das Läuferpaar Weiß bessere Chancen (Timman – Anand, Amsterdam 1992).

B) Oft geschieht auch 7. h4 fxe5 8. h5 ♗f7 9. dxe5 ♘d7 10. f4 ♕b6 11. ♘d4, und Weiß besitzt die Initiative. Effektvoll verlief danach die Begegnung Sax – Loiber (Djula 1997): 11... ♗c5

(Genauer ist 11. ... 0-0-0 oder 11. ... c5.)

12. ♘a4 ♕a5+ 13. c3 ♗xd4 14. ♕xd4 c5 15. ♕d1 a6 16. ♗e3 d4 17. ♗d2 ♕d8 18. cxd4 cxd4 19. ♗b4! b5 20. ♘c5 ♘xc5 21. ♗xc5 ♕d5 22. ♕xd4!! ♕xh1 23. 0-0-0 ♕d5 24. ♗g2 Schwarz gab auf.

II) Es fehlt noch der Hinweis auf die Entwicklung mittels 6. ... ♘e7. Diesem Thema war u.a. die Partie Lautier – Karpow (Monaco 1997) gewidmet:

A) 7. ♘f4 c5 8. h4 cxd4 9. ♘b5 ♘ec6 10. h5 ♗e4 11. f3 ♗xf3 12. ♕xf3 ♘xe5 13. ♕g3 ♘bc6 14. ♘d3

♘xd3+ 15. ♗xd3 e5 16. 0-0 ♗c5 17. h6 g6 18. ♕f2 ♕d7 19. ♔h1 a6 20. ♘c3 ♖f8 21. ♘a4 ♗a7 22. b3 ♕xg4 23. ♗a3 ♕h5+ 24.♔g1 ♕g5+ 25. ♕g2 ♕xg2+ 26. ♔xg2 e4

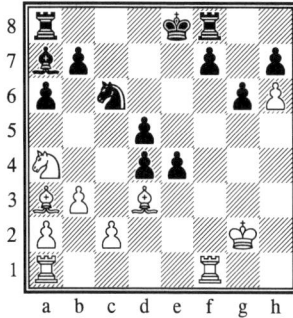

27. ♗xf8?

(In scharfer Stellung war ich gezwungen, eine Figur zu opfern, und jetzt habe ich sogar schon einen Turm weniger. Aber Weiß musste unbedingt 27.♖f6! ziehen, um die schwarzen Bauern daran zu hindern, sich zu einer kompakten Masse zu verbinden. Nach 27. ... exd3 28. cxd3 hätte Schwarz die Figur zurückgewonnen, aber sein im Zentrum verbliebener König würde ihm etliche Probleme bereiten.)

27. ... ♔xf8 28. ♗e2 f5 29. ♖ad1 b5! 30. ♘b2 ♘b4! 31. ♖d2 ♖c8 32. ♗d1 ♘xa2 33. ♗g4 ♔e7 34. ♗xf5 gxf5 35. ♖xf5 e3! Bald darauf kapitulierte Weiß.

B) Weniger erfolgreich für mich verlief eine Partie zwei Jahre später am gleichen Ort: Schirow–Karpow (Monaco 1999): 7. h4 h5 8. g5 c5?

Ich hatte nicht beachtet, dass bei dieser Zugfolge auf f4 kein weißer Springer, sondern ein Läufer erscheint.

9. dxc5 ♘d7 10. b4 ♘xe5 11. ♘d4 a5 12. ♗f4 ♘5c6 13. ♘db5 axb4 14. ♗c7 Es steht schlecht um Schwarz.

7. h4	**h6**
8. ♗e3	**♕b6**
9. f4!	

Das energischste Mittel, um die Stellung der Dame auf b6 auszunutzen, weil 9. ... ♕xb2? wegen 10. f5! exf5 11. ♖b1 ♕a3 12. ♘xd5 ungünstig für Schwarz wäre.

9. ...	**♘c6**
10. f5	**♗h7**
11. ♕d2	**0-0-0**

Im Falle von 11. ... cxd4 12. ♘xd4 ist guter Rat teuer für Schwarz. Auf 12. ... ♘xe5?! folgt unangenehm 13. ♗b5+ ♘d7 14. 0-0-0, und wenn 12. ... ♗c5?, so 13. ♘a4 ♘xd4 14. ♗xd4, wonach Schwarz eine Figur weniger hat.

| **12. 0-0-0** | **c4** |

Schwarz missfiel offensichtlich die Alternative 12. ... exf5 13. gxf5 ♗xf5 14. ♗g2 ♗e6, weil Weiß dann den Übergang in ein günstiges Endspiel forcieren könnte: 15. ♘a4 ♕b4 16. ♘xc5 ♕xd2+ 17. ♖xd2 ♗xc5 18. dxc5 ♘xe5 19. ♗d4 f6 20. ♘f4. Vielleicht war das aber dennoch die beste Lösung.

| **13. ♘f4** | **♕a6** |
| **14. fxe6** | **b5** |

Unzureichend ist der Gegenangriff 14. ... ♘b4 15. exf7 ♘e7 (♘xa2+ 16.

♘xa2 ♕xa2 17. ♕c3 ♘e7 18. ♕a3)
16. g5! ♘xa2+.
(Auf 16. ... ♗xc2 spielt Weiß kaltblütig 17. a3 ♗xd1 18. ♕xd1 ♘c6 19. ♘e6.)
17. ♘xa2 ♕xa2 18. ♕c3 ♗e4 19. ♗h3+ ♔b8 20. ♘e6 ♘c6 21. ♘xf8 ♖hxf8 22. ♖f1 Weiß hat die Attacke abgewehrt und seinen Materialvorteil behalten.

15. exf7

Stärker war 15. ♘fxd5!, und Schwarz hätte eine schwierige Verteidigung vor sich.

1) 15. ... b4 16. exf7 ♖xd5 17. ♘xd5 ♕xa2 18. ♕e2 mit Gewinn.

2) 15. ... fxe6 16. ♘f4 b4 17. ♘xe6 bxc3 18. ♕xc3 ♗b4 19. ♗xc4! mit Gewinn.

3) 15. ... ♖xd5 16. ♘xd5 ♕xa2 17. ♕f2 ♕a1+ 18. ♔d2 ♕xb2 19. ♕xf7 ♗b4+ 20. ♘xb4 ♕xb4+ 21. ♔e2 Dem König gelingt die Flucht.

15. ...	**♘ge7**
16. ♘e6	**b4**
17. ♘xd8	**♔xd8**
18. a3	

Anders kann der Bauer b4 nicht beseitigt werden. Nichts bringt 18. ♘e2 ♕xa2 oder 18. ♘b1 ♕xa2, denn es droht b4-b3. Jetzt folgt auf 18. ... b3 19. ♕f2 bxc2 20. ♖d2.

18. ...	**bxc3**
19. ♕xc3	**♘c8**
20. g5	**♘b6**
21. gxh6	**gxh6**
22. ♗d2	

Dies ist erzwungen, denn nach 22. ... ♘a4 muss der Läufer die Dame ersetzen.

22. ...	**♕a4**

Auf 22. ... ♘a4 geschieht 23. ♕f3, und 22. ... ♘b4 wird durch das effektvolle Damenopfer 23. ♕xb4! ♗xb4 24. ♗xb4 ♘d7 25. ♗h3 pariert.

23. ♔b1

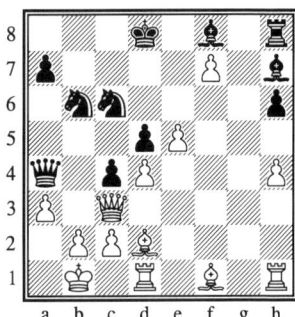

23. ...	**a5**

Dies lenkt die Dame von der Verteidigung des Punktes c2 ab.

1) Der Versuch 23. ... ♘xd4 wird mit dem Gegenopfer 24. ♗g5+ hxg5 25. ♖xd4 ♗c5 26. ♖h2 abgewehrt.

2) Auf Taktik beruht auch die Verteidigung 23. ... ♕b5 24. ♔a1! ♘a4 25. ♕b3. 3) Es wäre gut, den schwarzen König zur Seite zu ziehen – 23. ... ♔c7 (mit der Drohung ♘xd4), aber der Nachziehende will mehr.

24. ♖g1	**♗b4**
25. ♖g8+!	**♖xg8?!**

Notwendig war 25. ... ♗xg8, und wenn 26. ♕xb4, so 26. ... ♕xc2+! 27. ♔xc2

♗h7+ 28. ♔c1 axb4 29. ♗xh6 ♘a5! mit scharfem Spiel. Doch nach 26. axb4 ♗xf7 27. bxa5 hat Weiß vier Bauern für die Figur.

26. fxg8♕+	**♗xg8**
27. ♕f3	**♘xd4**

Die letzte Ressource im Angriff auf c2, aber Schwarz über sieht das folgende Manöver seines Gegners.

28. ♕f6+	**♔c7**
29. ♕g6!	**♗c5**
30. ♗e3	**♘xc2**
31. ♗xc5	**♘xa3+**
32. ♔c1	**♘d7**
33. ♗xa3	**c3**
34. ♕d6+	**♔d8**

Schwarz gab auf.

Partie Nr. 13
Judassin – Seirawan
Jacksonville 1990

1. e4	**c6**
2. d4	**d5**
3. e5	**♗f5**
4. ♘c3	**e6**
5. g4	**♗g6**
6. ♘ge2	**c5**
7. h4	**h6**

Verfrüht wäre 7. ... cxd4, was zuvor von der Theorie empfohlen wurde. Scharf verlief danach die Partie Van der Wiel – Speelman (Wijk aan Zee 1983): 8. ♘xd4 h5 9. f4 hxg4 10. ♗b5+ ♘d7 11. f5 ♖xh4.

1) 12. ♖g1 ♗h5 13. fxe6 fxe6 14. ♘xe6 ♕b6 15. ♗xd7+ ♔xd7 16. ♕xd5+ ♗d6 17. ♘d4 ♖e8 18. e6+ ♔c8.

2) Später wurde der bessere Zug 12. ♖f1! gefunden.

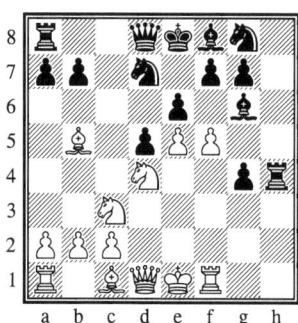

a) Jetzt scheitert 12. ... ♖h2? an 13. ♗xd7+! ♔xd7 14. ♕xg4 exf5 15. ♘xf5 ♗xf5 16. ♕xf5+ ♔c6 17. ♗g5 mit entscheidendem Vorteil (Moe – Miles, USA 1984).

b) Schlecht wäre auch 12. ... exf5? 13. ♗f4! a6 14. e6 axb5 15. ♕e2 ♗e7 16. ♘xd5.

(Nicht jedoch 16. exd7+? ♕xd7, und Schwarz steht schon besser, Westerinen – Adianto, Saloniki 1988.)

Nach 16. ... ♘c5 17. ♘c7+ ♔f8 18. 0-0-0 ♕c8 19. exf7 ♗xf7 20. ♘xa8 ♕xa8 21. ♘xf5 ♘e6 22. ♗g3 ♖h3 23. ♘xe7 ♔xe7 24. ♗d6+ ♔e8 25. ♕xb5+ behält Weiß die Oberhand.

c) Und das von Seirawan vorgeschlagene 12. ... ♖h5!? führt nach 13. fxg6 ♕h4+ zu unklarem Spiel.

8. h5

Vor dem Entwicklungszug ♗e3 (siehe vorige Partie) fixiert Weiß die Bauernkette am Königsflügel.

8. ...	**♗h7**

9. ♗e3   ♘c6

Wir verweisen hier auch auf den Vorschlag von Tukmakow 9. ... ♕b6.

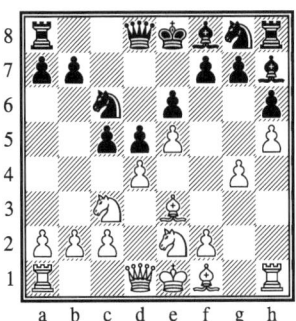

10. dxc5

Aufmerksamkeit verdiente das aktive Spiel am Königsflügel 10. f4 ♕b6 11. f5 f6 12. fxe6 0-0-0 13. exf6 ♘xf6 14. ♗h3 ♔b8 15. ♕d2.

10. ...   ♘xe5
11. ♘d4   ♘f6
12. ♗b5+   ♘fd7!

Genau mit diesem Springer, denn der andere muss die Felder c6 und c4 bewachen.

13. f4?!

Nach Meinung Seirawans sollte Weiß mit 13. ♕e2 a6 14. ♗a4 ♗xc5 15. ♘xe6 fxe6 16. ♗xc5 b5 17. ♗d4 bxa4 18. ♗xe5 verteilte Chancen akzeptieren. Jetzt erhält Schwarz nämlich eine vorteilhafte Stellung.

13. ...   a6!

Stärker als 13. ... ♘c4 14. ♗xc4 dxc4 15. ♕f3 ♘xc5 16. 0-0-0 mit gefährlichem weißem Angriff.

14. fxe5?!

Dies verschlechtert die Lage von Weiß. Notwendig war 14. ♗e2 ♘c6 (♘c4 15. ♗xc4 dxc4 16. ♕f3 ♕c7) 15. ♘xc6 bxc6 16. b4.

14. ...   axb5
15. ♘dxb5   ♘xc5

Nicht so klar wäre 15. ... ♘xe5 16. ♗f4 ♕f6 17. ♘c7+ ♔d7 18. ♘7xd5 exd5 19. ♘xd5.

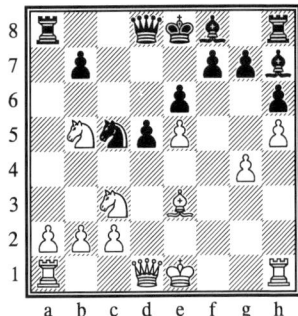

16. ♕d4?!

Ein Fehler kommt selten allein. Doch auch nach 16. ♘d6+ ♗xd6 17. exd6 ♘e4!

(nicht aber 17. ... ♕xd6 18. ♕d4 ♘e4 19. ♘xe4 ♗xe4 20. ♕xg7)

18. ♕d4 f6! oder 16. ♕f3 ♘e4! 17. 0-0 ♕d7 18. a4 ♘xc3 19. bxc3 hat Schwarz deutlichen Vorteil.

16. ...   ♘e4!
17. ♕b6   ♕xb6
18. ♗xb6   ♔d7!

Der König schaltet sich überraschend und mit großer Wirkung in den Kampf ein.

19. 0-0	f6!
20. ♗d4	

Auf 20. ♘xe4 ♗xe4 21. exf6 gxf6 22. ♖xf6 ♖g8 23. ♖f7+ entscheidet 23. ...♔c6.

20. ...	♗e7
21. ♖ae1	

Verlieren würde auch 21. ♘xe4 ♗xe4 22. exf6? gxf6 23. ♗xf6 ♖hg8. Weiß konnte sich nur mittels 22. ♖f2 halten.

21. ...	♖hf8
22. ♘xe4	♗xe4
23. a3	♗xc2
24. ♖c1	♖ac8
25. exf6	gxf6
26. ♖f2	♗d3!
27. ♘c3	♖c4

Weiß gab auf.

Partie Nr. 14
Schirow – Anand
Wijk aan Zee 2003

1. e4	c6
2. d4	d5
3. e5	♗f5
4. ♘c3	e6
5. g4	♗g6
6. ♘ge2	c5

Das Interesse für diese Variante hält schon fast zwanzig Jahre unvermindert an. In der vorliegenden Partie wurde das Abspiel beim Traditions-Turnier in Holland erneut zum Ausgangspunkt einer lebhaften theoretischen Diskussion.

Einige Runden später, als Anand mit Weiß spielte, hielt ich an 6. ...♘e7 fest, aber nach 7. f4 c5 brachte Vishy die wichtige Neuerung 8. ♘g3!?

(In der Partie Topalow – Barejew, Dortmund 2002, geschah an dieser Stelle 8. h4.)

Nach 8. ...cxd4 9. ♘b5 ♘ec6 10. f5 ♗c5 11. ♘d6+ ♗xd6 12. exd6 ♕xd6 13. ♗g2 f6 14. fxg6 hxg6 15. 0-0 ♘d7 16. ♖f2 0-0-0 17. c3 dxc3 18. bxc3 ♘b6 19. ♘f1 usw. erhielt er Vorteil.

7. ♗e3

Die Alternative 7. h4 wurde ein paar Tage danach in der Begegnung Grischuk – Barejew erprobt: 7. ...h5 8. ♘f4 ♗h7 9. ♘xh5 cxd4 10. ♘b5 ♘c6 11. ♘xd4 ♘ge7 12. ♖h3 a6 13. ♗g5 ♕b6 14. ♘xc6 ♘xc6. Es ergab sich eine komplizierte Stellung, doch im weiteren Verlauf griff Weiß fehl und verlor.

7. ...	♘c6
8. dxc5	♘xe5

Es ist bemerkenswert, dass der Disput zwei Tage später in dem Treffen Schirow – Topalow weiterging. Beide Gegner hatten offensichtlich eine Verstärkung für Weiß gefunden, und deshalb wandelte der bulgarische Großmeister nicht auf Anands Wegen, sondern zog die Fortsetzung 8. ...h5 vor. Aber auch hier erhielt Weiß nach 9. ♘f4 d4 10. ♘xg6 fxg6 11. ♕d3 (besser 11. ♗d3) 11. ...♔f7 12. 0-0-0 dxc3 13. ♕xc3 eine großartige Stellung und hatte mehr als nur Kompensation für die Figur. Weiter ging es mit 13. ... ♕c7 14. ♗c4 ♕xe5 15. ♗d4! ♕f4+ 16. ♔b1, und die weißen Chancen waren besser. Nach wilden Verwicklungen und beiderseitigen Fehlern endete das Spiel jedoch remis.

9. ♘f4   ♘e7
10. ♕e2   ♘7c6
11. 0-0-0

Weiß hat seine Entwicklung abgeschlossen und ist zu aktiven Handlungen bereit. Nach z. B. 11. ... ♕a5? 12. ♗d4 wird die Stellung von der Theorie als günstig bewertet.

1) 12. ... ♘xd4?! 13. ♖xd4 ♘c6 14. ♘xe6! fxe6 15. ♕xe6+ ♗e7 16. ♗b5 ♖d8 17. ♘xd5 ♖xd5 18. ♗xc6+ bxc6 19. ♕xc6+ ♔f8 20. ♕xd5 mit großem Vorteil (De Vreugt – Kallai, Deutschland 2001).

2) Genauer für Schwarz war hier 12. ♘d7 13. ♘xe6 fxe6 14. ♕xe6+ ♗e7 15. ♗xg7 mit unklarem Spiel.

Doch Anand hat eine noch wertvollere Verstärkung parat – nämlich die ruhige Entwicklung des Läufers.

11. ...   ♗e7!

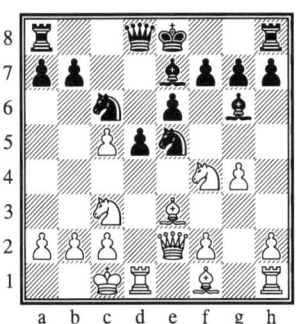

Schwarz überdeckt die e-Linie, wo ihn Unannehmlichkeiten erwarten können und bereitet die kurze Rochade vor.

12. ♘fxd5?!

Vielleicht ist 12. h4!? aussichtsreicher, um erst nach 12. ... ♗xh4 mit 13. ♘fxd5! exd5 14. f4! d4 15. ♗xd4 fortzusetzen. Die Caro-Kann-Spezialisten müssen sich in dieser Position etwas einfallen lassen.

12. ...   exd5
13. f4

Auf 13. ♖xd5 folgt 13. ... ♕c8 14. h3 f6 15. f4 ♘d7 16. ♗g2 0-0, und die schwarzen Chancen verdienen den Vorzug.

13. ...   d4!

Anand lässt sich nicht überrumpeln. Bedenkt man, wie schnell er am Brett antwortete, so darf angenommen werden, dass er die Stellung schon zu Hause auf dem Brett hatte.

Nichts bringt jetzt 14. fxe5 wegen 14. ♗g5!, denn Weiß bleibt mit einer Figur im Nachteil. Auf 14. ♗xd4 würde das gleiche Springerschach erfolgen wie in der Partie.

14. h4

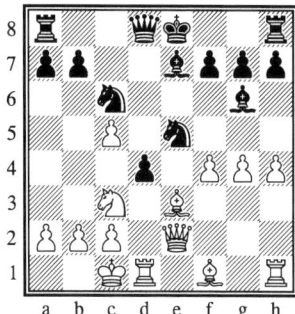

14. ...   ♞d3+!

Ein herrliches Schach, das den Weißen zwingt, die d-Linie zu schließen. Auch bei anderen Fortsetzungen wie 14...♛a5 15. ♝xd4 ♞d3+ 16. cxd3 ♞xd4 bzw. 14. ...♝d3 15. cxd3 ♞d7 oder 14. ...d3 erhält Schwarz gutes Spiel, aber das Springermanöver ist am überzeugendsten.

15. cxd3   h5!

Noch ein eleganter Zug. Anand bewahrt den weißfeldrigen Läufer, der nach seiner späteren Befreiung das Schicksal der Partie entscheiden wird.

16. f5   ♝h7
17. ♝d2   dxc3
18. ♝xc3   0-0
19. d4

Es scheint, als habe Weiß keine schlechte Kompensation für die Figur, aber das ist nur eine Illusion.

19. ...   a5!

Anand nannte dies den Schlüsselzug der Partie. Jetzt hat Schwarz gewaltigen Vorteil.

20. a3   ♜e8
21. ♛c4   ♝xh4
22. ♝d3   hxg4
23. ♚b1   ♛g5!
24. ♚a1   ♜ad8!
25. ♝b1   ♞e7!

Schwarz hat seine Streitkräfte ideal umgruppiert und im Zentrum eine Blockade errichtet.

26. ♝xa5   ♝xf5
27. ♝xd8   ♜xd8
28. ♜hf1   g6
29. ♛b3   ♝e6
30. ♛xb7   ♛d5
31. ♛xd5   ♞xd5
32. ♜h1   ♝f2
33. c6   ♜c8
34. ♜c1   g3
35. ♝e4   ♞f6
36. ♝g2   ♝d5!

Weiß gab auf.

Partie Nr. 15
Kasparow – Karpow
Linares 2001

1. e4   c6
2. d4   d5
3. e5   ♝f5
4. ♞c3   e6
5. g4   ♝g6
6. ♞ge2   ♞e7

Bisher haben wir nur das sofortige 6. ...c5 betrachtet. Diese Partie zeigt, dass der Vorstoß des c-Bauern genauer ist als das Springermanöver. In der nächsten Partie kommen wir wieder auf c6-c5 zurück.

7. ♘f4	c5
8. dxc5	♘d7
9. h4	♘xe5
10. ♗g2!	

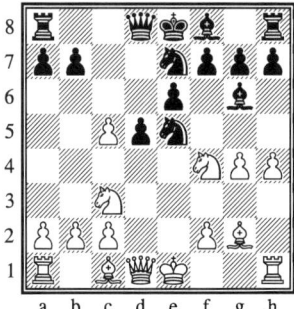

Als Hauptfortsetzung galt früher 10. ♗b5+, aber dann stellte sich heraus, dass der Läufer auf g2 viel gefährlicher für Schwarz ist.

10. ...	h5
11. ♕e2	♘7c6

Nach 11. ...♘xg4? 12. ♘xg6 ♘xg6 (12. ...fxg6? 13. ♕xe6) 13. ♘xd5 verbietet sich 13. ...♗xc5? wegen 14. ♕b5+. Jetzt aber fühlt sich der schwarze König unbehaglich.

12. ♘xg6	♘xg6
13. ♗g5!	

Eine wesentliche Verstärkung. Schirow spielte gegen mich zuerst 13. ♘xd5, was nach 13. ... ♗xc5 14. ♗g5 ♘ge7 zu kompliziertem Spiel führte (Monte Carlo 2000, Blindpartie).

13. ...	♗e7
14. gxh5	♘f8?!

Besser war es, einen der h-Bauern zu schlagen: 14. ...♘xh4 15. ♗xh4 ♗xh4, denn nach 16. ♗xd5 hat Weiß nur leichten Vorteil.

15. ♘b5	♘d7

Nichts taugt 15. ...f6 16. ♗f4 ♕a5+ 17. c3 e5 18. b4!, denn Schwarz verliert.

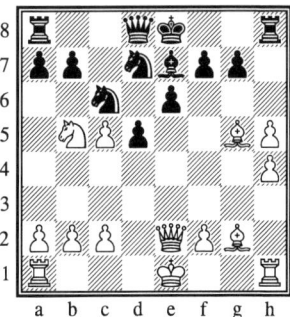

16. h6!

Nach 16. ♘d6+ ♔f8 ist die Situation nicht so klar. Jetzt hat Schwarz es schwer, die Verteidigung zu organisieren. Denn 16. ...gxh6 geht leider nicht, weil Weiß nach 17. ♘d6+ ♔f8 18. ♕h5 forciert gewinnt.

1) Es droht Matt auf f7, und nach 18. ...♖h7 19. ♗xh6+ ♔g8 entscheidet 20. ♘xf7 ♖xf7 21. ♕g6+ ♔h8 22. ♕xf7.

2) Schlecht wäre auch 18. ...♘de5 19. ♗xh6+ ♔g8 20. ♖g1!

16. ...	♘xc5
17. ♗f4!	

Ein genauer Zug. Die Fortsetzung 17. hxg7 ♖g8 18. ♗f4 ♖xg7 19. ♘c7+ ♔f8 führt zu verteilten Chancen.

17. ... ♚f8

1) Wieder geht das Schlagen auf h6 nicht: 17. ...gxh6 18. ♘c7+ ♚f8 19. ♘xa8.

2) Aber auch andere Wege machen Schwarz nicht froh, z. B.: 17. ...♖c8 18. hxg7 ♖g8 19. 0-0-0 ♖xg7 20. ♗xd5.

3) In Kasparows Kommentar wies er mit allerlei Varianten nach, dass Weiß nach 17. ...♕a5+ 18. c3 ebenfalls überlegen steht.

18. hxg7+	♚xg7
19. 0-0-0	♚f8
20. ♚b1	

Ein prophylaktischer Zug. Noch stärker war das sofortige 20. c4!

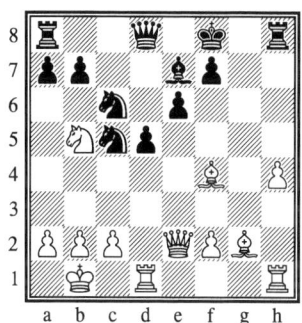

20. ... a6?

Dieser Fehler ermöglicht Weiß die entscheidende Kombination. Hartnäckiger geschah 20. ...♕a5 21. c4 dxc4 22. ♕xc4 ♕b4 23. ♕xb4 ♘xb4 24. h5, denn ohne Damen konnte Schwarz noch lange Widerstand leisten.

21. ♘c7 ♖c8

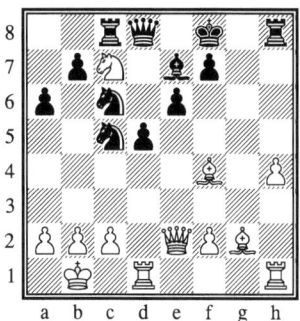

22. ♗xd5! exd5

Noch schlechter ist 22. ...♖xc7 23. ♗xc6 ♖xc6 24. ♖xd8+.

23. ♖xd5 ♕xc7

Schwarz hat keine Wahl und muss die Dame hergeben. Nach 23. ...♘d7 24. ♘e6+ fxe6 25. ♕xe6 ♘cb8 26. ♗xb8 ♖xb8 27. ♖xd7 ♕e8 28. ♕f5+ ♕f7 29. ♕e5 gewinnt Weiß auch noch den Turm.

24. ♗xc7	♖xc7
25. ♖f5	♖d7
26. c3	f6?

In Zeitnot leiste ich mir den letzten gravierenden Fehler. Man konnte das Ende zwar mit 26. ...♖h6 noch hinauszögern, aber prinzipiell änderte das nichts mehr. Kasparow zeigte diese lange Variante: 27. ♕e3! ♖e6 28. ♕f3 ♗d6 29. ♕h5! ♘e4 30. ♕h8+ ♚e7 31. ♕g8 ♖f6 32. ♖xf6 ♚xf6 33. ♕h8+ ♚f5 34. ♕h7+ ♚f4 35. ♕h6+ ♚f5 36. ♖e1!

27. ♖g1	♘d8
28. ♕g4	♚e8
29. ♖h5	♖f8

30. ♖xc5 ♗xc5
31. ♕h5+

Der Läufer kam ins Freie und baute sich stolz in der Mitte des Bretts auf. Nun aber ist weiterer Widerstand zwecklos. Schwarz gab auf.

Partie Nr. 16
Schirow – Jermolinski
Wijk aan Zee 1999

1. e4 c6
2. d4 d5
3. e5 ♗f5
4. ♘c3 e6

Schirow spielt das geschlossene System sehr erfolgreich. In einem Match gegen Hracek, das 1998 (also nicht lange vor diesem Turnier) in Ostrava stattfand, wählte sein Gegner an dieser Stelle zweimal 4. ... ♕b6. Beide Male entschied sich Weiß nicht für das scharfe 5. g4 ♗d7, sondern für die ruhige Fortsetzung 5. ♘f3 e6 6. ♗e2 ♘d7 7. 0-0 ♘e7 8. b3.

1) In einer Partie blieb Schwarz nach 8. ... c5 9. dxc5 ♘xc5 10. ♘d4 a6 11. ♗e3 ♕d8 12. g4 ♗g6 13. f4 ♘e4 14. ♘a4 h5 15. f5 mit gescheiterten Hoffnungen zurück.

2) In der anderen erhielt Weiß nach 8. ... a6 9. ♘a4 ♕c7 10. c4 b5 11. ♘c3 bxc4 12. bxc4 dxc4 13. ♗xc4 positionellen Vorteil, den er am Ende in einen Punkt ummünzen konnte.

5. g4 ♗g6
6. ♘ge2 c5
7. h4 h5

Dieses Abspiel konkurriert, wie wir wissen, mit 7. ... h6.

8. ♘f4 ♗h7

Um den Preis eines Bauern bewahrt Schwarz seinen Läufer. Genauer war 8. ... ♘c6!? 9. ♘xg6 fxg6 mit gleichwertigem Spiel.

9. ♘xh5 cxd4
10. ♘b5!?

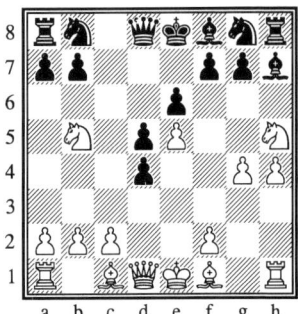

Der Zug ist stärker als 10. ♕xd4 ♘c6 11. ♗b5 ♗xc2 mit scharfem Kampf.

10. ... ♘c6
11. ♘xd4 ♘xd4
12. ♕xd4

Jetzt ist das Nehmen auf c2 nicht möglich wegen des Läuferschachs auf b5. Schwarz hat keine Kompensation für den Bauern, und Weiß gelangt mühelos auf die Siegerstraße.

12. ... ♘e7
13. ♕a4+ ♘c6
14. ♗g5 ♕a5+
15. ♕xa5 ♘xa5
16. f4

Der schwarze Königsflügel wird versiegelt, was schließlich zum Untergang führt.

16. ...	♖c8
17. ♗b5+	♘c6
18. 0-0-0	a6
19. ♗d3	♗xd3
20. ♖xd3	♘b4
21. ♖b3	

Das Eindringen am Damenflügel kann nicht verhindert werden.

21. ...	♖xc2+
22. ♔b1	♖g2
23. ♖c1	d4
24. a3	

Schwarz gab auf.

Partie Nr. 17
Grischuk – Karpow
Linares 2001

Diese Partie kann als Fortsetzung der vorher betrachteten Spiele verstanden werden.

1. e4	c6
2. d4	d5
3. e5	♗f5
4. ♘c3	♕b6

Gegen das junge Talent wollte ich auf die Hauptvarianten verzichten, welche nach 4. ...e6 entstehen.

5. ♘f3	e6
6. ♗e2	♘e7
7. 0-0	♗g4
8. ♘a4	♕c7
9. b3	b5!?

Eine interessante Neuerung. Früher spielte man 9. ...♘d7 10. c4 mit weißem Vorteil.

10. ♘b2

Nichts bringt 10. ♘c5 ♘d7 11. b4, weil Schwarz 11. ...a5 antworten kann.

10. ... **♘d7**

Der Zug 10...b4 führt nach 11. a3 nur zur Schwächung der schwarzen Bauernstruktur.

11. c4	bxc4
12. bxc4	dxc4
13. ♘g5!?	

Das einzige Mittel im Kampf um die Initiative. Nach 13. ♘xc4 ♘d5 14. ♗d2 (nicht aber 14. ♘g5 wegen 14. ...♘c3) 14. ...♗e7 ist bei Schwarz alles in Ordnung.

13. ...	♗xe2
14. ♕xe2	♘b6

Gefährlich für Schwarz wären die Abspiele 14. ...c3 15. ♘c4 ♘f5 16. ♕d3!? und 14. ...♘f5 15. ♘xc4 ♘xd4 16. ♕g4 ♘f5 17. ♘e4.

15. ♘xc4	♘f5
16. ♖d1	♗e7
17. ♘f3!	

Mit der Drohung g2-g4. Auf e4 stünde der Springer prächtig, aber nur kurze Zeit.

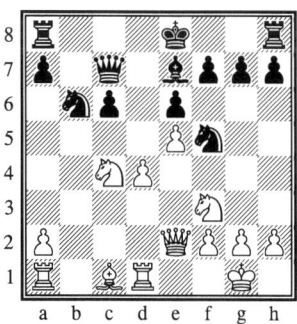

17. ...	♘xc4
18. ♕xc4	♕d7!

Die stärkste Fortsetzung. Klaren Vorteil für Weiß ergibt 18. ...h5 19. ♗g5.

19. g4

Etwas riskant gespielt. Genauer war offensichtlich 19. ♖b1.

19. ...	♘h4
20. ♘xh4	♗xh4
21. g5	

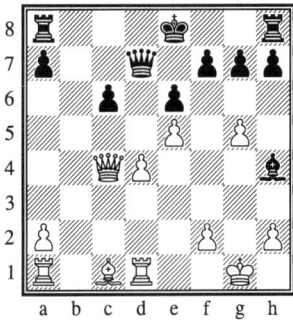

Während der Partie schätzte Grischuk diese Stellung fast als gewonnen ein. Tatsächlich besitzt Weiß jedoch nur geringen Vorteil.

21. ...   h6!

Schlechter ist 21. ...♕d5 22. ♕xd5.

(Nicht aber 22. ♕e2 wegen 22. ...h6 23. ♕h5 ♕e4!)

22. ...cxd5 23. ♖d3 h6 24. gxh6 gxh6 25. ♖h3 ♖g8+ 26. ♔f1 ♗g5 27. ♗xg5 hxg5 28. ♖b1 Schwarz erhält ein unangenehmes Endspiel.

22. d5

Zu ewigem Schach führt 22. gxh6 gxh6 23. d5 ♖g8+ 24. ♔f1 cxd5! 25. ♕xh4 ♕b5+ 26. ♔e1 ♖g1+ 27. ♔d2 ♖xd1+ 28. ♔xd1 ♕d3+ 29. ♗d2 ♕f1+ 30. ♗e1 ♕d3+.

22. ...	hxg5
23. ♕xc6	♖c8!
24. ♕xd7+	♔xd7
25. d6	

Weiß versucht, das Spiel zu verwickeln. Nicht zum Gewinn reichen würde 25. ♗e3 exd5 26. ♖xd5+ ♔e6 27. ♖a5.

25. ...	f6
26. ♗e3	a5

Möglich war auch 26. ...fxe5 27. ♗xa7 ♖a8 28. ♗e3 ♖a5! nebst ♖d5 und schnellem Remis.

27. ♖ab1	♖b8
28. ♗b6	

Weiß stellt Mattdrohungen auf, doch ich kann sie abwehren.

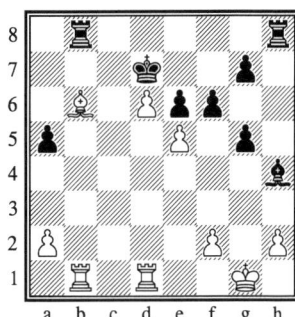

28. ...	fxe5
29. ♖dc1	e4!

Der einzige, aber völlig ausreichende Zug.

30. ♖c7+	♔xd6

31. ♖xg7	♖hc8!
32. ♖d1+	

Der Qualitätsgewinn 32. ♗c7+♖xc7 33. ♖d1+ ♔e5 34. ♖xc7 ♖b2 war gefährlich, jedoch nur für Weiß.

32. ...	♔e5
33. ♗e3	♔f6

Mit 33. ...♖c2 34. ♖f7 ♖b5! konnte ich die Regie übernehmen. Aber nach 35. ♗d4+ ♔d6 36. ♗a7+! ♔c6 37. ♖e7 hält Weiß die Stellung.

34. ♖dd7	♖d8

Dies erzwingt weitere Vereinfachungen.

35. ♗xg5+	♗xg5
36. ♖df7+	♔e5
37. ♖xg5+	♔d4
38. ♖a7	

Nicht gut wäre 38. ♖xa5 ♖b1+ 39. ♔g2 ♖g8+, denn der weiße König wird an den Brettrand gedrängt.

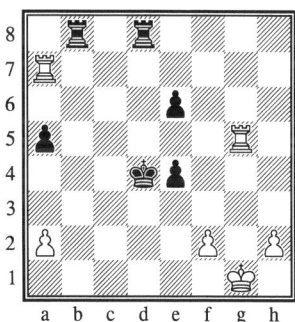

Hier konnte die Partie nach 38. ...e3, 38. ...♖d5 oder 38. ...♖g8 remis enden. Leider unterliefen mir jetzt in Zeitnot die entscheidenden Fehler.

38. ...	♖b1+?
39. ♔g2	♖b2?
40. ♖axa5	♖f8??
41. ♖a4+	♔d3
42. ♖g3+	

Bei hängendem Blättchen hatte ich genau diesen Zug nicht vorausgesehen. Der Rest ist klar.

42. ...	♔d2
43. ♖xe4	♖xa2
44. ♖xe6	♖a4
45. ♖d6+	♔c2
46. ♖dd3	♖af4
47. ♖df3	♖xf3
48. ♖xf3	♖h8
49. ♖f4	♔d3
50. h4	

Schwarz gab auf.

Partie Nr. 18
Short – Karpow
Dos Hermanas 1997

1. e4	c6
2. d4	d5
3. e5	♗f5
4. ♘f3	

In den vorangegangenen Partien haben wir die Folgen von 4. ♘c3 ausführlich untersucht. Die nächsten Beispiele sind dem anderen Springerausfall gewidmet.

4. ...	e6
5. a3	

Ein seltener Zug, der kaum gefährlich für Schwarz ist.

5. ...   ♘e7

Auf 5. ... c5 gewinnt das Standard-manöver 6. c4!? an Stärke, weil das Feld b4 von Weiß kontrolliert wird. Häufig kommt auch das Manöver 5. ... ♘d7 vor.

1) Danach ergab die bescheidene Fortsetzung 6. ♘bd2 h6 (Möglich ist ebenso 6. ... c5 oder 6. ... ♗g6.)
7. ♗e2 ♘e7 8. ♘f1 ♗g6 9. c3 c5 10. ♘g3 ♘c6 11. 0-0 ♗e7 12. ♗e3 0-0 13. ♗d3 cxd4 14. cxd4 ♘b6 15. ♗xg6 fxg6 16. ♘d2 ♕e8 bessere Chancen für Schwarz (Short – Adams, FIDE-WM, Groningen 1997).

2) Auch hier verdient das aktive 6. c4!? den Vorzug. Im gleichen Duell Short – Adams erhielt Weiß nach 6. ... dxc4 7. ♗xc4 ♘b6 8. ♗b3 ♘e7 9. 0-0 ♘ed5 10. ♖e1 ♗e7 11. ♘bd2 0-0 12. ♘e4 ♘d7 13. h3 ♖c8 14. ♗d2 ♗g6 15. ♖c1 ♕b6 16. ♗g5 ♗xg5 17. ♘fxg5 h6 18. ♘f3 ♗h5 19. ♘d6 klaren Vorteil.

6. ♘bd2

Üblich ist eigentlich 6. ♗e2, aber Weiß will seinen Läufer nicht so früh entwickeln.

6. ...   ♘d7

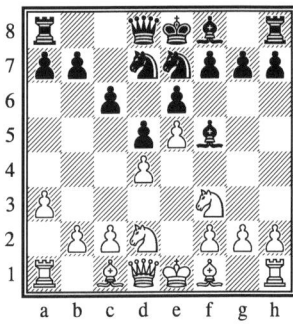

Der sofortige Durchbruch 6. ... c5?! verheißt keinen Erfolg: 7. dxc5 ♘d7 8. b4 ♘c6 9. ♗b2.

7. ♘h4   c5

Nach 7. ... ♗g6 8. ♘xg6 hxg6 9. ♘f3 steht Weiß etwas besser.

8. c3   a6
9. ♘xf5   ♘xf5
10. ♘f3   ♖c8?!

Eine Ungenauigkeit. Nach 10. ... cxd4 11. cxd4 ♕b6!? ist die Stellung etwa gleich.

11. ♗d3   cxd4

Verlockend sieht 11. ... ♘h4 aus, doch Weiß erwidert 12. ♘g5! (Nicht aber 12. 0-0 ♘xf3+ 13. ♕xf3 ♗e7 mit totalem Ausgleich.) 12. ... ♘xg2+ 13. ♔f1 ♘h4 14. ♕h5 ♘g6, und der Einschlag 15. ♘xf7! entscheidet die Partie.

12. ♗xf5   exf5
13. ♘xd4

Sicherer ist 13. cxd4 oder 13. ♕xd4. Jetzt bekommt Weiß permanente Probleme mit seinem e-Bauern.

13. ...   **g6**
14. 0-0

Zu sehr scharfem Spiel führt 14. e6 fxe6 (14. ... ♘c5 15. exf7+ ♔xf7 16. 0-0) 15. ♘xe6 ♕e7 16. 0-0! ♕xe6 17. ♖e1 ♘e5 18. ♗f4 ♗d6 19. ♗xe5 ♗xe5 20. f4 0-0 21. ♖xe5 ♕b6+ 22. ♔h1 ♕xb2.

14. ...	**♘c5**
15. ♗e3	**♗g7**
16. ♘f3	**0-0**
17. ♖e1	**♖e8**
18. ♖e2	**♘e4**
19. ♕b3	**b5**
20. ♖d1?!	

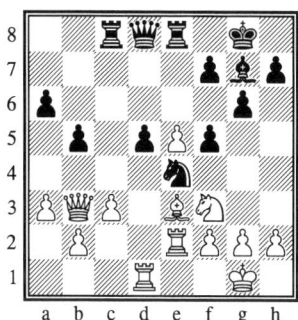

Danach kann ich den positionellen Druck neutralisieren. Mit 20. a4 hätte Short sich noch gute Aussichten bewahren können. Jetzt übernimmt Schwarz die Initiative.

20. ...	**♖c4!**
21. ♗d4	**♕b8!**
22. ♖d3	

Nach 22. ♘d2 ♘xd2 23. ♖dxd2 kassiert Schwarz einfach den Bauern auf e5 ein.

22. ...	**f4!**
23. ♕d1	**♖c6!**
24. ♘e1	

In seiner Verzweiflung ist Weiß ratlos. Hartnäckiger war 24. ♕b3.

24. ...	**♖ce6**
25. ♘c2	

Nichts ändert 25. f3 ♘d6! nebst 26. ... ♘c4 oder 26. ... ♘f5.

25. ...	**♕b7**
26. f3	**♘d6**
27. b3	**♘f5**
28. ♕d2	**h5!**

Das ist viel stärker als der Vorstoß des Nachbarbauern: 28. ... g5 29. g3 fxg3 30. ♕xg5 gxh2+ 31. ♔h1! mit verteilten Chancen.

29. ♖e1

Natürlich nicht 29. ♕xf4?? wegen 29. ... ♗h6.

29. ...	**a5**
30. ♔f1	**♕c7**
31. ♔g1	**♔h7**
32. b4	**a4**
33. ♔f1	**♕c4**
34. ♔g1	**♗xe5**

Der Bauer war lange fällig, und nach seinem Verlust bleiben Weiß keine Hoffnungen mehr.

35. ♗xe5	**♖xe5**
36. ♖xe5	**♖xe5**
37. ♘d4?	**♖e3!**
38. ♖xe3	**fxe3**
39. ♕d1	**♕xc3**

Weiß gab auf.

Nach 40. ♘xf5 gxf5 41. f4 entscheidet einfach 41. ... ♔g6 42. h3 ♛d2 43. ♛f3 h4.

Partie Nr. 19
Anand – Karpow
WM-Kandidatenmatch (7)
Brüssel 1991

Noch ein Kandidaten-Duell mit Caro-Kann. Das erste war gegen Andrej Sokolow, in dem ich das Problem, mit Schwarz zu spielen, mit Hilfe dieser Eröffnung löste. Beim anderen Zweikampf endeten alle vier Schwarzpartien von mir remis. Hier untersuche ich die 7. Partie aus Brüssel.

1. e4	c6
2. d4	

Seltenere Fortsetzungen wählte Anand in der ersten und dritten Partie unseres Matchs.

1) Anand – Karpow (1): 2. d3 d5 3. ♘d2 e5 4. ♘f3 ♗d6

(In der berühmten Partie Tal – Smyslow, Portoroz 1959 erhielt Weiß nach 4. ... ♘bd7 5. d4 großen Vorteil. Der von mir gewählte Läuferzug sieht natürlicher aus.)

5. ♛e2

(Oder 5. g3 ♘f6 6. ♗g2 0-0 7. 0-0 ♖e8 8. ♖e1 ♘bd7 9. c3 dxe4 10. dxe4 ♛c7 mit guten Aussichten für Schwarz, Ljubojevic – Karpow, Buenos Aires 1980.)

5. ... ♛e7 6. d4 Das Spiel mündet nun in eine Stellung, die charakteristisch für die Tarrasch-Variante der Französischen Verteidigung ist.

6. ... exd4 7. exd5 cxd5 8. ♘xd4 ♘c6 9. ♘2b3 ♘f6 10. ♛xe7+ ♔xe7 11. ♗d2 ♖e8 12. 0-0-0 a6 13. f3 ♔f8 14. ♗c3 ♘e5. Die Position ist völlig ausgeglichen. Im Endspiel konnte ich den Gegner überspielen, aber dennoch ging die Sache remis aus.

2) Anand – Karpow (3): 2. ♘f3 d5 3. ♘c3 ♗g4 4. h3 ♗xf3 5. ♛xf3 Diese Variante wurde in den 50er Jahren viel gespielt, obwohl sie Weiß keine besonderen Erfolge gebracht hat. 5. ... e6 6. d3 ♘d7 7. ♗e2 g6 8. 0-0 ♗g7 9. ♛g3 ♛b6 10. ♔h1 ♘e7 11. f4 f5 12. e5 d4 13. ♘b1 ♘d5 mit ungefährem Ausgleich.

2. ...	d5
3. e5	♗f5
4. ♘f3	

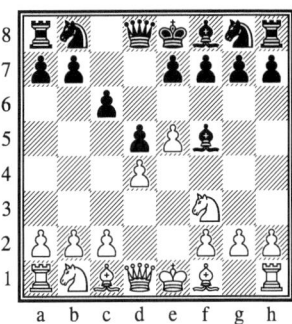

4. ...	e6
5. ♗e2	♘d7

Der populäre Zug 5. ... c5 wird später betrachtet.

6. 0-0	♘e7

Auch 6. ... h6 hat sich hier bewährt. Die nach 7. b3 ♘e7 8. c4 ♘g6 9. ♘a3

entstehende Stellung ist oft vorgekommen.

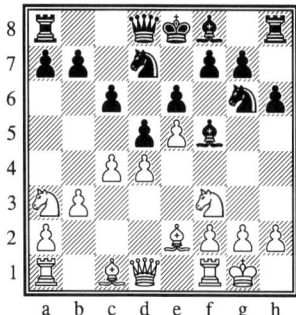

1) In der Partie Bologan – Roos (Dres-
den 1998) schlug der Nachziehende
unvorsichtig auf c4 und ging danach
schnell unter: 9. ... dxc4? 10. bxc4 c5
11. d5! a6 12. ♘e1! ♘gxe5 13. g4
♗h7 14. f4 ♘g6 15. dxe6 fxe6 16.
♖b1 ♖b8 17. f5 ♘ge5 18. ♗f4 exf5
19. gxf5 ♗e7 20. ♗h5+ ♔f8 21. ♘f3
♕c7 22. ♕d5 ♗f6 23. ♖be1 Schwarz
gab auf.

2) Hingegen steht er nach 9. ... ♘f4
10. ♗xf4 ♗xa3 11. ♗d3 ♗g4 12.
♖b1 ♗e7 13. h3 ♗h5 14. ♕e2 0-0
15. ♕e3 ♗g6! prächtig. Jetzt gibt es
verschiedene Fortsetzungen:

a) 16. ♖fd1 a6 17. ♖bc1 ♗xd3 18.
♖xd3 ♔h7 19. g4 ♖c8 (Fiorito –
Bacrot, Jerewan 1996);

b) 16. ♗xg6 fxg6 17. ♕d2 g5 18.
♗e3 ♕e8 19. ♘h2 ♕g6 (Lutz –
Adams, Deutschland 1996);

c) 16. ♖bd1 ♖e8 17. ♘h2 ♘f8 18.
♗g3 ♕a5 19. ♕e2 ♖ad8 20. f4 c5 21.
cxd5 ♖xd5 (Wang Zili – Adianto,
Groningen 1997).

7. ♘h4

Dieser Springerzug bedeutet eine
Verstärkung gegenüber 7. c3, was in
einer anderen Partie bei diesem Match
vorkam.

1) Anand – Karpow (5): 7. c3

a) 7. ... h6 8. ♘a3 a6 9. ♘c2 ♗h7 10.
♘ce1 c5 11. ♗d3 ♗xd3

(Möglich ist auch 11. ... ♘g6.)

12. ♘xd3 ♘g6 13. g3 ♗e7 14. h4 h5
15. ♖e1 ♖c8 16. ♗e3 c4 17. ♘c1
♖c6 18. ♕c2 ♘b6! Schwarz hat keine Probleme. Im weiteren Verlauf habe
ich jedoch zu ungenau gespielt, so
dass ich mich am Ende nur mit Mühe
retten konnte.

b) Angemerkt sei, dass der Zug 7. ... c5
schlechter ist wegen des Tauschs 8.
dxc5!, wonach der Springer den Platz
des Bauern einnimmt, z. B. 8. ... ♘xc5
9. ♘d4 ♘g6 10. ♗b5+ ♘d7 11. ♗g5
oder 8. ... ♘c6 9. b4 ♘dxe5 10. ♘d4
♗xb1 11. ♖xb1 ♗e7 12. f4 ♘d7 13.
f5 e5 14. ♘f3 e4 15. ♘d4 ♘de5 16.
♗f4 a6 17. ♖b2 ♗f6 18. ♕d2 mit
weißem Vorteil (Benjamin –
Seirawan, USA 1991).

2) Im nächsten Zug spielt Weiß seinen Springer von b1 nach d2.
Manchmal geschieht das sofort: 7.
♘d2 ♗g6 8. c4 dxc4

(Möglich ist auch 8. ... ♘f5.)

9. ♘xc4 ♘c8 10. ♗d2 ♘db6 11.
♘a5 ♖b8 12. b4 a6 13. a4 ♘a7 14.
♘b3 ♗e7 15. b5 axb5 16. axb5 ♘bc8
Schwarz hält die Stellung (Gelfand –
Seirawan, Belgrad 1991).

7. ...   ♗g6

In der Begegnung Short – Adams (England 1991) folgte hier 7. ... ♛b6, und bald darauf waren die Chancen gleich. Die Partie ist aber wegen ihres romantischen Finales interessant, und deshalb zeigen wir sie vollständig.

8. ♘xf5 ♘xf5 9. c3 c5 10. ♗d3 ♘e7 11. dxc5 ♛xc5 12. ♛e2 ♛c7 13. f4 g6 14. ♘d2 ♘f5 15. ♘f3 ♗c5+ 16. ♔h1 h5 17. g3 ♘b8 18. ♗d2 ♘c6 19. b4 ♗b6 20. ♖ac1 ♔f8 21. c4 dxc4 22. ♖xc4 ♛d7 23. ♗e4 ♔g7 24. a4 ♘cd4! 25. ♘xd4 ♗xd4 26. ♖f3 ♖ac8 27. ♖xc8 ♛xc8 28. ♔g2 ♖d8 29. a5 ♗b2 30. ♖d3 ♛c4 31. ♛f3 ♘d4 32. ♛d1 b5 33. axb6 axb6 34. ♔h3 ♖c8 35. ♛b1 ♘c2 36. ♛h1 ♘xb4 37. ♖d7 ♛b5

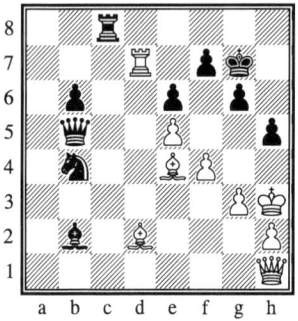

Schwarz hat einen Bauern gewonnen, und auf den ersten Blick scheint es, sein Gegner besitze keinerlei Kompensation dafür. Short opfert jedoch weiter. Zuerst überraschend seinen Turm, und dann steckt er auch noch einen Läufer ins Geschäft. So kann er sich auf spektakuläre Weise

retten: 38. ♖xf7+! ♔xf7 39. ♗xg6+! ♔e7 40. ♛b7+ ♔d8 41. f5 ♛f1+ 42. ♔h4 ♛c4+ 43. ♔g5 ♘d5 44. fxe6 ♘c7 45. ♛xb6 ♗a3 46. ♔f6! ♗c5 47. ♗g5! ♖a8! 48. ♔f7+ ♔c8 49. ♛c6 ♖a6 50. ♛d7+ ♔b8 51. ♗f5 ♖a7 52. ♔g6 ♖a6 Remis.

8. ♘d2   c5
9. c3   cxd4

Mit diesem Zug musste man sich nicht beeilen, sondern konnte stattdessen die Entwicklung fortsetzen: 9. ... ♘c6 10. ♘xg6 hxg6 11. ♘f3 ♗e7 12. ♗e3.

1) Hier spielte Schwarz in der Partie Anand – Ravi (Calcutta 1992) 12. ... ♛c7 13. ♗d3 c4 14. ♗c2 b5 15. g3 ♘b6.

(Das ist zu optimistisch, denn notwendig war der Verteidigungszug 15. ... ♘f8.)

Und nach 16. ♘g5 b4 17. ♘xf7! ♔xf7 18. ♛g4 geriet er in einen starken Angriff.

2) Umsichtiger handelte Schwarz in dem Duell Khalifman – Lobron (München 1992): 12. ... a6 13. g3

(Weiß will h2-h4 durchsetzen, trifft aber auf Gegenwehr.)

13. ... g5! 14. ♔g2 cxd4 15. cxd4 ♘f8 16. ♖c1 f6 mit Gegenspiel.

10. cxd4   ♘f5
11. ♘xg6

Thema einer speziellen Untersuchung ist das Figurenopfer für drei Bauern: 11. ♘xf5 ♗xf5 12. g4 ♗g6 13. f4 ♛b6 (13. ... f5 14. exf6! wäre vorteilhaft für Weiß) 14. f5 ♕xd4+ 15. ♔g2 ♕xe5.

11. ...   hxg6

In Frage kam 11. ... fxg6, wie in ähnlichen Stellungen der Tschechischen Verteidigung des Slawischen Damengambits gespielt wird.

12. ♘f3   ♗e7
13. ♗d3

Günstig für Weiß sieht auch 13. ♕b3 ♖b8 14. ♗d2 0-0 15. ♗d3 aus, womit g6-g5 verhindert und ♖ac1 geplant wird.

13. ...   ♘b8
14. ♗d2   ♘c6
15. ♗c3   a6

Das Manöver 15. ... ♖c8 16. ♖c1 ♘a5 pariert man durch 17. ♕a4+.

16. b3

Etwas zu langsam. Notwendig war gleich 16. a3 nebst 17. b4, weil 16. ... ♘a5 wieder an 17. ♕a4+ scheitert.

16. ...   ♘h4

Eine Ungenauigkeit, diesmal von Schwarz. Besser war das sofortige 16. ... ♕b6 und dann 17. ... ♖c8 mit Vorbereitung der Springerreise ♘c6-a7-b5.

17. ♘xh4   ♗xh4
18. g3   ♗e7
19. a3   ♕b6

Jetzt ist der Zug weniger stark. Weil die Dame bald zurückgehen muss, war 19. ... 0-0 genauer. Auf 20. h4 gibt es dann das Standardmanöver 20. ... ♕e8 21. h5 gxh5 22. ♕xh5 f5.

20. b4   0-0

Hier konnte die Rochade noch einen Moment warten, um den nützlichen Zug 20. ... ♖c8 mit der Drohung ♘xe5 einzuschieben. Nun hat Weiß die Wahl zwischen Druckspiel am Damenflügel und Königsangriff. Er entscheidet sich für den zweiten Weg.

21. ♕g4   ♖fc8
22. ♖ac1   ♗f8
23. h4   ♘e7

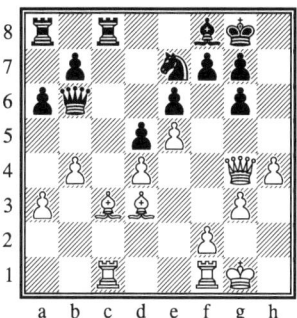

24. h5

Anand zeigte später die Variante 24. ♔g2 ♘f5 25. ♖h1 ♗e7 26. h5 ♘h6 27. ♕f3 g5 28. ♗b1 ♖c4 29. ♕d3 mit gutem Spiel auf den weißen Feldern. Für Schwarz findet sich aber eine Gegenwehr: 29. ... f5 30. exf6 ♗xf6.

24. ...   gxh5
25. ♕xh5   g6
26. ♕h4   ♕d8

Schnelle Hilfe ist erforderlich, weil nach ♔g2 der Turmeinsatz auf der h-Linie drohte. Ein Tempoverlust wäre 26. ... ♘f5 27. ♗xf5 exf5 28. ♗d2, und Weiß gelingt die entscheidende Umgruppierung seiner Kräfte.

27. ♗d2   ♖xc1
28. ♖xc1   ♖c8
29. ♖d1   ♘f5

Ohne Zögern gespielt. Nach 29. ...
♗g7? 30. ♗g5! rollt der weiße Angriff von selbst, z. B.: 30. ... ♖c7 31.
♕g2 ♕e8 32. ♖h1 ♔f8 33. ♗f6 ♘g8
34. ♗xg7+ ♔xg7 35. ♕h8+ ♔f8 36.
♖h7, und Weiß sollte gewinnen.

30. ♕xd8   ♖xd8
31. ♗xf5   gxf5
32. ♖c1   b5!

Eine aktive Verteidigung erfordert
Platz für den Turm. Nach 32. ... ♖d7
33. ♖c8 ♔g7 34. a4 ♗e7 35. b5 wäre
der schwarze Widerstand viel schwie-
riger geworden.

33. ♖c6

Besser war es, das Zusammenwirken
von Turm und Läufer zu organisieren: 33. ♖c7 ♖a8 34. ♖b7 ♖c8 35.
♖b6 ♖a8 36. ♗g5, und der Punkt f6
wird kontrolliert.

33. ...   ♖a8
34. ♖b6

Richtig ist 34. ♖c7 nebst 35. ♗g5.
Jetzt kann sich Schwarz verteidigen.

34. ...   ♗e7
35. ♔f1   ♗d8
36. ♖b7   ♔g7
37. ♔e2   ♖c8
38. ♔d3   ♖c6
39. ♖b8   ♗c7
40. ♖a8

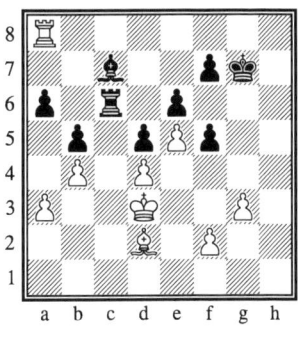

40. ...   ♔g6?

Nach 40. ... f6! hätte Schwarz den
Remishafen erreicht. Jetzt hingegen
konnte Weiß noch Gewinnchancen
anmelden, und zwar mit dem feinen
Manöver 41. ♖g8+! ♔h7 42. ♖c8
♔g6

(Das Feld g5 muss kontrolliert werden, denn nach 42. ... ♖c4 43. ♖a8
♖c6 44. ♗g5 gelangt der Läufer über
e7 nach c5.)

43. ♗f4! ♖c4 44. ♖g8+! ♔h7 45.
♖a8, und Schwarz gerät in Zugzwang:

1) Nach 45. ... ♖c6 46. ♗g5 gelangt
der Läufer nach c5.

2) Nach 45. ... ♗b6 46. ♗e3 a5 47.
bxa5 ♖a4 48. axb6 ♖xa8 49. ♗d2
♖b8 50. ♗a5 nähert sich der König
dem Ort des Geschehens.

3) Und nach 45. ... a5 46. bxa5 ♖a4
47. ♖a7 ♖xa3+ 48. ♔e2 ♗xa5 49.
♖xf7+ ♔g6 50. ♖b7 erhält Weiß
große Gewinnaussichten.

41. ♖c8?   f6!
42. ♗c3

Auf 42. exf6 geschieht 42. ... ♖c4, und 43. ♗g5 ♔xg5 44. f7 hilft Weiß nicht wegen 44. ... ♗d6. Die weiteren Züge Anands werden von den Erinnerungen an die ausgelassenen Möglichkeiten beeinflusst.

42. ...	♔f7
43. exf6	♔xf6
44. ♗d2	♖c4
45. ♖f8+	♔g6
46. ♖a8	♖c6
47. ♖g8+	♔f7
48. ♖c8	♖c4
49. ♖a8	♖c6
50. ♖a7	♔g6
51. ♗e3	♗d6
52. ♗d2	♗c7
53. ♖a8	♗d6
54. ♖h8	♔g7
55. ♖h6	♗c7
56. ♖h1	♗d6
57. f3	♗c7
58. g4	fxg4
59. fxg4	♗d6
60. ♖h6	♗f8
61. ♗g5	♔g8
62. ♖h1	♗g7
63. ♗e7	

Remis.

Partie Nr. 20
Anand – Karpow
Reggio Emilia 1991/92

1. e4	c6
2. d4	d5
3. e5	♗f5
4. ♘f3	e6
5. ♗e2	c5
6. 0-0	

Aktueller ist heute der Zug 6. ♗e3, auf den ich noch eingehen werde.

6. ...	♘c6
7. c3	♗g4

1) In der Partie Nunn – Seirawan (Wijk aan Zee 1992) versuchte Schwarz 7. ...c4?!, um den Damenflügel zu schließen, was jedoch nicht zu empfehlen ist.

(Im Kandidatenmatch mit Short, Linares 1992, klärte ich die Lage mittels 7. ... cxd4 8. cxd4 – siehe Partie Nr. 22).

Die Partie entwickelte sich wie folgt: 8. b3 b5 9. a4 a6 10. ♘a3

a) Auf 10. ... ♘ge7 ist das folgende Turmopfer unangenehm: 11. axb5 axb5 12. ♘xb5 ♖xa1 13. ♘d6+ ♔d7 14. ♘xf7 ♕b8 15. bxc4 mit gefährlichen Drohungen.

b) Nach 10. ... ♖b8 öffnet Weiß mit Vorteil den Damenflügel: 11. axb5 axb5 12. bxc4 bxc4 13. ♕a4 ♕d7 14. ♘b5, und schon droht ♗a3.

c) 10. ... h6 11. ♗b2 ♗xa3

(Hier konnte hingegen 11. ... ♖b8! geschehen, und nach 12. axb5 axb5

13. bxc4 bxc4 14. ♕a4 ♕b6! 15. ♘d2 ♘e7 16. ♘xc4 dxc4 17. ♘xc4 ♕b3 18. ♘d6+ ♔d7 ist das Spiel unklar.)

12. ♗xa3 ♘ge7 13. ♗c5! 0-0 14. b4! ♖b8 15. ♘h4 ♗h7 16. f4 ♖e8 17. a5! Weiß hat Vorteil, aber die Partie verlief sehr stürmisch und endete mit dem Sieg Seirawans.

Die Praxis zeigt, dass Weiß auch in anderen Varianten (7. ... ♕b6, 7. ... h6 und 7. ... ♗g6) Vorteil erhält. Es folgen entsprechende Beispiele.

2) Short – Seirawan (Tilburg 1990): 7. ... ♕b6 8. ♕a4! c4?

(Auf 8. ... cxd4 folgt 9. ♘xd4 und 10. ♗e3.)

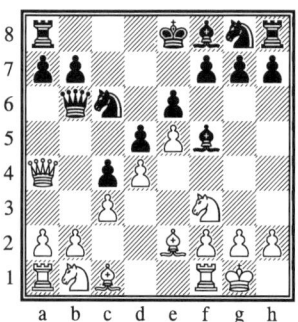

Jetzt würde 9. ♘bd2?! zu kompliziertem Spiel führen. Nach der Partie zeigte Short jedoch, dass der Vorstoß des c-Bauern mit 9. b3! widerlegt wird: 9. ... ♕a5 10. ♕xa5 ♘xa5 hilft nicht wegen 11. ♘fd2! ♖c8 12. bxc4 dxc4 13. ♘a3 ♗d3 14. ♗xd3 cxd3 15. ♘e4, und der Bauer d3 geht verloren.

3) Short – Seirawan (Manila 1990): 7. ... h6 8. ♗e3 cxd4 9. cxd4 ♘ge7 10. ♘c3 ♘c8 11. ♖c1 a6 12. ♘a4 ♘b6 13. ♘c5 ♗xc5 14. ♖xc5 0-0 15. ♕b3 ♘d7 16. ♖c3 ♕b6 17. ♖fc1 ♕xb3 18. ♖xb3 ♖fb8 19. ♘d2 ♔f8 20. h4! ♔e8 21. g4 ♗h7 22. h5, und Weiß steht im Endspiel besser.

4) Anand – Karpow (Paris 1992): 7. ... ♗g6 8. ♗e3 cxd4 9. cxd4 ♘ge7 10. ♘c3 ♘f5 11. ♖c1 ♗e7 12. ♘a4 0-0 13. ♘c5 ♗xc5 14. ♖xc5 ♕b6 15. ♕d2 a6 16. ♖fc1 mit heftiger Attacke am Damenflügel.

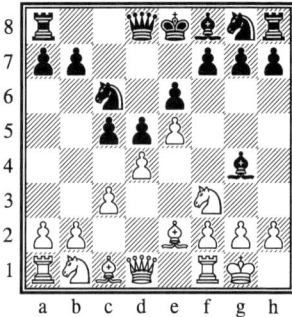

8. ♘bd2

In der Partie Benjamin – Dzindzichaschwili (USA-Meisterschaft 1991) geschah 8. ♗e3.

1) 8. ... ♗xf3?! 9. ♗xf3 cxd4 10. cxd4 ♘ge7 11. ♘c3 ♘f5 12. ♗g4 ♘xe3 13. fxe3 ♗b4 14. ♖f4 0-0 15. ♕f3 ♗xc3 16. bxc3 ♕e7 17. ♖f1 ♖ac8 18. e4 dxe4 19. ♕xe4 Weiß hat extrem starken Angriff am Königsflügel und konnte am Ende gewinnen.

2) Offenbar darf der Läufer g4 nicht gegen den Springer getauscht werden. Nach 8. ... cxd4 9. cxd4

(9. ♘xd4 ♗xe2 10. ♕xe2 ♘ge7 mit kompliziertem Spiel)

9. ... ♘ge7 stünde ein spannender Kampf mit verteilten Chancen bevor (Seirawan).

8. ... **cxd4**

Zu scharfem Spiel führt 8. ... ♘ge7 9. dxc5 ♘g6 10. b4!?. Die Aussichten von Weiß verdienen den Vorzug.

9. cxd4 **♘ge7**
10. h3

Später (in der 2. Partie unseres Kandidatenmatchs 1992) versuchte Short, das weiße Spiel zu verstärken und zog a2-a3, um den Tausch der Leichtfiguren etwas hinauszuzögern. Viel brachte ihm das aber nicht ein. Hier ist die Partie. Short – Karpow (Linares 1992): 10. a3 ♘f5 11. b4 ♗e7 12. h3 ♗xf3 13. ♘xf3 0-0 14. ♗b2 a6 15. ♕d2 ♖c8

(Vielleicht ist f7-f6!? mit Unterminierung des weißen Zentrums noch besser.)

16. ♖ad1 ♘b8

(Der Springer strebt über d7 nach b6 und weiter nach a4 oder c4.)

17. ♗d3 ♘h4 18. ♘e1 ♘d7 19. ♘c2

(Weiß sollte das gängige Manöver f2-f4 vorbereiten, z. B.: 19. g3 ♘g6 20. f4 bzw. 19. ... ♘f5 20. g4 ♘h4 21. f4.)

19. ... ♘b6 20. ♘e3 ♕d7

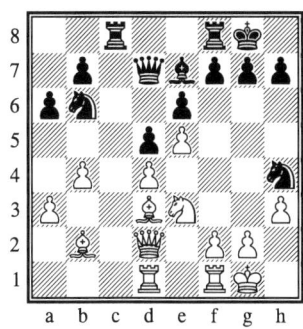

21. ♖de1 ♖c7 22. ♕d1 ♖fc8 Die Initiative liegt schon bei Schwarz. 23. g3 ♘f5! 24. ♘xf5 exf5 25. ♕f3 g6 26. ♕f4 ♘a4 27. ♗c1 ♖c3 28. ♗b1

1) 28. ... ♖b3 In Zeitnot forciere ich das Ergebnis. 29. ♗a2 ♖bc3 30. ♗b1 ♖b3 31. ♗a2 ♖c3 32. ♗b1 Remis.

2) Nach 28. ... ♕e6 29. g4

(Schlecht ist 29. ♔g2 wegen 29. ... h5.)

29. ... fxg4 30. hxg4 ♖8c4 oder 28. ... a5!? hätte Schwarz leichten Vorteil.

10. ... **♗xf3**
11. ♘xf3 **♘f5**
12. ♖b1

Nach 12. g4 ♘h4 13. ♘xh4 ♕xh4 14. ♔g2 h5 hat Schwarz genügend Gegenspiel.

12. ... **♕b6**

Schlechter wäre 12. ... ♗e7, weil nach 13. g4 ♘h4 14. ♘xh4 ♗xh4 15. b4 auf h4 der Läufer steht und Weiß eindeutig die Initiative hat.

13. ♗e3

Verlieren würde 13. b4? ♘fxd4 14. ♘xd4 ♘xd4 15. ♕a4+ ♕c6 16. b5 ♘xe2+ 17. ♔h1 ♕c4.

13. ...   ♗e7
14. b4   0-0
15. ♗d3

Zu verteilten Chancen führt 15. b5 ♘a5 (oder 15. ... ♘xe3 16. fxe3 ♘a5) 16. ♗d3 ♖ac8.

15. ...   ♘xe3
16. fxe3   ♖ac8
17. ♔h1

Auf 17. ♘h2 könnte 17. ... ♘xe5!? 18. dxe5 ♕xe3+ 19. ♔h1 ♕xe5 folgen.

17. ...   ♕d8

Genauer als 17. ... a5 18. bxa5 ♕xa5 19. ♖xb7 ♕xa2 20. ♕b1 mit Übergang in ein besseres Endspiel für Weiß.

18. ♕e1

Nach 18. a3?! reißt Schwarz das Ruder herum: 18. ... a5 19. b5 (19. bxa5 ♘xa5 20. a4 ♖c3) 19. ... ♘b8 20. a4 ♘d7.

18. ...   a6

Das ist besser als 18. ... g6, um die Öffnung der b-Linie zu vermeiden.

19. b5   axb5
20. ♖xb5   ♖b8
21. ♕b1

Beachtung verdiente das sofortige 21. e4!?

21. ...   h6

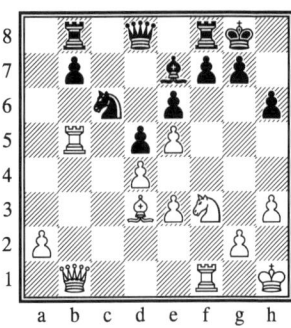

22. e4

Jetzt löst Schwarz alle Probleme.

1) Auch 22. ♖xb7 ♘b4 23. ♖xb8 ♕xb8 24. a4 ♖c8! 25. ♗b5 ♖c3 führt zu nichts.

2) Aber nach 22. ♖c1!? ♘a5 (Schlechter ist 22. ... ♕d7 23. ♖b6 ♘a7 24. e4.) 23. e4 dxe4 24. ♗xe4 b6 behält Weiß die etwas günstigeren Aussichten.

22. ...   ♘xd4!
23. ♘xd4   dxe4
24. ♘xe6   fxe6
25. ♖xf8+   ♗xf8
26. ♗xe4   ♕d4
27. ♕d3   Remis.

Auf 27. ♗xb7 folgt 27. ... ♗c5 mit beiderseitigen Chancen. Beide Gegner gingen jedoch dem Risiko aus dem Weg.

Partie Nr. 21
Short – Karpow
WM-Kandidatenmatch (4)
Linares 1992

1. e4	c6
2. d4	d5
3. e5	♗f5
4. ♘f3	e6
5. ♗e2	c5
6. 0-0	♘c6
7. c3	cxd4

Dieses Mal hebt Schwarz die Bauern-spannung im Zentrum auf.

8. cxd4	♘ge7
9. a3	

1) In der Partie Short – Garcia Palermo (Manila 1992) erhielt Schwarz nach 9. b3 ♗e4 10. ♘bd2 ♘f5 11. ♗b2 ♗b4! 12. g4 ♗xf3 13. ♘xf3 ♘fe7 14. ♘e1 h5! 15. gxh5 ♘f5 gutes Spiel.

2) Bei der natürlichen Fortsetzung 9. ♘c3 muss Schwarz ebenfalls aufpassen, z. B.: 9. ... ♘c8 10. ♗e3 ♘b6 11. ♖c1 ♗e7 12. ♘a4 ♘xa4 13. ♕xa4 0-0 14. ♗b5 ♘b4 15. a3 ♘d3 16. ♗xd3 ♗xd3 17. ♖fe1 a5 18. ♕d1 ♗g6 19. ♕b3 ♖a6 20. ♗d2 ♕d7, und in der Partie Anand – Speelman (Linares 1992) verfügte Weiß nach 21. ♕c3! über die besseren Aussichten.

9. ...	♗e4
10. ♘bd2	♘f5
11. b4	

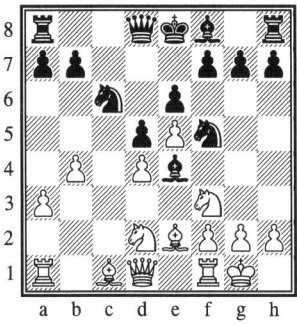

11. ...	♕b6

Ein Tausch im Zentrum noch vor der schwarzen Rochade – 11. ... ♘cxd4 12. ♘xd4 ♘xd4 13. ♘xe4 ♘xe2+ (13. ... dxe4 14. ♕a4+!) 14. ♕xe2 dxe4 15. ♕xe4 – führt zu weißem Raumvorteil.

12. ♗b2	♗e7
13. ♖e1	

Aufmerksamkeit verdiente 13. ♘b3 a5 14. ♘c5! axb4 15. axb4 ♖xa1 16. ♕xa1.

1) Jetzt ist nach 16. ... ♘xb4 17. ♕a8+ ♗d8 18. ♘d2 nicht ersichtlich, wie Schwarz noch rochieren kann.

2) Nach 16...♗xf3 17. ♗xf3 ♘xb4 ändert sich nichts an der Situation wegen 18. ♖b1!

3) Und auf 16. ... ♕xb4 folgt 17. ♗c3 ♕b6 18. ♕a8+ ♘d8 19. ♗d1! mit der unangenehmen Drohung ♗a4. Wenn nun 19. ... ♘xd4?, so gewinnt Weiß nach 20. ♗xd4 ♗xc5 21. ♗a4+ ♔e7 22. ♕c8 schnell.

13. ...	♖d8

14. ♗f1   a5!

Der Flankenangriff des a-Bauern geschieht rechtzeitig, weil auf 15. b5 schon der Bauer d4 genommen werden kann.

1) Nach sofortig 14. ... ♘fxd4 15. ♘xd4 ♘xd4 16. ♗xd4 ♕xd4 17. ♗b5+ ♔f8 18. ♘xe4 ♕xd1 19. ♖axd1 dxe4 20. ♖xd8+ ♗xd8 21. ♖xe4 erhält Weiß das bessere Endspiel,

2) Und nach 14. ... ♗xf3 15. ♘xf3 kommt 15. ... a5 bereits zu spät wegen 16. b5 ♘a7 17. ♕a4 mit der Drohung ♗c3.

15. ♘xe4	**dxe4**
16. ♖xe4	**axb4**
17. axb4	**♗xb4**
18. ♖b1	**♕a5**
19. h4	**0-0**
20. ♗d3	

Der Druck am Damenflügel zwingt Schwarz, Zugeständnisse im Zentrum zu machen. So kann Weiß auf Angriff am Königsflügel umschalten.

20. ...   ♖d7

Der Tausch der schwarzfeldrigen Läufer wäre günstig für Schwarz, weil der Bauer d4 einen wichtigen Beschützer verliert. Hier geht das aber nicht: 20. ... ♗c3? 21. ♖a1.

21. ♖f4   g6

Natürlich nicht 21. ... ♘fe7 wegen des klassischen Einschlags 22. ♗xh7+!

22. h5   ♗e7

23. hxg6	**hxg6**
24. ♗e4	

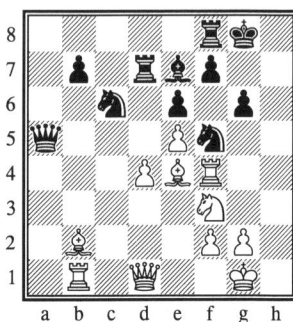

24. ...   ♘g7?!

Schwarz wehrt die Drohung 25. d5 exd5 26. ♗xf5 ab, entblößt jedoch den Punkt h6, wo die weiße Dame eindringen kann. Hier musste ich wohl die Qualität für einen Bauern geben: 24. ... ♖fd8 25. d5 ♖xd5 26. ♗xd5 ♖xd5, was gute Verteidigungschancen versprach.

25. ♖g4?!

Für den schnellen Zugang der Dame nach h6 drosselt Weiß das Angriffstempo. Auf der Hand lag 25. g4! g5 26. ♖f6 ♗xf6 27. exf6 ♘e8 28. d5!, und nach 25. ... ♖fd8 26. ♔g2 hat Weiß die furchtbare Drohung 27. ♕h1.

25. ...	**♖fd8**
26. ♕c1	**♘f5**
27. ♗c3	**♕c7**

Der Damentausch 27. ... ♕a3? 28. ♕xa3 ♗xa3 verhindert den Vorstoß 29. d5 nicht, weil auf 29. ... ♘h6 das Abspiel 30. dxc6! ♖d1+ 31. ♖xd1

♖xd1+ 32. ♘e1 ♘xg4 33. c7 folgt, und der Bauer seine Karriere krönt.

28. ♕b2

Short hat verstanden, dass Schwarz nach 28. d5 ♖xd5 29. ♗xd5 ♖xd5 eine feste Stellung besitzt und führt den notwendigen Zug aus.

28. ...   ♘fxd4!?

Ein Qualitätsopfer in etwas anderer Situation.

29. ♘xd4   ♖xd4!?

Nichts taugte 29. ... ♘xd4? 30. ♗xg6 fxg6 (30. ... ♕xc3 31. ♗d3+) 31. ♗xd4.

30. ♗xd4	**♖xd4**
31. ♗f3	**♖xg4**
32. ♗xg4	**♘xe5**
33. ♕xb7	**♕c2**
34. ♗d1	**♕d3**

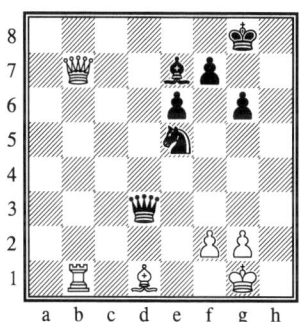

35. ♗f3

Weiß nimmt die mögliche Verschlechterung seiner Bauernstruktur in Kauf, weil er den Damentausch nach 35. ♖c1 ♕d2 36. ♕c8+ ♔g7 37. ♕c3 nicht wollte.

35. ...	**♗f6**
36. ♕e4	**♕c3?!**

Einfacher war es, auf f3 zu tauschen.

37. ♗e2!	**♔g7**
38. g3	**♕c5**
39. ♔g2	**♘c6**
40. ♖b7	**♘d4**
41. ♗d3	**♕h5??**

Ein grobes Versehen in Zeitnot. Nach 41. ... ♕c6 42. ♕xc6 ♘xc6 ist das Endspiel für Weiß kaum zu gewinnen.

42. ♖d7!	**♘f5**
43. ♕xe6	**♘h6**
44. ♗c4	**♕e5**
45. ♕xe5?	

Jetzt übersieht Short den einfachen taktischen Schlag 45. ♖xf7+! ♘xf7 46. ♕xf7+ ♔h6 47. ♗d3, und wegen der tödlichen Drohungen nach 47. ... ♕g5 48. f4 ♕h5 49. ♕xf6 ♕d5+ 50. ♔h2 ♕xd3 51. ♕h8 matt gewinnt Weiß den Läufer.

45. ...   ♗xe5

Das weitere Spiel hat technischen Charakter, und am Ende knüpft Weiß ein Mattnetz.

46. ♔f3	**♔f8**
47. ♔e4	**♗f6**
48. ♖d5	**♗e7**
49. f4	**♘g4**
50. ♖a5	**♘h6**
51. ♔f3	**f5**
52. ♖a7	**♘g4**
53. ♗e6	**♘h6**

Nach 53. ... ♘f6 kann Weiß mit 54. ♗xf5! gxf5 55. ♖a5 in ein gewonne-

nes Endspiel anderer Art einlenken.

54. ♖c7	♘g4
55. ♖b7	♘h6
56. ♔e3	♘g4+
57. ♔d4	♘f6
58. ♖b8+	♔g7
59. ♖b7	♔f8
60. ♗d5	♘h5
61. ♔e5	♗f6+

Nach 61. ... ♘xg3 entscheidet 62. ♖b8+ ♔g7 63. ♖g8+ ♔h7 64. ♗f7 g5 65. ♔e6 ♗b4 66. ♖xg5 ♘e2 67. ♔xf5 ♘xf4 68. ♗c4! ♗d2 69. ♖g1 ♗e3 70. ♖e1 ♗d2 71. ♖d1 ♗e3 72. ♔e4.

62. ♔e6	♗d4
63. ♗f3	♘xg3
64. ♖d7	♗c3
65. ♖d3	♗b2
66. ♖d2	♗c1
67. ♖d1	♗xf4
68. ♔f6	♗c7
69. ♖d7	♗a5
70. ♗c6	♘h5+
71. ♔xg6	♘f4+
72. ♔xf5	♘e2
73. ♗f3	♔e8
74. ♖d5	♘g3+
75. ♔e6	♗c7
76. ♖d7	

Schwarz gab auf.

Partie Nr. 22
Gelfand – Karpow
Kandidatenmatch (3)
Sanghi Nagar 1995

1. e4	c6
2. d4	d5
3. e5	♗f5
4. ♘f3	e6
5. ♗e2	c5
6. ♗e3	

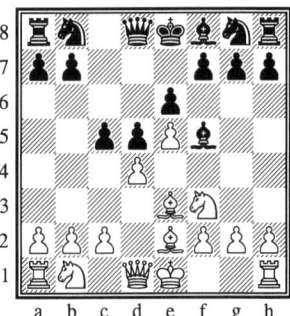

Früher zog Weiß hier in der Regel 6. 0-0 (siehe vorige Partien). Auf den verhältnismäßig neuen Zug 6. ♗e3 reagierte Schwarz stets mit 6. ... ♛b6. In jüngster Zeit jedoch wurden viele interessante Wege gefunden: 6. ... ♗g4, 6. ... ♘e7, 6. ... ♘d7 sowie das Schlagen auf d4.

6. ...	cxd4
7. ♘xd4	♘e7

Dieses Springermanöver hatte ich extra für dieses Match vorbereitet. In der Partie Short – Malysauskas (Moskau 1994) ergriff Weiß nach 7. ... ♗g6 8. 0-0 ♘c6 9. c4! die Initiative, und deshalb beschloss ich, keine

Zeit mit dem Läuferrückzug zu verlieren.

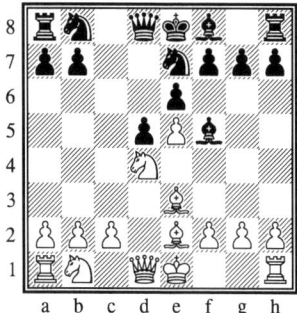

8. c4

Eine Verstärkung gegenüber unserer ersten Partie, in der Weiß an dieser Stelle 8. 0-0 spielte; Gelfand–Karpow (1), Sanghi Nagar 1995.

(Ein anderer wichtiger Zug ist 8. ♗g5!?, wovon in Partie Nr. 25 die Rede sein wird.)

8...♘bc6 9. ♗b5

(Der gängige Zug c2-c4 wäre in dieser Stellung nicht sehr gut. Hier ist eine amüsante Variante: 9. c4 ♘xd4 10. ♗xd4 ♘c6 11. cxd5 ♕xd5 12. ♗f3 ♗e4 13. ♘c3 ♗xf3 14. ♘xd5 ♗xd1 15. ♘c7+ ♔d7 16. ♘xa8 ♗e2, und Weiß ergeht es schlecht.)

9. ... a6!?

(Nach 9. ... ♖c8 10. c4 a6 11. ♗xc6+ bxc6 12. cxd5 ♕xd5 13. ♘c3 ♕xe5 14. ♕a4 hat Weiß starken Druck für den Bauern. Den Läufer sollte man am besten sofort befragen.)

10. ♗xc6+ bxc6 11. c4 ♕d7

(Riskant wäre 11. ... c5 12. ♕a4+ ♕d7 13. ♘b5 ♘c6 14. cxd5 exd5 15. ♗f4!, denn Schwarz wird untergehen.)

12. ♘c3 dxc4 Das sieht etwas gefährlich aus, aber ich hatte alles richtig berechnet. 13. ♘a4 ♘d5

(Der Springer darf nicht nach b6 gelassen werden: 13. ... ♖b8 14. ♘b6! ♖xb6 15. ♘xf5.)

14. ♘xf5 exf5 15. ♗d4! ♖d8

(Auf 15. ... ♗e7 geschieht 16. e6! mit unangenehmen Folgen für Schwarz.)

16. ♕f3

(Oder 16. ♘c5 ♕c8 17. e6 ♗xc5! bzw. 17. ♕f3 ♘b4 mit verteilten Chancen.)

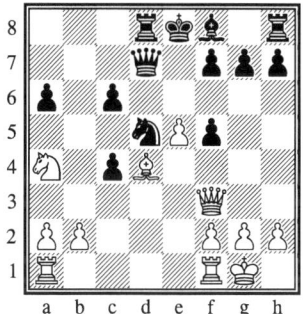

16. ... c5!

Es scheint, als bliebe der schwarze König für immer im Zentrum stecken, und Weiß könne nun einfach den entscheidenden Schlag e5-e6! vorbereiten. Aber die schwache Stellung seiner beiden Leichtfiguren ermöglichte mir eine interessante Operation, mit der das Remis forciert wird.

17. ♘xc5 ♛b5 18. a4 ♛b4

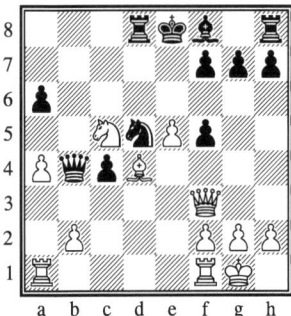

19. e6!

(Das Ausrufezeichen bedeutet nicht, dass der Zug günstig für Weiß ist. Sein Springer hat sich verirrt, also war das ein erzwungener Weg, um die Lage zu klären – 19. ♘xa6? ♛a5.)

19. ... ♗xc5 20. ♗xg7 ♖g8 21. exf7+ ♔xf7 22. ♗c3 ♘xc3 23. ♛xf5+

(Weiß hat beide Leichtfiguren geopfert, und die wilde Schlacht endet mit Dauerschach. Schlecht wäre 23. bxc3 ♛b6 24. ♛xf5+ ♔g7 25. ♖ab1 ♛c6 bzw. 24. ♖ab1 ♛f6 25. ♖b7+ ♔f8 mit entscheidendem Materialvorteil für Schwarz.)

23. ... ♔g7 24. ♛g5+ ♔f7 25. ♛f5+ ♔g7 26. ♛g5+ Remis

In der Textpartie geht der Weiße sogleich zu aktiven Handlungen am Damenflügel und im Zentrum über.

8. ... ♘bc6

9. ♛a4

Fragwürdig ist der Springerausfall nach c3, der in der Begegnung Schirow – Anand (Linares 1998) vorkam: 9. ♘c3?! ♘xd4 10. ♗xd4 dxc4 11. ♗xc4 ♘c6 12. ♗b5 ♗e7 13. 0-0 0-0 14. ♗xc6.

Weiß muss dem Gegner das Läuferpaar überlassen, was sehr wesentlich ist.

14. ... bxc6 15. ♘e2 c5 16. ♗c3 ♛b6 17. ♘g3 ♗g6 18. ♛g4 ♖ad8 19. h4 h6 20. h5 ♗h7 21. f4 c4+ 22. ♔h2 ♗b4!

Jetzt geht die Partie zwangsläufig in ein günstiges Schwerfiguren-Endspiel für Schwarz über, denn die gegnerische Stellung weist viele Bauernschwächen auf.

23. f5 exf5 24. ♘xf5 ♗xf5 25. ♖xf5 ♗xc3 26. bxc3 ♛e6! 27. ♖af1 ♖fe8 28. ♖1f4 ♖d5 29. ♖e4 ♖e7 30. ♛f4 ♖c7 31. ♖xc4 ♛xf5! 32. ♛xf5 ♖xc4 33. ♛b1 ♖d8

(Natürlich nicht 33. ... ♖xe5 34. ♛b8+, denn Weiß behält die Oberhand. Dagegen führt 33. ... ♖xc3 34. ♛b8+ ♔h7 35. ♛b1+ zu ewigem Schach. Noch besitzt Weiß Materialvorteil, doch seine Bauern fallen wie reife Früchte.)

34. ♛b7 ♖xc3 35. ♛xa7 ♖cc8 36. a4 ♖a8 37. ♛c7 ♖dc8 38. ♛b7 ♖e8 39. ♛c6 ♖ac8 40. ♛d7 ♖cd8 41. ♛c7 ♖d5 42. a5 ♖dxe5 43. a6 ♖5e7 44. ♛c6 ♖f8 45. ♔h3 ♖a7 46. g4 ♖fa8 47. ♔h4 ♖xa6 48. ♛b7 ♖a5 49. ♛c6 ♖f8 50. ♛b6 ♖g5 51. ♛b3 ♔h8 52.

♕b4 ♖e8 53. ♕a4 ♖d8 54. ♕e4 f5
55. gxf5 ♖f8 Weiß gab auf.

9. ...   dxc4

Später wurde auch 9. ... a6 und 9. ...
♕d7 untersucht, aber ich bin der
Meinung, dass der weiße c-Bauer (wie
schon in der 1. Partie) sofort eliminiert werden muss.

10. ♘a3   ♕a5+

Ebenfalls möglich ist 10. ... ♘d5 11.
♘xc6 ♕d7 12. ♘xc4 bxc6, und
Weiß steht nur geringfügig besser.

11. ♕xa5   ♘xa5
12. ♘ab5   ♘d5
13. ♘xf5   exf5
14. ♗d2   a6
15. ♘d4   ♗b4
16. ♘xf5   0-0
17. ♗xb4   ♘xb4
18. 0-0

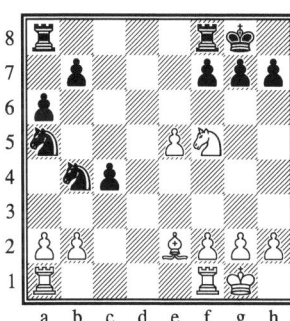

Die Stellung ist vorteilhaft für Weiß.
Er besitzt einen wunderbaren Stützpunkt auf d6, der das Zusammenwirken der schwarzen Türme stört. Dennoch ist es nicht so leicht, die schwarze Position aufzubrechen.

18. ...   b5

Beachtung verdiente 18. ... ♘d3!?
19. ♗xd3 cxd3 20. ♘d6 f6 21. ♖ad1
fxe5 22. ♖xd3, und Schwarz kann
sich halten.

19. f4   ♖fd8
20. ♖ad1   ♔f8
21. ♘d6   ♖ab8
22. a3   ♘bc6
23. ♗f3   ♖d7
24. ♖fe1   ♖c7
25. f5

Gefährliche Initiative erlangt Weiß
nach 25. ♘f5!? oder 25. e6!? fxe6 27.
♖xe6 (gut ist auch 27. ♘e4!?).

25. ...   ♖d8
26. ♗g4

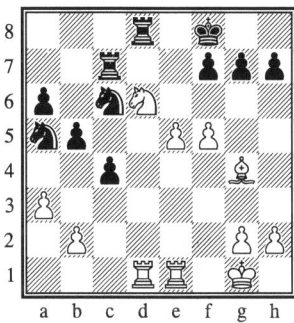

26. ...   h5?

Nachdem das Schlimmste schon über-
standen ist, leiste ich mir in hoher Zeitnot den entscheidenden Fehler. In aus-
geglichener Stellung gebe ich einfach
einen Bauern preis. Stattdessen hätte
Schwarz mit dem kaltblütigen 26. ...
♖e7! 27. e6 fxe6 28. fxe6 g6! eine fast
uneinnehmbare Festung errichtet.

27. ♗xh5	♖cd7
28. ♗xf7	♖xd6
29. ♖xd6	♖xd6
30. exd6	♔xf7

Der Nachziehende hat zwei Springer für den Turm, aber der feindliche d-Bauer nagelt ihn völlig fest.

31. d7	♘b7
32. ♖e8	♘bd8
33. ♔f2	a5
34. ♔e3	♔f6
35. g4	♔g5
36. h3	b4
37. axb4	axb4
38. ♔d2	♔f6
39. h4	g6
40. fxg6	♔xg6
41. h5+	♔h6
42. ♔c1	♔g5
43. ♖h8	♔f6
44. ♖g8	♔f7
45. ♖e8	

Schwarz gab auf.

Partie Nr. 23
Kamsky – Karpow
Dos Hermanas 1995

1. e4	c6
2. d4	d5
3. e5	♗f5
4. ♘f3	e6
5. ♗e2	c5
6. ♗e3	♘d7

Zum Tausch auf d4 kehren wir in der nächsten Partie zurück.

7. c4	dxc4
8. 0-0	a6

9. ♗xc4	♘e7
10. ♘c3	

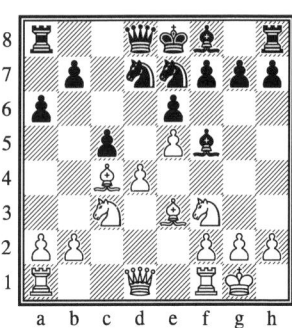

10. ...	b5

In der Partie Bologan – Rasuwajew (Biel 1995) geschah 10. ... ♘c6 11. d5 ♘cxe5 12. ♘xe5 ♘xe5 13. ♕a4+ ♘d7 14. dxe6 fxe6 15. ♖ad1 b5 16. ♘xb5 axb5 17. ♕xb5 ♖a7! 18. ♖d2. (Gefährlicher für Schwarz ist sogleich 18. b4.)

18. ... ♕b6 19. ♖fd1 ♕xb5 20. ♗xb5 e5 21. b4 ♖b7 22. ♗c6 ♖c7 23. b5 c4 24. ♖d5 ♗e6! 25. ♗xd7+ ♖xd7 26. ♖xd7 ♗xd7 27. b6 ♗c8 Nun waren die Bauern, auf die Weiß all seine Hoffnungen gesetzt hatte, gestoppt.

11. ♗d3	c4
12. ♗c2	♖c8

Zuverlässigere Fortsetzungen sind hier 12. ... b4 13. ♘e4 ♘d5 oder 12. ... ♘b6.

13. ♖e1	b4

Der weißfeldrige Läufer wird bald sehr aktiv, weshalb er eliminiert werden sollte: 13. ... ♗xc2!? 14. ♕xc2 b4 15. ♘e4 ♘d5 mit verteilten Chancen.

14. ♘e4   ♘d5
15. ♗g5

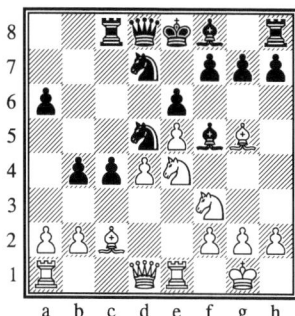

15. ...   ♛a5

Nichts bringt Schwarz 15. ... f6? 16. exf6 gxf6 17. ♘xf6+ ♘7xf6 18. ♗xf5.

16. ♘h4

Der Vorstoß des f-Bauern ist vollkommen logisch, und Weiß nimmt einige Unannehmlichkeiten auf sich, um ihn durchzusetzen.

16. ...   ♗xe4
17. ♗xe4   g6
18. ♛g4   ♗g7

Da ich in dieser Partie sowieso nicht zur Rochade komme, hätte ich 18. ... ♘7b6 19. ♗f6 ♖g8! ziehen müssen, wonach Weiß nur geringen Vorteil besitzt.

19. f4   ♛b6

Jetzt kommt 19. ... ♘7b6 zu spät: 20. f5! gxf5 21. ♘xf5 exf5 22. ♗xf5 ♖c7 23. ♗f6 usw.

20. ♔h1   ♛c6

Zur Rochade bleibt keine Zeit wegen 21. ♗xd5. Auch der Bauernfraß 20. ...

♛xd4 21. ♖ad1 ♛xb2 22. ♗xd5 exd5 23. e6! usw. bringt Schwarz nichts Gutes.

21. f5   ♘7b6

Das Schlagen auf f5 wäre sehr gefährlich:

1) 21. ... exf5 22. ♗xf5 gxf5 23. ♘xf5;

2) 21. ... gxf5 22. ♗xf5 h5 23. ♛h3 exf5 24. ♘xf5 ♗f8 25. ♘d6+ ♗xd6 26. exd6+ ♔f8 27. ♗e7+ ♔g7 29. ♛g5+.

22. ♗f6!   ♗xf6
23. exf6   ♔d8

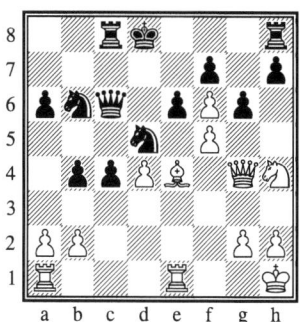

24. fxg6

Dadurch wird das Angriffstempo etwas verringert. Stärker ist 24. fxe6 ♛xe6 und jetzt 25. ♛xe6 fxe6 26. ♗xd5 exd5 27. ♖e6 oder 25. ♛g3 ♛xf6 26. ♖f1 ♛e6 27. ♖ae1, wonach die Verteidigung für Schwarz nicht so einfach wäre.

24. ...   hxg6
25. ♗xg6   ♖c7

Ein Zeitnotversehen. Die richtige Fortsetzung lautete 25. ... ♖g8 26. ♛g5 c3 mit Gegenspiel.

26. ♗e4 ♚c8
27. ♘f3 ♘xf6

Hier war 27. ... ♚b8 28. ♘e5 ♕d6 hartnäckiger, obwohl Schwarz nach 29. ♕f3 genügend Probleme hat. Jetzt aber muss er die Qualität hergeben.

28. ♕g7 ♘xe4
29. ♕xh8+ ♚b7
30. ♕h4 ♘d6
31. ♖ac1 a5
32. ♕g5 ♘d5
33. h4 ♖c8
34. h5 ♖h8
35. ♚g1 ♖h7
36. h6 ♕c7
37. ♘d2 ♕b6
38. ♕g4

In dieser Stellung fiel mein Blättchen. Zwei Stunden analysierten Kamsky und ich das Endspiel, kamen jedoch zu keinem endgültigen Ergebnis. Nach 38. ... c3 hätte Schwarz noch zähen Widerstand leisten können.

Partie Nr. 24
Swidler – Jepischin
FIDE-WM
Groningen 1997

1. e4 c6
2. d4 d5
3. e5 ♗f5
4. ♘f3 e6
5. ♗e2 c5
6. ♗e3 cxd4
7. ♘xd4 ♘e7
8. ♗g5!?

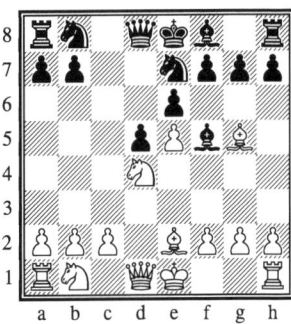

Weiß opfert ein Tempo, um seinen Gegner daran zu hindern, bequemes Spiel zu entwickeln. Die Großmeister Swidler und Jepischin führten einen heftigen theoretischen Disput und trugen in kurzer Zeit vier Partien mit dieser Variante aus! Dabei wiederholten sie zweimal den Beginn meiner Duelle gegen Gelfand in Sanghi Nagar: 8. c4 ♘bc6 9. ♕a4 a6! Dieser Zug wurde im Kommentar zur Partie Nr. 23 erwähnt.

1) 10. ♘a3 ♕a5+ 11. ♕xa5 ♘xa5 12. 0-0 dxc4 13. ♘xc4 ♘xc4 14. ♗xc4 ♗e4 15. ♖ac1 ♗d5 16. ♗e2 ♖c8 17. f4 ♖xc1 18. ♖xc1 ♚d7 mit ausgeglichenem Endspiel (Swidler – Jepischin, St. Petersburg 1997).

2) 10. ♘c3 dxc4 11. ♖d1

a) Nach 11. ... ♕c8 12. ♘xf5 ♘xf5 13. ♗b6 ♗e7 14. f4 0-0 15. ♕xc4 ♗d8 16. ♗f2 ♗a5 17. 0-0 ♕c7 18. ♗d3 hat Weiß leichten Vorteil (Swidler – Jepischin, Jerewan 1996).

b) Hier ein noch jüngeres Beispiel zum Thema. In der Begegnung Swidler – Leko (Tilburg 1998) geschah 11. ... ♗d3, und nach 12. ♗xd3 cxd3 13. ♖xd3 b5 14. ♕b3 ♘xe5 15. ♖d1 ♕c8 16. 0-0 ♘7c6 17. ♖c1 ♘a5 18. ♕d1 ♘ac4 19. ♗f4 ♘g6 20. ♗g3 ♕b7 21. a4 ♗e7 22. axb5 0-0 23. ♕e2 einigte man sich auf Remis.

8. ...	♕a5+
9. ♘c3	♗g6
10. 0-0	

In einer früheren Partie ging Swidler mit dem Springer nach b3, und es folgte 10. ♘b3 ♕b6 11. ♘b5 ♘ec6 12. ♗e3 ♕d8 13. f4 a6 14. ♘c3 d4. (Oder 14. ... ♗b4 15. 0-0 mit kompliziertem Spiel.)

15. ♘xd4 ♘xd4 16. ♕xd4 ♕xd4 17. ♗xd4 ♘c6 18. ♗b6 ♗xc2 19. ♖c1 ♗g6 20. 0-0 ♗e7 21. ♗f3 f6 22. exf6 ♗xf6 23. ♘e4 ♗xb2?

(Schwarz musste zuerst auf e4 tauschen: 23. ... ♗xe4 24. ♗xe4 ♗xb2 25. ♖b1 ♗f6 26. ♖fd1 ♖c8 27. ♗e3 ♘d8 28. ♗xb7 ♘xb7 29. ♖xb7 0-0 30. ♖d6 e5, und das Remis ist nicht mehr weit.)

24. ♘d6+ ♔e7

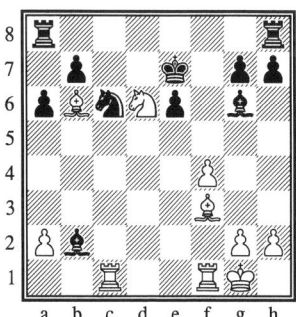

25. ♘xb7?

(Hier ließ Weiß den Sieg aus. Nach 25. ♖cd1! ♗a3 26. ♘c4 ♗b4 27. a3 ♗c3 28. ♗c5+ ♔f6 29. ♗xc6! bxc6 30. ♖c1 würde der feindliche Läufer auf studienartige Weise gefangen.)

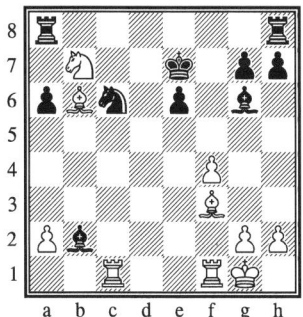

25. ... ♘d4! 26. ♖c7+ ♔f6 27. ♖f2 ♗a1 28. ♖f1 ♗b2 29. ♖f2 ♗a1 Remis (Swidler – Jepischin, St. Petersburg 1997).

Nun zurück zur Hauptpartie.

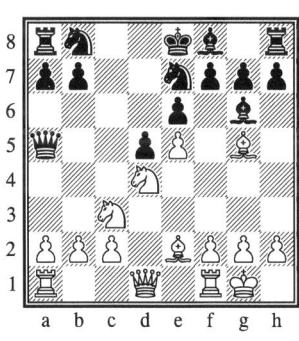

10. ... **a6**

Gegen Kengis wählte Jepischin ein Jahr zuvor in Pärnu 10. ... ♘ec6? und erhielt nach 11. ♘b3! ♕b6 12. ♗e3 ♕d8 13. f4 ♘d7 14. g4 f5 15. ♗d3! eine schwierige Stellung. Als er die Partie kommentierte, empfahl er den Textzug 10. ... a6.

11. h4	h5
12. ♗d3	♗xd3
13. cxd3	♘bc6
14. ♘f3	♘g6
15. d4	♗e7
16. ♗xe7	♘gxe7
17. a3	♘f5

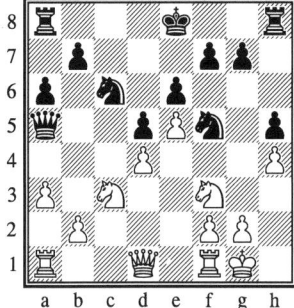

Schwarz hat seine Entwicklung erfolgreich beendet und steht vortrefflich. Swidler stellt jetzt einen Bauern ein.

18. g3?!

Weiß musste mit dem Springer nach e2 gehen.

18. ...	♕b6!
19. ♘a4	♕a7
20. ♘c5	♘fxd4

Im Falle von 20. ... ♘cxd4 21. ♘xd4 ♕xc5 22. ♘xf5 exf5 23. ♖c1 ♕b5 24. b4 ♖d8 25. ♖c5 ♕d7 26. ♕d4 0-0 27. ♖fd1 lautet das Ergebnis wahr-

scheinlich remis. Das Schlagen mit dem anderen Springer verspricht Schwarz auf den ersten Blick mehr, aber die leichte Initiative von Weiß für den Bauern wächst jetzt überraschend an.

21. ♖ac1	♘xf3+
22. ♕xf3	♘e7
23. ♖c3	♖c8

Schwarz kommt nicht zur Rochade. Nach 23. ... 0-0 nimmt die weiße Dame einfach auf h5, und 23. ... g6 taugt nichts wegen 24. ♕f6 ♖g8 25. ♘xe6! fxe6 26. ♖c7.

24. ♖fc1	♖c6
25. b4	♕b6
26. ♕f4	♕c7

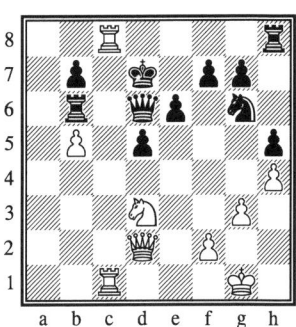

27. a4!

Auf Grund der Drohung b4-b5 findet der schwarze König in dieser Partie keinen sicheren Platz.

27. ...	♘g6
28. ♕d2	♕xe5

Möglich war auch 28. ... ♘xe5, z. B. 29. b5.

(Nicht jedoch 29. ♕g5 0-0! 30. ♕xh5 b6 31. ♘xa6 ♖xc3!)

29. ... axb5 30. axb5 ♖d6!

(Verlieren würde 30. ... ♘f3+ 31. ♖xf3 ♖xc5 32. ♖xc5 ♕xc5 33. ♖c3.)

31. ♕d4 f6 32. f4 (32. ♘xe6 ♘f3+!) 32. ... ♘c4 33. ♘xe6 ♖xe6 34. ♕xd5 ♕b6+ 35. ♔h1 ♘e3 36. ♖c8+ ♔f7 37. ♖1c7+ ♔g6 38. ♖xg7+ ♔xg7 39. ♕d7+ ♔g6 40. ♖xh8 ♔f5 41. ♖e8 ♕d6 42. ♕xd6 ♖xd6 43. ♖xe3 ♖d1+ 44. ♔g2 ♖b1 mit remisträchtigem Turmendspiel.

29. b5   axb5
30. axb5   ♖b6?!

Auch andere Turmzüge sind ungünstig:

1) 30. ... ♖d6 31. ♘xb7 bzw. 30. ... ♖c8 31. ♘d3 ♖xc3 32. ♘xe5 ♖xc1+ 33. ♕xc1 ♘xe5 34. ♕c8+;

2) Nur das Qualitätsopfer 30. ... ♖xc5 31. ♖xc5 0-0 32. ♖c7 d4! hätte Jepischin völlige Kompensation gebracht. Jetzt erhält Weiß nach einer kleinen Abtauschkombination ein gewonnenes Endspiel.

31. ♘d3!   ♕d6
32. ♖c8+   ♔d7

Er muss ins Feindeslager oder untergehen: 32. ... ♔e7 33. ♖1c7+ ♔f6 34. ♕g5 matt.

33. ♖1c7+!   ♕xc7
34. ♖xc7+   ♔xc7

Das Kräfteverhältnis spricht zwar für Schwarz, doch seine Türme wirken nicht zusammen, und der König fühlt sich unbehaglich.

35. ♕c3+   ♔d7

Nach 35. ... ♔b8 36. ♕c5 ♔a7 37. ♘b2! ♘e5 38. ♘a4 ♘c4 39. ♘xb6 ♘xb6 40. ♕e7 steht Schwarz schutzlos da.

36. ♘c5+   ♔d6
37. ♘xb7+!   ♔d7
38. ♕c5!   ♖xb7
39. ♕c6+   ♔e7
40. ♕xb7+   ♔f6
41. b6   d4
42. ♕c7   d3
43. ♔f1   ♘e5
44. b7

Schwarz gab auf.

So endete der lange schöpferische Disput im geschlossenen System zwischen Swidler und Jepischin zugunsten von Weiß. Dabei gewann Peter Swidler die eben betrachtete, wichtige Partie. Sie brachte ihn bei der FIDE-Weltmeisterschaft in Groningen eine Runde weiter. Wie wir uns aber überzeugen konnten, war die Eröffnung von Schwarz nicht der Grund dafür.

Partie Nr. 25
Motyljow – Barejew
Superfinale der Russischen
Meisterschaft
Moskau 2005

1. e4	c6
2. d4	d5
3. e5	♗f5
4. ♘f3	e6
5. ♗e2	c5
6. ♗e3	cxd4
7. ♘xd4	♘e7

Dieses scharfe System verwendet Jewgeni Barejew als Hauptwaffe gegen die Variante 4. ♘f3 und 5. ♗e2.

8. ♗g5	♕a5+
9. ♘c3	♘bc6

Die andere Standardfortsetzung besteht im sofortigen Rückzug des Läufers nach g6.

10. ♗b5	♕c7
11. 0-0	♗g6
12. ♕g4	a6
13. ♗a4	♕c8!

In der Stammpartie Roiz – Ehrenburg (Ashdod 2004) erhielt Weiß nach 13. ... ♕d7 14. ♖ad1 ♘f5 15. ♘xc6 bxc6 16. ♕f3 ♗e7 17. ♘xd5 exd5 18. ♖xd5 ♕c8 19. ♗xc6+ ♕xc6 20. ♖d8+ ♖xd8 21. ♕xc6+ entscheidenden Vorteil. Der Damenrückzug nach c8 ist viel feiner, weil die Figur jetzt nicht mehr so leicht bedroht werden kann.

14. ♕f3!

Verhindert vor allem den Springerausfall nach f5, z. B. 14. ... ♘f5 25.

♘xc6 bxc6 16. ♘xd5! – Und auch das Abspiel 14. ... b5 15. ♘cxb5! axb5 16. ♗xb5 bringt Schwarz nichts ein.

14. ...   h6

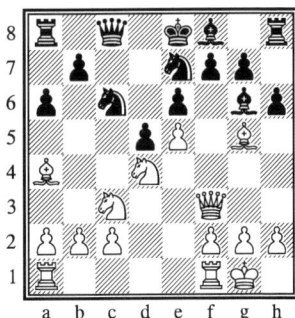

15. ♗f6!

Auf 15. ♗h4 folgt bereits das kräftige 15. ... ♘f5! 16. ♘xc6 ♘xh4! 17. ♕g4 bxc6 18. ♕xh4 ♖b8, und die Chancen des Nachziehenden sind größer.

15. ...   ♖b8

1) Es wäre äußerst riskant, den Läufer zu schlagen: 15. ... gxf6 16. exf6 ♘f5 17. ♘xc6 bxc6 18. ♘xd5! ♖b8 19. ♘f4, worauf die weiße Initiative sehr gefährlich wird.

2) Auf 15. ... b5 ist wieder 16. ♘cxb5 axb5 möglich, und nach 17. ♗xb5 ergeben sich wilde Verwicklungen.

16. ♖ad1

Weiß hat eine große Auswahl an Turmmanövern. Neben dem Textzug kommt auch 16. ... ♖fd1 oder 16. ♖fe1 in Frage. Aber in jedem Fall kann Schwarz, wenn der Turm auf b8 steht, den Läufer f6 schlagen und danach b7-b5 spielen.

16. ...	gxf6
17. exf6	b5

Verfrüht wäre 17. ... ♘f5 18. ♘xf5 ♗xf5 19. ♖fe1! ♗e4 (19. ... d4 20. ♘d5) 20. ♘xe4 dxe4 21. ♖xe4 b5 22. ♗b3.

18. ♘cxb5	axb5
19. ♘xb5	

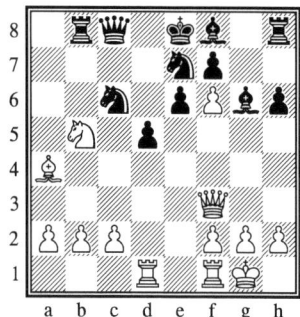

19. ...   ♖xb5?

Nach Ansicht Motyljows, der die Partie ausführlich kommentiert hat, ist dies der kritische Moment. Ein Fehler genügt hier, um aus der scharfen – eine verlorene Stellung zu machen. An dieser Stelle wäre der schwarze Springerausfall nach f5 angebracht. Er führt zu fantastischen Verwicklungen, die selbst der Computer nicht genau bewerten könnte. Dabei ist das Manöver 19. ... ♘f5! im überraschendsten Moment völlig im Sinne Barejews. Hier eine seiner erfolgreichen Partien.

Schomojew – Barejew (Dagomys 2007): 1. e4 c6 2. d4 d5 3. e5 ♗f5 4. h4 h6 5. g4 ♗d7 6. ♘d2 e6 7. ♘b3 c5

8. ♘xc5 ♗xc5 9. Dxc5 ♕a5+ 10. c3 ♕xc5 11. h5

(In der 14. und entscheidenden WM-Partie Kramnik – Leko (Brissago 2004) erhielt Weiß nach 11. ♘f3 ♘e7 12. ♗d3 ♘bc6 13. ♗e3 ♕a5 14. ♕d2 ♘g6 15. ♗d4 ♘xd4 16. cxd4 ♕xd2+ 17. ♔xd2 leichten Vorteil, den er am Ende in einen vollen Punkt verwandeln und damit das Match retten konnte.)

11. ... ♘e7 12. ♘f3 ♘bc6 13. ♗f4 g5!? 14. ♗g3 0-0-0 15. ♗d3 d4 16. c4

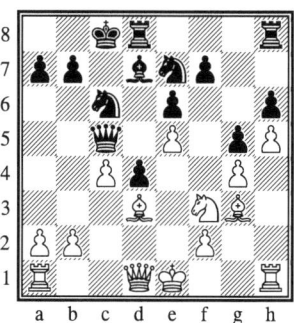

16. ... ♘f5!! 17. gxf5 exf5 18. ♗h2 f4 19. ♕b3 ♗g4 20. ♗e4 ♖he8 21. 0-0 ♗xh5 22. ♘e1 ♕xe5 23. ♗xc6 bxc6 24. ♕h3+ g4 25. ♕g2 ♕e4 26. ♘d3.

(In diesem Augenblick verpasste Weiß die Gelegenheit zum forcierten Remis: 26. ♗xf4 ♕xf4 27. ♕xc6+ ♕c7 28. ♕a8+ ♕b8 29. ♕c6+.)

26. ... g3! 27. fxg3 f3 28. ♕d2 ♕e3+ 29. ♖f2 ♗g4 30. ♖e1 ♖e6! 31. ♖d1 ♖de8 32. ♘f4 ♖e4 33. ♔h1 ♕xd2 34. ♖fxd2 f2!, und Weiß hielt sich nicht mehr lange.

Also verdiente statt des Textzuges 19.... ♖xb5 die Variante 19. ... ♘f5! 20. ♘a7 ♕a6! 21. ♗xc6+ ♔d8 22. ♗xd5 ♕xa7 23. ♗xe6+ ♘d6 Beachtung. Danach haben wir eine vollkommen irrationale, schwindelerregende Stellung, in der Weiß für zwei Figuren fünf Bauern besitzt!

In seinen Anmerkungen widmete Motyljow dem Zug 20. c4 (der ihm während des Spiels nicht in den Sinn kam!) viel Aufmerksamkeit. Aber eine endgültige Bewertung, wer besser steht, fand er auch mit Hilfe eines mächtigen Rechners nicht.

20.	♗xb5	♕b7
21.	c4!	♗e4
22.	♕e2	♖g8
23.	f3	dxc4
24.	fxe7!	

Das führt zwangsläufig zu einem gewonnenen Endspiel für Weiß. Nach 21. ♕xc4 ♗d5 25. ♖xd5 exd5 26. ♕a4 ♖g6 27. fxe7 ♕b6+ 28. ♔h1 ♔xe7 käme Schwarz mit heiler Haut davon.

24. ...		♔xe7
25.	♕xc4	♗d5
26.	♖xd5	exd5
27.	♕xc6	♕xc6
28.	♗xc6	♔d6
29.	♗b7	♗g7
30.	♖d1	♗xb2
31.	♗xd5	

Die Läufer sind ungleichfarbig, doch Weiß hat zwei Mehrbauern.

31. ...		♔e7
32.	♖b1	♗d4+

33.	♔f1	♖c8
34.	♖b7+	♔d6
35.	♗b3	♖c1+
36.	♔e2	f6
37.	♖h7	♖g1
38.	g3	♖g2+
39.	♔d3	♗g1
40.	♖xh6	♔e5
41.	f4+	♔f5
42.	♗a4	♔e6
43.	♔e4	♗xh2
44.	♗b3+	♔e7
45.	♔f5	♗xg3

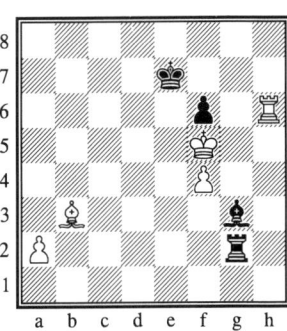

46. ♖xf6

Jetzt ist die schwarze Stellung nicht mehr zu halten.

46. ...		♖f2
47.	♖e6+	♔d7
48.	♖e4	♗h4
49.	♔g6	♗e7
50.	♔f7	♗a3
51.	♗e6+	♔d6
52.	♖d4+	♔c5
53.	♖a4	♗b2
54.	f5	♖h2
55.	f6!	♖h6
56.	♖f4	♔d6

57. ♗b3　　♗c3

8 . . . .
7 . . . . . ♔ . .
6 . . ♚ . ♙ . ♜ .
5 . . . .
4 . . . ♖ . . . .
3 . ♗ ♝ . . . . .
2 ♙ . . . .
1 . . . .
　a b c d e f g h

58. ♖f1

Weiß umgeht die letzte Falle 58. ♔g7? ♖xf6! 59. ♖xf6+ ♔e7 mit Remis.

58. ...　　♗d4
59. ♖f5　　♗e5
60. ♖f3　　♗d4
61. a4　　♗b2
62. ♗c4　　♔c5
63. ♗d3　　♔b4
64. ♗b5　　♖h1
65. ♔e6　　♖e1+
66. ♔d7　　♖d1+
67. ♔c8　　♖c1+
68. ♔b7

Schwarz gab auf.

Partie Nr. 26
Kamsky – Karpow
Groningen 1995

1. e4　　c6
2. d4　　d5
3. e5　　♗f5
4. ♘f3　　e6
5. ♗e2　　♘e7

Die Fortsetzung 5. ... c5 haben wir schon ausführlich untersucht. Dieses Mal beschloss ich, den Springer sehr früh nach e7 zu stellen, was gewöhnlich später erfolgt.

6. 0-0　　♗g6
7. ♘bd2　　c5
8. c4

Dieses Standardmanöver verspricht Weiß in der gegebenen Situation nicht viel. Mein Läufer hat das Feld f5 frühzeitig verlassen. Nach dem Tausch auf d4 kann Schwarz schnell seine Entwicklung abschließen und im Zentrum aktiv werden. Noch liegt die Eröffnungsinitiative aber bei Weiß.

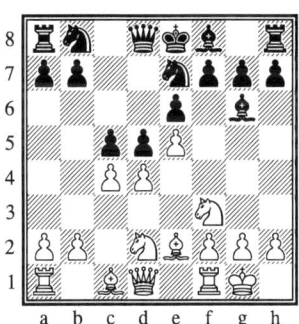

8. ...　　cxd4
9. ♘xd4

Der Zwischenzug 9. cxd5? würde nach 9. ... d3 plötzlich zum Läuferverlust führen.

9....	♘ec6
10. ♘2f3	dxc4
11. ♗xc4	♗e7

Mit a7-a6 kann man noch warten, weil das Auftauchen des weißen Springers auf d6 nicht gefährlich ist: 12. ♘b5 0-0 13. ♕xd8 ♗xd8 14. ♗f4 ♘d7 15. ♖fd1 ♘b6 16. ♗b3 ♘a5, und der zweite schwarze Springer gelangt mit Tempo nach d5.

12. ♗e3	0-0
13. ♖c1	a6

Schwarz musste hier mit dem Figurenopfer auf e6 rechnen. Darum verdiente 13. ... ♘a5 14. ♗e2 ♘bc6 Aufmerksamkeit, um den weißen Läufer von der Diagonalen a2-g8 zu vertreiben. Im Übrigen würde die schwarze Dame sich nach 14. ♕a4 nebst ♖fd1 unbehaglich fühlen.

14. a3	♕e8
15. ♗a2	♔h8
16. ♖e1	♘xd4
17. ♕xd4	

Schlägt Weiß mit 17. ♘xd4, so liefert er dem Gegner seinen ungedeckten Bauern e5 aus. Nach 17. ... ♘d7 gewinnt Schwarz das notwendige Tempo für den Zug 18. ... ♖c8, um das Eindringen des weißen Turms auf c7 zu verhindern.

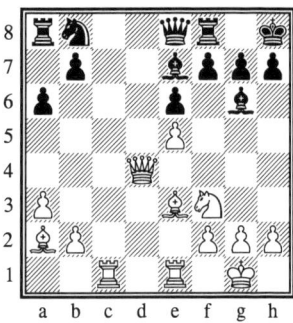

17....	♘c6
18. ♕g4	♖c8
19. h4	

Weiß versucht es jetzt am Königsflügel, aber dort hat er keine Erfolgsaussichten.

19....	h6
20. ♗b6	♘b8

Der Springer kehrt an seinen Platz zurück, um den Läufer b6 zu verjagen. Nun ist Schwarz zum ersten Mal in der Partie bereit, aktiv zu werden: 21. h5 ♗f5 22. ♕f4 ♕b5!

21. ♗c7	♕d7

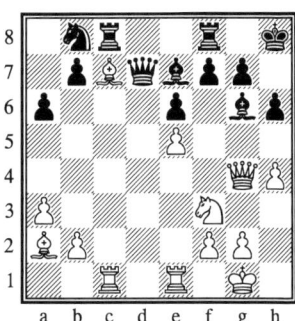

Das Blatt hat sich gewendet, denn Schwarz hat schon die Initiative ergriffen.

1) Jetzt verbietet sich 22. ♖ed1 wegen 22. ... ♖xc7 23. ♖xd7 ♖xc1+ 24. ♕h2 ♘xd7.

2) Auch die Fortsetzung 22. ♗d6 ♖xc1 23. ♖xc1 ♗xd6 24. ♖d1 ♗f5 25. ♕c4 ♖c8 taugt nichts, weil die weiße Dame dann nach f1 zurück muss. Und nach schließlich 22. ♗xb8 kann Schwarz einen Turm tauschen: 22. ... ♖xc1 23. ♖xc1 ♖xb8, wonach er vortreffliches Spiel hat.

	22. ♗a5	♖xc1
	23. ♖xc1	♖c8
	24. ♗c3	♘c6

Der schwarzfeldrige Läufer hat seine „Ehrenrunde" gedreht, und mein Springer steht wieder auf c6, und zwar diesmal für lange Zeit.

	25. ♗b3	♗c5
	26. ♖d1	♕e7

Natürlich nicht 26. ... ♕c7? wegen 27. ♗xe6!

	27. h5	♗h7
	28. ♕f4	♕c7
	29. ♖d2	♔g8
	30. ♔h2	♖d8
	31. ♗c2	♗xc2
	32. ♖xc2	♕b6
	33. ♕h4	♖d5
	34. b4	♗e7
	35. ♕e4	♗d8
	36. a4	♕c7
	37. g3	♕d7
	38. ♔g2	♗c7

	39. ♖e2	♘e7
	40. ♕c4	

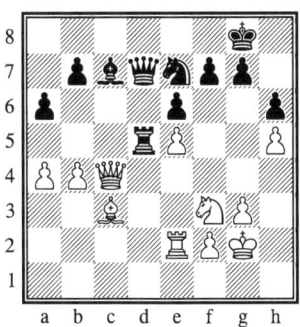

	40. ...	♗b6

Mein letzter Zug vor der Zeitkontrolle erweist sich als ungenau. Viel stärker ist 40. ... ♗b8. Weiß muss danach seinen a-Bauern ebenfalls bewegen, aber auf 41. a5 geschieht 41. ... ♕c6 nebst Damentausch, und Schwarz erhält das klar bessere Endspiel. Schwarz konnte den Stellungsdruck auch mit 41. ... ♘c6 aufrecht erhalten.

	41. a5	♗c7
	42. g4	

Fragwürdig wäre der Vorstoß des b-Bauern, und auch der andere Springerbauer von Weiß geht jetzt vergeblich nach vorn. Weiß konnte sich aber mit 42. ♖d2! ♖xd2 43. ♗xd2 ♗xe5 44. ♗xh6! ♗xg3 45. ♗xg7 aus der Situation herauswinden. Stärker erscheint deshalb das Abspiel 42. ... ♕c6 43. ♕xc6 ♘xc6 44. ♖xd5 exd5, doch nach 45. ♔f1 kann Weiß die Stellung halten.

42. ...	♘c6
43. ♖e4	♗d8
44. ♘e1	♗e7
45. ♘c2	

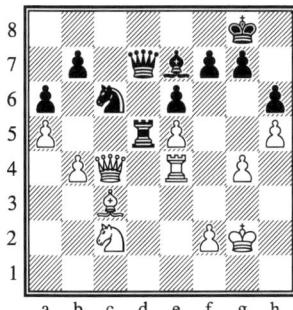

Der Manövrierkampf ging eindeutig zugunsten von Schwarz aus. Er beherrscht die d-Linie und besitzt feste Stützpunkte für seine Figuren. Die vorgeschobenen weißen Bauern sind hingegen nur Angriffsobjekte. Trotzdem sieht es so aus, als stünden sie fest genug. Alles scheint gedeckt und vorerst nicht angreifbar zu sein. Aber mit einem eleganten taktischen Schlag kann ich einen Bauern gewinnen.

45. ...	♘xa5!
46. bxa5	♖c5

Es zeigt sich, dass die Figur schnell zurückgewonnen wird und Weiß ein schwieriges Endspiel bekommt.

47. ♕d4	♛xd4
48. ♖xd4	♖xc3
49. ♘e3	♔f8
50. ♔f3	♔e8
51. ♔e4	♖b3
52. ♘c4	♗c5

Leider hatte ich nicht genügend Zeit, das Bauernendspiel bis zum Ende durchzurechnen: 52. ... ♖b4 53. ♘d6+ ♗xd6 54. exd6 ♖xd4+ 55. ♔xd4 ♔d7 56. ♔c5 g5! 57. ♔b6 ♔xd6 58. ♔xb7 f5 59. ♔xa6 ♔c6 60. f3 f4! 61. ♔a7 ♔c7 62. a6 e5, und Schwarz gewinnt.

53. ♖d2	♖b4
54. ♔d3	♖b3+
55. ♔e4	♖b4
56. ♔d3	♔d7
57. ♔c3+	♔e7
58. f3	♖b1
59. ♔c2	♖b4
60. ♔c3	♖b5
61. ♖a2	f6
62. exf6+	gxf6
63. f4	♗b4+
64. ♔d3	♖d5+
65. ♔e4	♗c3
66. ♔e3	♗d4+
67. ♔f3	♖b5
68. ♔e4	♗a7
69. ♖a3	f5+
70. gxf5	exf5+
71. ♔f3	♔e6

Ein Blackout. denn ganz leicht entschied jetzt 71. ... ♖b4 72. ♖c3 ♗d4 den Kampf.

72. ♖d3	♗c5
73. ♖d8	♖b3+
74. ♔g2	♖b4
75. ♘e5	♖xf4

Schwarz hat noch einen Bauern erobert, aber Turm und Springer meines Gegners leben plötzlich wieder auf. Dennoch dürfte ihm dies auf Dauer nicht helfen.

76. ♘d3	♖g4+
77. ♔f3	♗e7
78. ♖b8	♖d4
79. ♔e3	♖e4+
80. ♔f3	♖h4
81. ♖xb7	♖h3+
82. ♔e2	♗g5
83. ♘c5+	♔e5
84. ♘xa6	♖xh5
85. ♖b5+	♔f4
86. ♖b4+	♔g3
87. ♖b3+	♔g4
88. ♘c5	♖h2+
89. ♔f1	♖a2
90. ♖b4+	♔f3
91. ♖a4	♖c2
92. ♘d3	♗d2
93. ♘e1+	♗xe1

Jetzt sind wir im Turmendspiel. Gehen diese nicht immer remis aus?

94. ♔xe1	♖c1+
95. ♔d2	♖c7
96. a6	♖a7
97. ♔e1	f4
98. ♔f1	♔g3
99. ♖a3+	f3
100. ♖a5	♖c7
101. ♖a1	

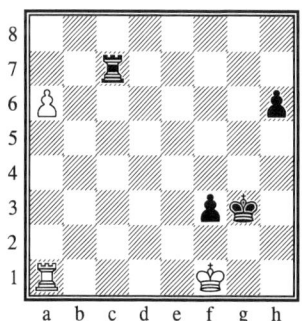

Der interessanteste Augenblick der ganzen Partie. Ungeachtet des verzweifelten Widerstands von Weiß hat sich seine Lage in den letzten 50 Zügen nicht verbessert. Und in der Diagrammstellung konnte Schwarz einfach mit 101. ... ♖c2! 102. a7 ♖h2 gewinnen. Stattdessen erfolgte die überraschende Einigung auf Remis. Womit ist das zu erklären? Die dritte Zeitkontrolle rückte bereits heran, und jeder von uns hatte nur noch einige Sekunden bis zum Ende des Spiels. Bei hängendem Blättchen sah ich mich deshalb gezwungen, Frieden zu schließen.

Partie Nr. 27
Wolokitin – Sutowski
Moskau 2008

1. e4	c6
2. d4	d5
3. e5	♗f5
4. ♘f3	e6
5. ♗e2	♘d7

Dem Zug 5. ... c5 ist die Partie Motyljow – Barejew (Moskau 2005) gewidmet.

6. 0-0	♘e7

Die andere Hauptfortsetzung. Früher spielte man automatisch 6. ... h6, um ein Fluchtfeld für den Läufer zu schaffen. Aber warum Zeit damit verlieren? Weiß beginnt sogleich mit der Jagd auf den Läufer.

7. ♘h4	♗e4

Nach 7. ... ♗g6 8. ♘xg6 hxg6 9. c3 verfügt Weiß über den Vorteil des

Läuferpaars und über ein starkes Zentrum.

8. ♘d2   c5

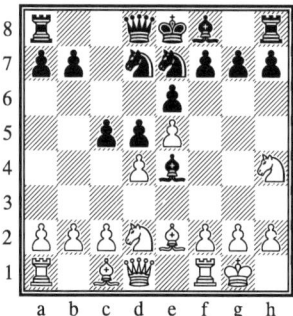

Das ist die Pointe der Variante, die nach der Partie Sutowski – Palo (Turin 2006) populär wurde. Weiß erreichte in der Eröffnung nichts und beschloss, das Abspiel in sein Arsenal als Schwarzer aufzunehmen. Auch andere Großmeister folgten seinem Beispiel.

Wie die Praxis gezeigt hat, entwickelt sich das Geschehen nach 8. ... ♘f5 in der Regel ungünstig für Schwarz, z.B.: 9. ♘hf3 c5 10. c3 ♗e7 11. g4! ♗xf3 12. ♘xf3 ♘h4 13. ♘xh4 ♗xh4 14. f4 mit deutlichem Vorteil (Schirow – Adams, Wijk aan Zee 1996).

9. g3

Ein prophylaktischer Zug für den Fall, dass der schwarze Springer auf dem Feld e7 steht. Nach 9. ♘xe4 dxe4 ist es nicht leicht für die Figur, ins Spiel zurückzukehren (Lederer – Polak, Biel 1998).

9. ...   ♕b6
10. dxc5   ♕xc5
11. c3   ♘c6

Zu etwa gleichen Aussichten würde 11. ... ♘xe5 12. ♘xe4 dxe4 13. ♕a4+ ♘5c6 14. ♕xe4 ♘d5 führen, aber Schwarz strebt ein lebendigeres Spiel an.

12. ♘b3

Ein verwickelter Kampf entsteht nach 12. ♘xe4 dxe4 13. ♕a4 ♕d5! Nicht jedoch 13. ... ♘xe5 14. ♗f4 ♕a5 15. ♕xe4 g5 16. b4 ♕d8 17. b5! ♘a5 18. ♗e5 ♖g8 19. ♘f3, und Schwarz hält dem Angriffsdruck nicht stand.

12. ...   ♕b6
13. ♗e3   ♕c7
14. f3   ♗g6

Jetzt ist der Tausch auf g6 ungefährlich, weil der weiße Königsflügel geschwächt ist und sich für Schwarz immer ein Gegenspiel findet.

15. ♘xg6

Auf 15. f4 ♗e4 16. ♘d2 folgt 16. ... ♗c5! 17. ♗xc5 ♘xc5 18. b4 ♘d3!, und bei Schwarz ist alles in Ordnung.

15. ...   hxg6
16. f4   g5
17. f5!

Beide Seiten handeln entschlossen. Nach 17. fxg5 ♘dxe5 18. ♘d4 ♗c5 würde Schwarz das Zentrum beherrschen und besser stehen.

17. ...   ♘dxe5

Nach 17. ... 0-0-0 18. fxe6 fxe6 19. ♗xg5 ♗e7 20. ♗xe7 ♘xe7 21. ♘d4 sind die Chancen von Weiß etwas besser, aber Sutowski hat eine interessante Ressource aufgespürt.

18. fxe6   fxe6
19. ♘d4   ♝c5
20. ♔g2   0-0-0!

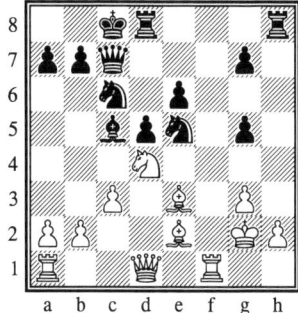

Ein ganz überraschendes Opfer, welches den 17. Zug von Schwarz rechtfertigt. Nach 21. ♘xe6 ♕d7 22. ♘xc5 ♕h3+ 23. ♔f2 ♕xh2+ 24. ♔e1 ♖he8! besitzt Weiß zwar eine Figur mehr, aber er kann dem Druck auf der e-Linie nicht standhalten. In seinem ausführlichen Partiekommentar weist Sutowski überzeugend nach, dass die starke Initiative des Nachziehenden auch weiter anhält.

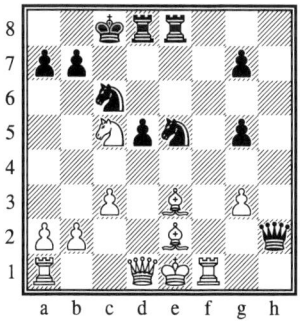

1) So führt 25. ♕d2 d4! 26. cxd4 ♘xd4 27. ♝xd4 ♖xd4 28. ♕xd4 ♘f3+ zum Matt.

2) Und nach 25. ♕c2 d4 26. ♝xd4 ♕xg3+ 27. ♔d1 ♘xd4 28. cxd4 ♖xd4+ 29. ♔c1 ♕e3+ 30. ♔b1 ♖d2 31. ♕b3 ♕xc5 32. ♖c1 ♕xc1+ 33. ♔xc1 ♖xe2 34. ♔d1 ♘d3 35. ♕xd3 ♖e1+ 36. ♔c2 ♖xa1 hat Schwarz alle Aussichten, das Endspiel zu gewinnen.

3) Auf die beste weiße Fortsetzung 25. ♕b3 folgt der stille Zug 25. ... ♖e7! mit der schrecklichen Drohung ♘e5-c4, z. B.: 26. ♔d1 ♘c4 27. ♝g4+ ♔b8 28. ♝f2 ♕xg2! 29. ♝e2 ♖f8 30. ♘d7+ ♔a8 31. ♘xf8 ♖xe2 32. ♔xe2 ♕e4+ 33. ♔d1 ♕d3+ 34. ♔c1 ♕xf1+ 35. ♕d1 ♕xf2, und alles ist zu Ende.

21. ♝xg5!

Weiß lehnt die Annahme des Opfers vorsorglich ab.

21. ...   ♝e7!
22. ♝f4   g5!

Eine weitere Überraschung, aber noch immer herrscht dynamisches Gleichgewicht.

23. ♘xe6	♕d7
24. ♗xe5	♘xe5

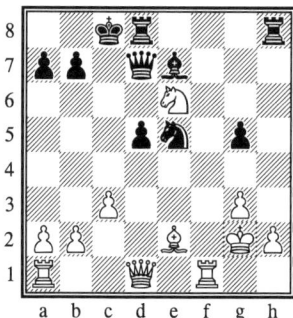

25. ♘xd8?

Dieses Schlagen gestattet Schwarz, stürmische Aktivität am Königsflügel zu entfalten. Mit Hilfe eines Computers zeigte Sutowski zwei detaillierte Varianten, wonach das Spiel hier auf logische Weise unentschieden ausgehen konnte:

1) 25. ♗g4 ♖h6 26. ♗f5 ♖xe6 27. ♕d4 ♘c6 28. ♕g4 ♘e5 29. ♕d4 mit Zugwiederholung.

2) Oder 27. ... ♖f8 28. ♗xe6 ♕xe6 29. ♖ae1 ♖xf1 30. ♖xe5 ♕f6 31. ♖xe7 ♕f3+ 32. ♔h3 ♕h5+ ebenfalls mit Remis.

25. ...	♕h3+
26. ♔f2	♕xh2+
27. ♔e1	♕xg3+
28. ♔d2	♖h2!
29. ♔c2	♕e3
30. ♖e1	♗xd8
31. ♕d2	

Die Lage von Weiß sieht äußerst kritisch aus, aber Wolokitin verteidigt sich mit letzter Kraft.

31. ...	♕e4+
32. ♔b3	b5
33. a4	♘f3
34. ♕d3	bxa4+
35. ♔a2	♕xd3
36. ♗xd3	♘xe1
37. ♖xe1	

Nun hat sich die Stellung vereinfacht. Auf dem Brett sind ungleiche Läufer, doch Schwarz hat zwei Bauern mehr, von denen einer sogar ein Freibauer ist.

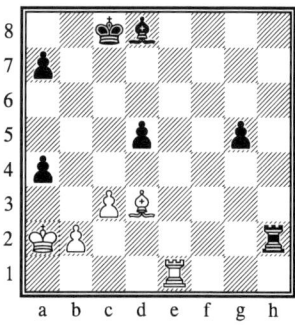

37. ...	♗f6
38. ♔a3	♔d8
39. ♖e2	♖xe2?

In großer Zeitnot, einen Zug vor der Kontrolle, erschwert Schwarz seine Aufgabe. Hätte er hier mit 39. ... ♖h4! den Turm auf dem Brett gelassen, konnte er ohne Mühe gewinnen (was in häuslicher Untersuchung ganz leicht zu sehen ist).

40. ♗xe2

Hier zögerte Sutowski eine Sekunde … und überschritt die Zeit. Eine ganz bittere Niederlage. Die Caro-Kann-

Verteidigung verpasste die Möglichkeit, einen glänzenden Sieg zu feiern. Obwohl der Gewinn jetzt nicht mehr so leicht ist wie mit Türmen, zeigte die nüchterne Analyse, dass Schwarz in diesem Läuferendspiel dem Sieg näher ist als einem Unentschieden.

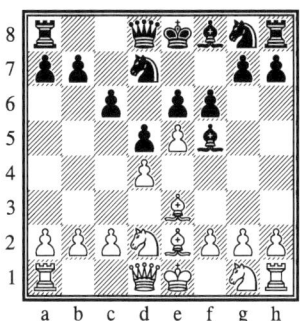

Partie Nr. 28
Schirow – Bologan
Foros 2006

1. e4   c6
2. d4   d5
3. e5   ♗f5
4. ♗e3

Dank der Bemühungen von Kasparow, Anand, Schirow und anderen Spitzenspielern wurde diese einfache Entwicklung des Läufers zu Beginn des 21. Jahrhunderts sehr populär.

4. ...   e6
5. ♘d2   ♘d7
6. ♗e2

Häufiger kommt hier 6. f4 h5 vor.

6. ...   f6!?

Dieser Zug wurde erst vor relativ kurzer Zeit ausgeknobelt. Auf den ersten Blick steht er im Widerspruch zur Theorie von Nimzowitsch, wonach man eine Bauernkette zuerst an ihrer Basis angreifen soll. Die modernen Analytiker stellten jedoch fest, dass ein Angriff auf deren Spitze auch effektiv sein kann.

Es sei erwähnt, dass an dieser Stelle die Fortsetzung 6. ... ♛b6 beliebter ist, obwohl Schirow angenehme Erinnerungen daran hat.

Schirow – Drejew (Poikowski 2006): 6. ... ♛b6 7. ♘b3 ♗g6 8. h4 f6 9. h5 ♗f7 10. ♘f3 ♘h6 11. ♗xh6 gxh6 12. exf6 a5 13. a4 ♗b4+ 14. ♔f1 ♛d8 15. ♛c1 ♛xf6 16. ♘h2!

Die Schwächen von Schwarz sind fixiert. Obendrein hat er noch einen schlechten Läufer auf f7. Das positionelle Vorteil Schirows ist offensichtlich.

16. ... ♖g8 17. ♘g4 ♛g5 18. g3 ♗f8 19. ♔g2 ♛xc1 20. ♖axc1 ♖g5 21. f4! ♖xh5 22. ♖he1 ♗e7 22. ♘e3. Der Turm geht verloren und mit ihm alle Hoffnungen. Schwarz leistete zwar noch längeren Widerstand, aber ohne Erfolg.

7. ♘gf3   ♛c7
8. ♗f4

Weiß muss natürlich nicht an seinem Zentralbauern festhalten, sondern sollte ihn besser abtauschen: 8. exf6 ♘gxf6 9. c4 ♗d6 10. c5 ♗e7 11.

♘h4 0-0 12. ♘xf5 13. g3 ♘e4 14.
♗f4. Diese komplizierte Stellung ergab sich in der Partie Sedlak –
Iordachescu (Turin 2006). Aber nach
14. ♘xe4 fxe4 15. ♗g4 b6 16. b4 a5
17. a3 axb4 18. axb4 ♖xa1 19. ♕xa1
bxc5 20. bxc5 hätte Weiß bessere
Chancen gehabt.

8. ...   fxe5

Interessant ist hier 8. ... c5.

9. dxe5

Erfolgreich für Bologan verlief auch
seine Partie mit Rublewski in
Dagomys 2005: 9. ♘xe5 ♗d6 10.
♘df3 ♘gf6 11.0-0-0 12. ♗g3
♖ae8 13. ♖e1 ♘e4 14. ♘xd7 ♕xd7
15. ♗xd6 ♕xd7 16. ♗xd7 ♕b4, und
Schwarz übernahm die Initiative.

9. ...   ♘e7
10. h4!?

Schirow will den schwarzen Springer
bei seinem Auftauchen auf g6 attackieren und sichert dem eigenen Läufer zugleich das Rückzugsfeld h2.
Diese Idee sei jedoch sehr zweifelhaft, äußerte Bologan in seinem Kommentar. Seiner Meinung nach verdiente hingegen 10. ♘d4 Aufmerksamkeit, denn nach 10. ... ♘g6
(10. ... ♘xe5 11. 0-0 ♘7g6 12. ♗e3
♗b4 13. g4 ♗xd2 14. ♗xd2 ♗e4 15.
f3 ♕b6 16. ♗e3 ist nicht besser.)
11. ♗h5 0-0-0 12. ♗xg6 hxg6 13. g4
♗c5 14. ♘4b3 g5 15. ♗xg5 ♕xe5
16. ♕e2 ♕xe2+ 17. ♔xe2 ♗xc2 18.
♗xd8 besitzt Schwarz nicht genügend Kompensation für die Qualität.

10. ...   ♘g6
11. ♗h2   0-0-0!

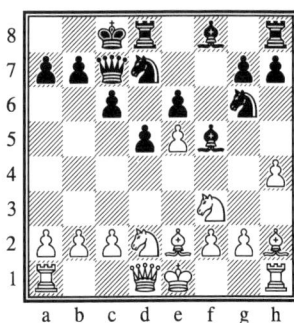

Jetzt verfügt Schwarz über große prak-
tische Chancen. Er kann immer seinen Läufer auf e4 opfern, indem er die
Gegenüberstellung des Turms d8 und
der Dame d1 ausnutzt.

12. ♘g5

Nach 12. h5 ♘gxe5 13. ♘xe5 ♘xe5
14. g4 ♗e4 15. f3 ♗d6! 16. fxe4
♖hf8 nebst ♘c4 hat Schwarz nur
einen Bauern für die Figur, aber Weiß
verliert Material, weil er seinen König aus dem Zentrum evakuieren
muss, z. B. 17. ♖f1 ♕e7 18. ♗xf8
♖xf8 19. ♘f1 ♕h4+ 20. ♔d2 ♖xf1
21. ♕xf1 ♕xh2.

12. ...   ♘dxe5!
13. g4   h6
14. gxf5   hxg5
15.fxg6   ♖xh4

Schwarz erhielt insgesamt nur zwei
Bauern für den Läufer, doch Weiß
fühlt sich nicht sehr komfortabel.

16. ♗f3   ♗b4

Möglicherweise rechnete Schirow

damit, dass sein Kontrahent den Turm gegen zwei Leichtfiguren tauscht: 18. ... ♖xh2 17. ♖xh2 ♘xf3+ 18. ♘xf3 g4 19. ♖h5 gxf3, und in diesem Falle hätte Weiß nach 20. ♕xf3 deutlichen Vorteil.

17. c3   ♖dh8
18. cxb4?

Es sieht so aus, als habe Alexej hier das Zwischenschach auf d3 versäumt. Im Übrigen hätte es Weiß auch nach der richtigen Fortsetzung 18. ♘f1 ♗c5 19. ♕e2 ♘xf3+ 20. ♕xf3 ♖xh2 21. ♖xh2 ♖xh2 22. ♘xh2 ♕xh2 23. ♕xe2 g4! nicht leicht: 24. ♕f7 ♕e5 25. ♔f1 g3.

18. ...   ♖xh2
19. ♖xh2   ♘d3+!

Der Springer gelangt mit Tempo nach f4. Um den weißen König herum verdichten sich jetzt die Wolken.

20. ♔e2

Oder 20. ♔f1 ♖xh2 21. ♗g2 ♘f4 22. ♗f3 g4, und alles ist zu Ende.

20. ...   ♘f4+
21. ♔e1

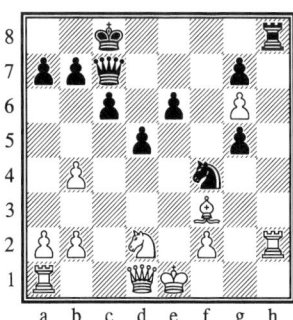

21. ...   ♕e5+?

Auf logische Weise entscheiden konnte Schwarz das Spiel jetzt mit 21...♖xh2 22. ♕c2 ♕b6 23.♔d1 ♕xf2 24. ♔c1 25. ♗xg4 ♖h1+ 26. ♗d1 ♘e2+ 27. ♔b1 ♘d4, zum Gewinn führen. Es scheint nur so, als ob die zentralisierte Dame den Siegtreffer „härter" macht, denn ...

22. ♕e2!

Eine solche Boshaftigkeit hatte Bologan von seinem Gegner nicht erwartet. Jetzt kann nur noch Weiß über einen Sieg nachdenken.

22. ...   ♕xe2+
23. ♗xe2+   ♖xh2
24. ♘f3   ♖h5
25. ♘e5

Die Lösung der Eröffnungsprobleme erforderte vom Anziehenden so viel Zeit, dass dieser Umstand seinen Gegner rettet. Ohne Zeitnot hätte Schirow wahrscheinlich das einfache 25. ♔d2 g4 26. ♘d4 mit großem Vorteil gewählt.

25. ...   ♖h1+
26. ♗f1   ♔d8
27. ♘f7+

Überzeugender war die Fortsetzung 27. ♔d2 ♔e7 28. ♖b1 ♖h2 29. ♔e3.

27. ...   ♔e7
28. ♘xg5   ♔f6
29. ♘f3   ♘d3+
30. ♔e2   ♘xb2
31. ♘d2   ♘a4
32. ♔f3   e5

33. ♔g3	♖g1+
34. ♔h2	♖g4
35. a3	♖xg6
36. f3	♔e7
37. ♗d3	♖h6+
38. ♔g3	♔d6
39. ♘f1	♘b2
40. ♗e2	♖h1
41. ♔g2	♖h4
42. ♘e3	g6
43. ♘g4	b5
44. ♖a2	♘a4
45. ♖c2	♘b6
46. ♖c1	♘d7
47. ♔g3	♖h8
48. ♗d3	g5
49. ♖e1	♔e6
50. ♖c1	♔d6

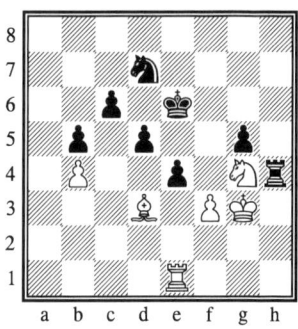

58. ♗e2?

Jetzt kommt Schwarz mit heiler Haut davon. Genauer gesagt ist Weiß nun selbst bemüht, den Remishafen zu erreichen. Dabei konnte er seinen Gegner nach 58. ♘f2 ♘f6 59. fxe4 dxe4 60. ♘xe4 ♖g4+ 61. ♔f2 ♖f4+ 62. ♔e3 ♘d5+ 63. ♔d2 ♘xb4 64. ♘xg5+ ♔f6 wohl doch bezwingen.

Seit dem Fehlgriff von Bologan sind 30 Züge vergangen. Die weiße Stellung ist noch immer besser, aber Schwarz hat schon drei Bauern für die Figur und das Schlimmste hinter sich.

51. ♖e1	♔e6
52. ♗c2	a6
53. ♗d3	♖h4
54. ♖c1	♔d6
55. ♖e1	♔e6
56. a4	e4
57. axb5	axb5

58. ...	♘f6
59. fxe4	♘xe4+
60. ♔g2	♔d6
61. ♖a1	♖h8
62. ♖a6	♘c3
63. ♗d3	♖e8
64. ♖a7	♘e2
65. ♔f3	♘d4+
66. ♔f2	♖f8+
67. ♔e3	♘e6
68. ♘h6!	

Schirow will bei fast blanken Königen noch matt setzen.

68. ...	d4+
69. ♔d2	♔e5
70. ♖e7	♔d6
71. ♖a7	♔e5
72. ♘g4+	♔d6

73. ♘h6

Hier einigte man sich schließlich auf
Remis.

Kapitel 3

Das System

1. e4 c6 2. d4 d5 3. ♘c3 dxe4 4. ♘xe4 ♘f6 5. ♘xf6+ mit 5. ... exf6

Sicher hat der mit meinen Partien vertraute Leser schon festgestellt, dass ich die frühe Entwicklung des Springers nach f6 vermeide. Ich möchte einfach keinen Doppelbauern in Kauf nehmen. Dennoch kommt die Variante mit 4. ...♘f6 häufig in der Turnierpraxis vor. Nach dem Springertausch und dem Schlagen 5. ... exf6 (5. ... gxf6 wird im nächsten Kapitel untersucht) erhält Weiß die Bauernmajorität am Damenflügel.

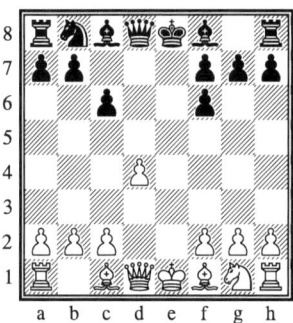

Der schwarze Aufbau hat jedoch auch seine Vorzüge. So kann Schwarz seine Figuren schnell entwickeln, der König steht nach der Rochade sehr sicher, und der doppelte f-Bauer kontrolliert wichtige Felder. Weiß kann in der d-Linie einen Freibauern bilden, aber dieser könnte zuverlässig blockiert werden.

Partie Nr. 29
Khalifman – Seirawan
Wijk aan Zee 1991

1. e4	c6
2. d4	d5
3. ♘c3	dxe4
4. ♘xe4	♘f6

Dieser Zug ist fast völlig durch die Fortsetzung 4. ... ♘d7 verdrängt worden, mit der die Entwicklung ♘gf6 vorbereitet wird. Hier aber entwickelt Schwarz seinen Königsspringer sofort und ohne den entstehenden Doppelbauern zu fürchten.

5. ♘xf6+

Der Zug 5. ♘g3 ist ein seltener Gast in der Turnierarena. Schwarz hat seinen Springer ins Spiel gebracht und Weiß Zeit für den Rückzug des seinen vergeudet.

5. ...   **exf6**

Dieses bescheidene Abspiel wurde wiederholt neu bewertet. Lange Zeit hielt man es für ungenügend wegen des Tarrasch-Manövers 6. ♗c4, das in der Regel zu weißem Vorteil führte.

1) In der wichtigen 20. WM-Partie Karpow – Kortschnoi (Baguio 1978) entwickelten sich die Ereignisse danach wie folgt: 6. ... ♘d7 7. ♘e2 ♗d6 8. 0-0 0-0 9. ♗f4 ♘b6 10. ♗d3 ♗e6 11. c3 ♘d5 12. ♗xd6 ♕xd6 13. ♕d2 ♖ad8 14. ♖fe1 g6 15. ♖ad1

♔g7 16. ♗e4 ♘c7 17. b3 ♖fe8 18. ♗b1 ♗g4 19. h3 ♗xe2 20. ♖xe2 ♖xe2 21. ♕xe2

Für Weiß ist es günstig, so viele Figuren wie möglich zu tauschen, aber die Damen auf dem Brett zu behalten. Durch das Vorrücken des c-Bauern nach c4 wird der Durchbruch d4-d5 angedroht, und Weiß erlangt entscheidenden Vorteil.

21. ... ♘d5 22. ♕d2 ♘f4 23. ♗e4 f5 24. ♗f3 h6 25. h4 ♘e6 26. ♕e3 ♘c7 27. c4 f4 28. ♕c3 ♕f6 29. ♕a5 ♘e6 30. d5 usw.

2) Nach 6. ... ♕e7+ gestaltet sich die Sache jedoch gar nicht schlecht für Schwarz, denn 7. ♕e2 ♗e6! 8. ♗b3 ♘d7 9. ♗f4 ♘b6 10. 0-0-0 ♘d5 führt zu bequemem Spiel (Tal – Bronstein, UdSSR 1974).

In jüngster Zeit wird der weiße Läufer öfter nach d3 entwickelt, worauf Schwarz es schwerer hat, Ausgleich zu erzielen. Die alten Fortsetzungen 6. ♘f3, 6. ♘e2 und 6. g3 sind hingegen weniger gefährlich.

6. c3   ♗d6

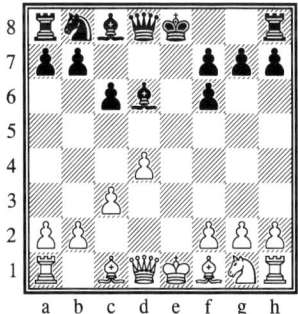

Den Zug 6. ... ♗e6 besprechen wir im Kommentar zur nächsten Partie. Eine weitere Möglichkeit besteht in 6. ... ♗f5.

1) Nach 7. ♕f3 ♕d7 8. ♘e2 ♗e7 9. ♘g3 ♗g4 10. ♕d3 0-0 11. h3 ♗e6 12. ♗e2 bekommt Weiß leichten Vorteil (Swidler – Ledger, Oakham 1990).

2) Bedeutend stärker ist gleich 7. ♘e2! In der Partie Nunn – Arkell (London 1987) erhielt Weiß nach 7. ... ♗d6 8. ♘g3 ♗g6 9. ♗c4 0-0 10. 0-0 ♖e8? 11. f4 b5 12. ♗b3 ♗e4 13. ♕h5 entscheidenden Vorteil.

7. ♗d3   0-0

Unglücklich manövrierte Schwarz in der Begegnung Karpow – Smyslow (Tilburg 1979): 7. ... ♕c7 8. ♘e2 ♗g4 9. ♗e3 ♘d7 10. ♕d2 ♗xe2 11. ♕xe2 0-0-0 12. 0-0 ♔b8 13. ♔b1 ♘b6 14. g3 ♔a8 15. ♕f3 ♘d5 16. ♗c1 ♘e7 17. ♗c4 ♘c8 18. ♖he1 h6 19. h4 h5 20. ♗b3, und an der weißen Überlegenheit besteht kein Zweifel.

8. ♘e2

Dem Zug 8. ♕c2 ist die folgende Partie gewidmet.

8. ...   ♖e8

9. 0-0

In dem Treffen Kudrin – King (Bayswater 1988) geschah 9. ♕c2 g6 10. h4 ♗e6 11. h5 f5 12. hxg6 fxg6 13. ♗h6 ♘d7 14. g4 ♗d5 15. 0-0-0! ♗xh1 16. ♖xh1 ♗f8 17. ♗d2 fxg4?

(Ein grober Fehler! Zu scharfem Spiel hätte 17. ... ♘b6! 18. gxf5 ♕d5 19. ♘g3 ♕xa2 geführt. Jetzt hingegen naht das Ende.)

18. ♕b3+! ♔g7 19. ♖xh7+! ♔xh7 20. ♕f7+ ♔h8 21. ♘f4 Schwarz gab auf.

9. ...   ♕c7

Auch nach 9. ... ♗g4 10. ♕c2 oder 9. ... ♘d7 10. ♗f4 bleibt Weiß im Vorteil.

10. ♘g3   ♗e6

1) Ungenügend ist 10. ... c5 11. dxc5 ♗xc5 wegen 12. ♘e4 – oder 10. ... g6 11. ♘e4 ♗e7 12. ♕f3 ♕d8 wegen 13. ♗f4.

2) Und ganz schlecht für Schwarz wäre 10. ... ♘d7? 11. ♘f5! ♗xh2+ 12. ♔h1 ♗f4 (12. ... ♗d6 13. ♗h6! g6 14. ♘xd6 ♕xd6 15. ♖e1) 13. ♕g4 g5 14. ♕h5.

11. f4

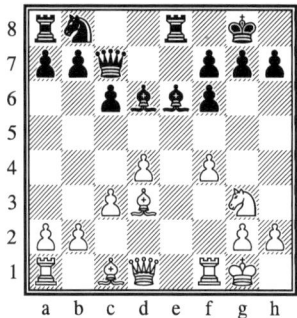

11. ...   c5

In der Partie Zapata – Hodgson (Palma de Mallorca 1989) geschah 11. ...

♘d7, und nach 12. f5 ♗d5 13. ♘h5!? g6 14. ♕g4 ♔h8 15. ♗h6 ♗f8 16. ♗xf8 ♖xf8 17. ♘f4 g5 18. ♘h5 b5 19. ♖fe1 ♖ae8 20. h4 geriet Schwarz in eine kritische Lage.

Die Neuerung c6-c5 ist nur wenig hilfreich. Wie in dieser Variante üblich, erhält Weiß einen starken Freibauern auf der d-Linie, der die feindlichen Kräfte bindet.

12. d5!   ♗d7

1) Sofort verlieren würde 12. ... ♗xd5 wegen 13. ♕h5 ♗e6 14. ♕xh7+ ♔f8 15. ♘h5.

2) Etwas besser ist 12. ... c4, aber nach 13. dxe6 cxd3 14. exf7+ ♔xf7 15. ♕xd3 ♗c5+ 16. ♔h1 ♘c6 17. ♕b5 ♗b6 18. f5! behält Weiß entscheidenden Vorteil.

13. c4   ♘a6
14. ♕f3   ♕b6
15. b3   ♗f8
16. ♗b2   ♘c7
17. ♗f5!

Schwächer ist 17. f5 wegen 17. ... ♘xd5! 18. cxd5

(Natürlich nicht 18. ♕xd5? ♗c6, und schon gewinnt Schwarz.)

18. ... c4+ mit verteilten Chancen.

17. ...   ♗xf5
18. ♘xf5   ♖ed8
19. ♖ae1   ♘e8
20. ♕h5

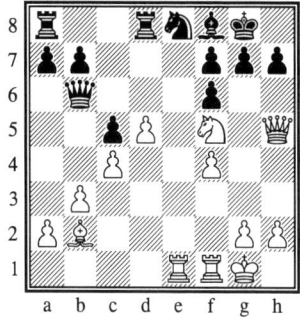

20. ...   ♕a5?

Dieser schwache Zug erlaubt es dem Weißen, den Kampf mit einer effektvollen Kombination zu beenden. Doch auch andere Fortsetzungen boten keine Rettung mehr, z. B. 20. ... ♘d6 21. ♘h6+ gxh6 22. ♕g4+ ♗g7 23. ♗xf6 ♘f5 24. ♗xd8 oder 20. ... g6 21. ♘h6+ ♗xh6 22. ♕xh6 ♘g7 23. f5.

21. ♖xe8!   ♖xe8
22. ♘h6+   gxh6

Auf 22. ... ♔h8 folgt ein ersticktes Matt: 23. ♕xf7 ♗e7 24. ♕g8+♖xg8 25. ♘f7#.

23. ♕g4+

Schwarz gab auf.

Kapitel 4

Das System
1. e4 c6 2. d4 d5 3. ♘c3 dxe4 4. ♘xe4 ♘f6 5. ♘xf6+ mit 5. ...gxf6

Dieses System wurde zu Beginn des vorigen Jahrhunderts von Aaron Nimzowitsch in die Praxis eingeführt. Erneut hat Schwarz seinen Königsspringer frühzeitig ins Spiel gebracht und lässt einen Doppelbauern zu. Indem er hier mit dem anderen Bauern auf f6 schlägt, rechnet er sich Angriffschancen auf der halboffenen g-Linie aus.

Partie Nr. 30
Sisniega – Jurtado
Mexiko 1992

1. e4	c6
2. d4	d5
3. ♘d2	dxe4
4. ♘xe4	♘f6
5. ♘xf6+	gxf6
6. ♗c4	

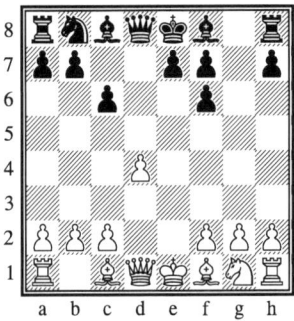

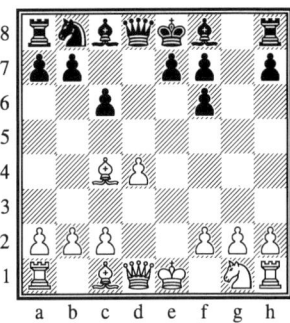

Das Bauerndreieck e6-f7-f6 kontrolliert das Zentrum und kann manchmal auch beim Angriff hilfreich sein. Die Mängel des Systems liegen in dem schwachen Bauern h7 und in der eingeschränkten Beweglichkeit des Doppelbauern. Das wird besonders beim Übergang ins Endspiel deutlich.

Eine der schärfsten Varianten. In der Regel ist Schwarz zu Beginn einer Partie bemüht, das Spiel auszugleichen. Hier jedoch zeigt er schon früh aggressive Absichten. Ob sie gerechtfertigt sind, sei dahingestellt. Auf jeden Fall ist die schwarze Bauernstruktur leicht beschädigt. Der Läuferzug nach c4 erscheint ganz natürlich. Weiß bedroht den Punkt f7, und Schwarz sollte jetzt mit seinem Läufer nach f5 gehen, um ihn nicht am Damenflügel einzusperren. Auf 6. ♘f3 gibt es

neben 6. ... ♗f5 auch die Antwort 6. ...
♗g4, und nach 7. ♗e2 ♛c7 8. 0-0
♘d7 9. c4 0-0-0 oder 9. ... ♖g8 hat
Schwarz ausreichendes Gegenspiel.
Weiß hat an dieser Stelle noch etliche
andere Möglichkeiten: 6. ♗e3, 6.
♗e2, 6. g3, 6. ♘e2, 6. ♛d3 und 6. c3.
Sie kommen jedoch viel seltener vor
als der Textzug und sind nicht
besonders gefährlich. Die ruhige, aber
populäre Fortsetzung 6. c3 sehen wir
uns in der nächsten Partie an.

6. ...   ♗f5
7. ♘e2   e6
8. 0-0

Auch hier wird mitunter 8. c3 gespielt, um das Zentrum zu befestigen.
Weiß kann auch den Plan mit der
langen Rochade verfolgen: 8. ♗e3
♘d7 9. ♘g3 ♗g6 10. h4 h5 11. ♗d3
♗xd3 12. ♛xd3 ♛a5+.
(Genauer ist 12. ... ♛c7 13. 0-0-0
0-0-0 mit weiterem Vorrücken des f-
Bauern.)
13. ♗d2 ♛d5 14. c4 ♛d6 15. 0-0-0
0-0-0 16. ♘e4 ♛c7 17. ♛e2 ♗e7 18.
♔b1 ♘f8 19. ♗c3 ♘g6 20. g3. In
Verbindung mit der Drohung d4-d5
verdienen die weißen Chancen den
Vorzug (Drejew – Senin, Sotschi
1982).

8. ...   ♗d6

Andere Möglichkeiten sind 8. ... h5
und 8. ... ♘d7.

9. ♗f4   ♛c7

Ein Standardmanöver, mit dem Weiß
gezwungen wird, sofort auf d6 zu
tauschen. Beachtung verdient auch
9. ... h5.

10. ♗xd6   ♛xd6
11. a4   ♘d7
12. a5   h5

Sicherer ist 12. ... a6, um die lange
Rochade vorzubereiten.

13. ♗d3!

Der Läufertausch ist günstig für Weiß,
denn je näher das Endspiel rückt,
desto spürbarer wird sein Vorteil.

13. ...   ♗xd3
14. ♛xd3   h4
15. c4   0-0-0

Jetzt war 15. ... a6 bereits lebensnot-
wendig, um die weiße Initiative zu
stoppen.

16. a6   b6
17. ♛f3!

Weiß zielt auf den Bauern c6 und
macht gleichzeitig seinem Springer
den Weg nach c3 frei.

17. ...   ♖dg8

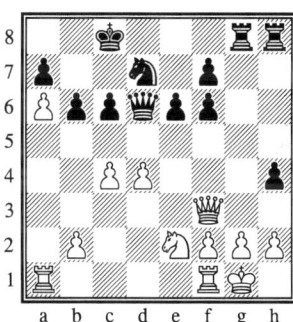

Dem Angriff auf der g-Linie ist wenig
Erfolg beschieden. Es war nötig, die
weiße Dame von der langen Diagonale abzudrängen: 17. ... e5 18. ♖fd1
exd4 19. ♖xd4 ♘e5.

18. ♘c3   f5
19. h3!

Dies erstickt jegliche Initiative von Schwarz im Keime. In der Partie Sisniega – Groszpeter (New York 1988) geschah 19. b4 ♖g4 20. c5 ♕c7 21. cxb6 ♘xb6 22. ♖fc1?!

(Auch hier ist 22. h3 besser, ohne das Abspiel 22. ... ♖xd4 23. ♖fc1 ♖c4 24. ♘a4! zu fürchten.)

22. ... ♖hg8 23. ♘b5 ♖xg2+ 24. ♔f1 ♕xh2 25. ♘xa7+ ♔d7 mit beiderseitigen Chancen.

1) Jetzt würde 26. ♘xc6! ♘d5 27. a7 ♖xf2+ 28. ♕xf2 ♕h1+ 29. ♔e2 ♕e4+ zum Ausgleich führen.

2) Hingegen steht Schwarz nach 26. ♕xc6+?! ♔e7 27. ♕c7+? ♕xc7 28. ♖xc7+ ♔f6 29. ♖a3 ♘d5 im Endspiel entschieden besser.

19. ...   ♖g5
20. ♔h1   ♖hg8
21. ♖g1

Das schwarze Spiel ist in eine Sackgasse geraten. Schon muss er mit dem Sprengungszug c4-c5 rechnen. Nach 21. ... ♕c7 wäre der Durchbruch 22. d5 möglich.

21. ...   e5
22. dxe5   ♘xe5
23. ♕f4   ♕e6
24. ♖ad1   f6
25. ♕xh4   ♕xc4

Hartnäckiger war 25. ... ♘xc4, worauf Sisniega den Damenflügel mit 26. b4! b5 27. ♕d4 öffnen wollte, damit der weiße Angriff weitergeht.

26. ♕h7   ♘f7

Nach 26. ... ♕f7 kann Weiß entweder seine Kräfte mit 27. ♕h4 ♕c4 28. f4 ♖5g6 29. ♕f2 günstig umgruppieren oder in ein vorteilhaftes Endspiel überleiten: 27. ♕xf7 ♘xf7 28. ♘e2 ♔c7 29. ♘d4 ♖e8 30. ♖ge1 ♖xe1+ 31. ♖xe1. Nun werden die schwachen gegnerischen Bauern aufs Korn genommen, und nach 31. ... ♔d6 32. f4 ♖h5 33. ♖d1 ♔c7 34. b4 ♘d8 35. ♔h2 hat Schwarz keine vernünftigen Züge mehr.

27. f4!   ♖5g6

Schwarz konnte jetzt die Dame gewinnen: 27. ... ♖h8 28. ♕xh8+♘xh8 29. fxg5 fxg5, aber nach 30. ♖ge1 ♘g6 31. ♘d5! wäre er völlig hilflos.

28. ♘d5!   ♖8g7
29. ♘e7+   ♔c7
30. ♕h5

Hier ist der Abtausch auf g6 schon nicht mehr angebracht, weil Schwarz über ein aktives Ross verfügt.

30. ...   ♖h6
31. ♕xf5   ♘d6
32. ♖xd6!

Eine Kombination zum Thema „Herauslocken des Königs aus seinem Versteck."

32. ...   ♔xd6
33. ♕c8!

Die Dame macht Platz für den Springer. Auf 33. ... ♖xe7 folgt 34. ♕d8+ ♖d7 35. ♖d1+ ♔c5 36. ♕xd7.

33. ...   ♔c5
34. ♕xc6+   ♔b4

35. ♕xc4+	♚xc4
36. ♘f5	♖gh7
37. ♘xh6	♖xh6
38. ♖e1	♚b5
39. ♖e6	♚xa6
40. ♚h2	♚b5
41. g4	

Schwarz gab auf.

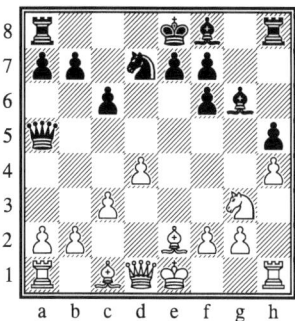

Partie Nr. 31
Adams – Spraggett
Hastings 1989/90

1. e4	c6
2. d4	d5
3. ♘d2	dxe4
4. ♘xe4	♘f6
5. ♘xf6+	gxf6
6. c3	

Ein bescheidener Zug, der von Nimzowitsch empfohlen wurde. Er hat jedoch auch einige Vorzüge. Weiß befestigt den Bauern d4, schützt sich vor einem Damenschach und behält sich den Platz für die Entwicklung seines Springers vor.

6....	♗f5
7. ♘f3	

Als gleichwertige Fortsetzung gilt 7. ♘e2. Sehen wir uns dazu die interessante Partie Hernandez – Landero (Sevilla 1992) an.

7. ♘e2 ♘d7

(Mit 7. ...h5 würde der Spielraum des weißfeldrigen Läufers im Fall von 8. ♘g3 erweitert.)

8. ♘g3 ♗g6 9. h4 h5 10. ♗e2 ♕a5

I) Nun besteht der traditionelle Weg in 11. b4 ♕c7 12. ♘xh5.

A) Nach dem Vorstoßversuch 12. ... a5?! zerstört Weiß den feindlichen Königsflügel: 13. ♘f4! axb4 14. ♘xg6 fxg6 15. ♕d3! bxc3 16. ♕xg6+ ♚d8 17. g3 e6 18. 0-0 ♗a3 19. ♗c4 ♖e8 20. ♖e1 mit klarem Vorteil, Liberzon – Pasman, Beer-Sheva 1984.

B) Eine stärkere Fortsetzung für Schwarz wäre 12. ... e5! 13. ♘g3 0-0-0 14. h5 ♗h7 15. ♕b3 ♘b6 mit Kompensation für den Bauern.

II) 11. a4!? e6 12. 0-0 ♗d6

A) 13. ♗f3 0-0-0 14. b4 ♕c7 15. b5 c5 16. a5 cxd4?

(Die letzte Chance bestand in 16. ... ♘b8 17. b6 axb6 18. axb6 ♕xb6.)

17. b6! axb6 18. cxd4 ♗xg3 19. fxg3 ♘e5 20. ♗f4 ♗c2 21. ♕d2 ♗b3 22. ♗xe5 fxe5 23. ♖fc1 Schwarz gab auf.

B) Besser ist 12. ... ♗e7, womit der Bauer h4 indirekt angegriffen wird.

1) Auf 13. ♗f3 geschieht 13. ...f5 14. ♗g5 ♗xg5 15. hxg5 f4, und die schwarze Dame kassiert den Bauern ein.

2) Energischer wäre jedoch 13. b4 ♕c7 14. ♗f3.

a) Nach 14. ... f5?! 15. ♗g5 ♗d6!? 16. ♘xh5 schlägt Weiß unter günstigeren Umständen auf h5.

b) Sicherer ist aber 14. ... 0-0-0 15. b5 ♘e5 16. ♗xh5 ♗xh5 17. ♘xh5 ♘c4, auch hier mit Kompensation für den Bauern.

7. ... **e6**

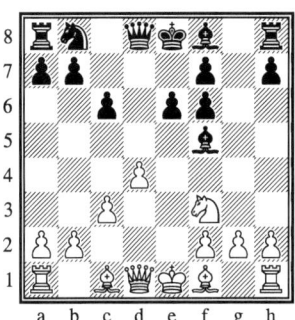

Der genaueste Zug. Er verhindert den Angriff auf den Läufer mit 8. ♘h4 ♗g6 9. f4 wegen der möglichen Erwiderung 9. ... f5 10. ♘f3 ♗h5.

1) Ein anderer Plan besteht in 7. ... ♕c7 mit Vorbereitung der langen Rochade. Danach kann Weiß seinen Läufer nach c4 oder g2 entwickeln.

2) Aufmerksamkeit verdient auch 7. ... ♘d7, um als Antwort auf 8. g3 die weißfeldrigen Läufer zu tauschen. (Auf 8. ♗f4 kommt 8. ... ♕a5 mit der Idee e7-e5 und der möglichen Folge 9. b4 ♕d5 in Frage.)

Z. B. geschah danach in der Partie Fedorowicz – Roos (Frankreich 1990) 8. ... ♘b6 9. ♗g2 ♕d7 10. 0-0 ♗h3 11. ♗xh3 ♕xh3 12. a4 ♕f5 13. a5 ♘d5 14. c4 ♘c7 15. ♗f4 0-0-0 mit kompliziertem Spiel.

8. g3

Die Alternative lautet 8. ♗f4 ♗d6 9. ♗g3! ♕e7 10. ♗e2 ♘d7 11. 0-0 0-0-0.

8. ... **♘d7**

Folgt hier schablonenhaft 8. ... ♕d5, so behält Weiß nach 9. ♗g2 die besseren Aussichten im Endspiel: 9. ... ♕e4+ 10. ♗e3 ♕c2 11. ♘h4 ♕xd1+ 12. ♖xd1 ♗g4 (12. ... ♗g6 13. ♘xg6 hxg6 14. 0-0 ♘d7 15. c4) 13. f3 ♗h5 14. g4 ♗g6 15. f4, und Weiß steht klar überlegen (Pugatschow – Wasjukow, Russland 1994).

9. ♗g2 **♗g7**
10. 0-0 **0-0**
11. ♘h4

Zu gleichem Spiel würde der Tausch der schwarzfeldrigen Läufer führen: 11. ♗e3 ♘b6 12. ♕c1 ♘d5 13. ♗h6 ♗g6 14. ♗xg7 ♔xg7 15. c4 ♘e7 16. ♕c3 ♕b6 (De Firmian – Seirawan, Philadelphia 1987). Möglich ist hier aber auch 11. a4.

11. ... **♗g6**
12. a4 **a5**
13. ♗f4

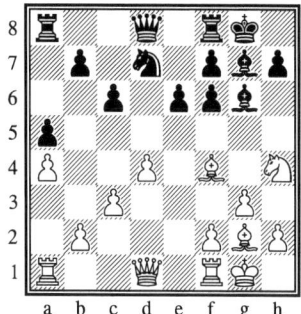

Die höchst unterschiedliche Postierung der Läufer fällt deutlich ins Auge. Das weiße Duo attackiert wichtige Punkte am Damenflügel, während das schwarze so gut wie nichts leistet, zumal der eine durch den f-Bauern verstellt wird.

13. ... ♘b6

13. ... ♕b6 nebst ♖fd8 wäre gut, um die Bauernbewegung am Damenflügel zu bremsen.

14. ♕b3! ♗d3?!

Der Druck auf der b-Linie ist sehr unangenehm, denn schon droht der Angriff 15. c4. Danach würde 15. ... ♕xd4 an 16. ♗e3 scheitern. Die Stellung war nur mit dem hässlichen Zug 14. ... ♖a6 zu halten.

15. ♖fd1 ♗c4
16. ♕c2 ♘d5
17. b3 ♘xf4

Zäher war 17. ... ♗a6. Nach dem Abtausch der Leichtfiguren entsteht ein Endspiel, in dem der weiße Springer viel beweglicher als der gegnerische Läufer ist.

18. bxc4 ♘xg2
19. ♘xg2 ♕c7
20. ♖ab1 b6

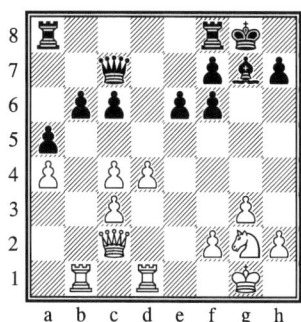

21. d5

Weiß öffnet die Stellung und geht auf die vielen gegnerischen Schwächen los.

21. ... cxd5
22. cxd5 ♖ac8
23. dxe6 fxe6
24. ♘f4 ♖fe8
25. ♕b3! ♗h6

Die Aktivierung des Läufers kommt zu spät. Hoffnungslos war auch 25. ... ♕xc3 26. ♕xc3 ♖xc3 27. ♖xb6 e5 28. ♘h5 ♖e7 29. ♖d5.

26. ♘xe6 ♕xc3
27. ♕xc3 ♖xc3
28. ♖xb6 ♖c4
29. ♖d7 ♖c1+

Nach 29. ... ♖xa4 30. ♘c7 ♖f8 31. ♘d5 ♗g7 32. ♖bb7 kann Schwarz weiteren Materialverlust nicht vermeiden.

30. ♔g2 ♖c2
31. ♔f3 ♖a2

32. ♘c7	♖ee2
33. ♖b8+	♗f8
34. ♔g4	♖xf2
35. h4	♖xa4+
36. ♔h3	♖a2
37. ♘e6	

Schwarz gab auf.

Kapitel 5

Das klassische System
1. e4 c6 2. d4 d5 3. ♘c3 dxe4 4. ♘xe4 ♗f5

In diesem alten System löst Schwarz das Problem des weißfeldrigen Läufers, indem er ihn vor dem Zug e7-e6 entwickelt. Dabei muss er sich jedoch auf eine forcierte Variante einlassen, die dem Anziehenden erlaubt, permanenten Druck am Königsflügel auszuüben.

Nach den Standardzügen 5. ♘g3 ♗g6 6. h4 h6 7. ♘f3 ♘d7 8. h5 ♗h7 9. ♗d3 ♗xd3 10. ♕xd3 e6 ergibt sich diese typische Bauernstruktur.

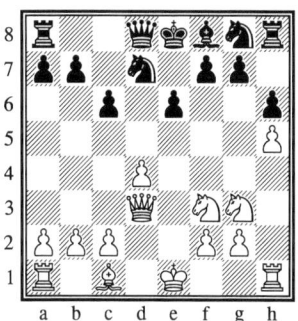

Der Bauer h5 paralysiert teilweise den schwarzen Königsflügel. Weiß strebt mit seinem Springer nach e5. Wird er dort getauscht, so nimmt der Bauer d4 seinen Platz ein, und die lähmende Wirkung der Bauern e5 und h5 wird noch spürbarer. Schwarz rochiert in der Regel lang, übt Druck auf den Punkt d4 aus und versucht, sich mit dem Sprengungszug c6-c5 zu befreien. Im Endspiel wird der von der Basis getrennte weiße h-Bauer häufig zum Angriffsobjekt.

Partie Nr. 32
Sax – Karpow
Haninge 1990

1. e4	c6
2. d4	d5
3. ♘d2	dxe4
4. ♘xe4	♗f5

In jüngster Zeit spiele ich fast ausschließlich 4. ... ♘d7, aber hin und wieder wende ich zur Abwechslung auch das klassische System an.

5. ♘g3

Seltener kommt das Springermanöver 5. ♘c5 vor, welches nicht ohne Gift ist.

1) Auf 5. ... b6 geht das Ross nach b3 zurück, und danach wird der weißfeldrige Läufer fianchettiert. Weiß übt gewissen Druck am Damenflügel aus.

2) Nach 5. ... e5 leitet Weiß sogleich mit 6. ♘xb7 ♕xd4 7. ♕xd4 exd4 8. ♗d3 von der Eröffnung in ein vorteilhaftes Endspiel über.

3) Die genaueste Antwort ist 5. ... ♕b6, wonach die Theorie folgende Variante anführt: 6. ♘f3 e6 7. ♘b3 ♘d7 8. ♗d3 ♗g6 9. 0-0 ♘gf6 10. c4

♛c7 11. ♖e1 ♗b4 12. ♖e3, und hier geschieht anstelle von 12. ... 0-0-0 (Arnason – Miles, Esbjerg 1984) besser sofort 12. ... ♗d6 mit etwa gleichen Aussichten.

5. ...   **♗g6**
6. h4

Die alten Züge 6. f4, 6. ♘1e2, 6. ♘f3 und 6. ♗c4 sind praktisch aus der Mode gekommen. Wir werden die Fortsetzung 6. ♗c4 aber in Partie Nr. 39 behandeln.

6. ...   **h6**
7. ♘f3   **♘d7**

Dem Zug 7. ... ♘f6 sind die Partien Nr. 37 und 38 gewidmet.

8. h5

Es versteht sich, dass Weiß den Bauern unter Tempogewinn weiter vorzieht, ehe er den Läufertausch anbietet.

8. ...   **♗h7**
9. ♗d3   **♗xd3**
10. ♛xd3   **e6**

Die anderen Möglichkeiten 10. ... ♛c7 und 10. ... ♘gf6 bedeuten häufig nur Zugumstellung.

11. ♗d2

Sehr exotisch sieht 11. ♖h4 aus. Nach 11. ♗f4 ♛a5+ hat Weiß nichts Besseres als 12. ♗d2 ♛c7 mit der gleichen Stellung wie im Text. So wird gern gespielt, um Zeit zu gewinnen, die ja später knapp werden kann. Die zusätzlichen Manöver von Läufer und Dame schenken wir uns hier, damit

wir nicht mit der Nummerierung der Züge durcheinander kommen.

11. ...   **♛c7**

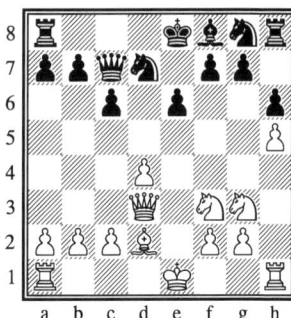

12. 0-0-0

Nicht selten kam in meiner Praxis das populäre 12. ♛e2 vor. Ich habe diesen Zug mit Weiß gespielt und wzrde auch als Schwarzer damit konfrontiert. Hier sind einige ältere Beispiele nach 12. ... ♘gf6 13. c4:

1) 13. ... 0-0-0

a) 14. c5 ♘g8! 15. b4 g6 16. ♖b1 gxh5 17. ♔f1 ♖g4 18. ♖b3! ♔b8 19. ♘xh5 ♘xh5 20. ♖xh5 ♘f6 21. ♖e5 ♗g7 22. b5 ♘d5 23. b6 axb6 24. cxb6 ♛d6 Schwarz konnte sich verteidigen; Karpow – Hort (Ljubljana 1975).

b) Genauer ist 14. ♘e5 ♘b6 15. c5 ♘bd5.

(Hier ist ein interessanter taktischer Schlag möglich: 15. ... ♗xc5 16. dxc5 ♖xd2! 17. ♔xd2 ♛xe5 18. ♛xe5 ♘c4+ nebst 19. ... ♘xe5 mit aktivem Spiel für die Qualität.)

16. 0-0 ♕e7 17. ♕f3 ♘c7 18. ♗e3 ♕e8 19. b4 ♗e7 20. a4 Weiß hat starken Angriff (Bach – Teschner, Berlin 1976).

2) Die Position mit 13. ... ♗d6 kam (durch Zugumstellung) in der 8. Partie des WM-Kandidatenmatchs Spasski – Karpow (Leningrad 1974) vor. Speziell gegen den Exweltmeister hatte ich Caro-Kann sorgfältig vorbereitet. Weiter geschah 14. ♘f5 ♗f4.

(Ungünstig für Schwarz ist es, den Tausch auf d6 zuzulassen: 14. ... 0-0-0 15. ♘xd6+ ♕xd6 16. ♗a5! ♖de8 17. ♘e5 ♕e7 18. ♗c3 ♖d8 19. f4 ♘xe5 20. fxe5 ♘h7 21. 0-0-0 ♘g5 22. a3 f5 23. exf6 gxf6 24. ♖hf1 ♖he8 25. ♖de1 mit spürbarem Vorteil, Karpow – Pomar, Nizza 1974.)

15. ♗xf4 ♕xf4 16. ♘e3

a) Nun spielte ich 16. ... ♕c7, weil ich das zweischneidige 17. 0-0-0 b5!? anstrebte. Nach 18. cxb5 cxb5+ 19. ♔b1 0-0 20. g4 ♘e4 hätte Weiß 21. ♘g2!? ziehen und einen gefährlichen Angriff starten können.

b) In der Partie Tal – Portisch (Bugoino 1978) führte das genauere 16. ... c5! 17. ♘d5 ♘xd5 18. cxd5 0-0 19. dxe6 ♖fe8 20. 0-0 ♖xe6 21. ♕b5 ♕c7 22. ♖ac1 a6 zu etwa gleichem Spiel.

    12. ...   **♘gf6**
    13. ♘e4

Beliebt ist auch 13. ♕e2 0-0-0 14. ♘e5, was später betrachtet wird.

    13. ...   **0-0-0**
    14. g3

Der abwartende Zug 14. ♔b1 erlaubte es Schwarz in der Partie Van der Wiel – Portisch (Europacup 1985), nach 14. ... c5! 15. ♘xf6 ♘xf6 16. ♕a3 ♔b8 17. ♕a4 c4! die Initiative zu übernehmen.

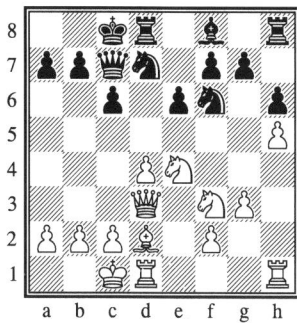

Die letzten beiden Züge wurden von Geller in die Praxis eingeführt. Weiß droht, mit ♗d2-f4 eine wichtige Diagonale zu besetzen. Die Verteidigung besteht in dem Befreiungszug c6-c5, wofür es nötig ist, den zentralen weißen Springer zu tauschen.

    14. ...   **♘c5**

Schwarz nutzt die Konfrontation von Turm und Dame. Die Figur nimmt das Feld ein, welches für den c-Bauern bestimmt ist, und jetzt muss die weiße Dame dem Röntgenblick des Turms ausweichen. Das direkte 14. ... c5 führt nach 15. ♗f4 c4 16. ♕e2 ♕c6 17. ♘xf6 gxf6 18. d5! exd5 19. ♘d4 ♕a6 20. ♔b1 ♗d6 21. ♕f3 ♗xf4 22. ♕xf4 ♘e5 23. ♕f5+ ♔b8

24. f4 zu weißem Vorteil (Zeschkowski – Kasparow, UdSSR-Meisterschaft 1978).

Die Alternative zu dem feinen Manöver ♘c5 besteht im Tausch auf e4 (siehe folgende Partie).

15. ♘xc5   ♗xc5
16. c4

Hier ein Blick auf andere Fortsetzungen.

1) In der Begegnung I. Saizew – Petrosjan (Moskau 1968) geschah 16. ♔b1 ♗d6 17. c4 c5 mit gleichem Spiel.

2) Bekannt ist auch der Zug 16. ♕c4. Danach folgte in der Partie Ljubojevic – Karpow (Linares 1981) 16. ... ♗d6 17. ♕a4 ♔b8 18. ♘e5 ♘d5 19. f4 ♘b6 20. ♕b3 ♗xe5 21. dxe5 ♘d5. Mit 22. c4?! schwächte Weiß seine Stellung und verlor im Endspiel. Nach 22. ♕f3! hätte er hingegen leichten Vorteil bewahrt.

3) Eine weitere Möglichkeit besteht in 16. ♕e2, wonach der schwarze Läufer entweder nach b6 oder d6 zurückgeht.

a) Wir folgen zunächst der Partie Karpow – Miles (Amsterdam 1985), in der 16. ... ♗b6 geschah.

(Günstig für Weiß wäre 16. ... ♗xd4 17. ♗f4 e5 18. ♗xe5 ♗xe5 19. ♘xe5 ♖xd1+ 20. ♖xd1 ♖d8 21. ♖f1 ♕e7 22. ♖e1 ♕e6 23. b3 ♖d4 24. f3 ♘d7 25. ♘g4!?; Kruppa – Chenkin, Minsk 1990.)

17. ♗f4

(Vielleicht war es besser, den Turm sofort ins Spiel zu bringen: 17. ♖h4 ♖d7 18. c4 c5 19. ♗c3.

Zum Ausgleich führt 17. c3 ♕e7 18. ♘e5 ♔b8 19. g4 ♘d7 20. ♘xd7+ ♕xd7 21. ♕e5+ ♗c7 22. ♕xg7 ♕d5 23. ♕f6 ♕xa2 24. ♗xh6 e5 25. ♗e3 exd4 26. cxd4 c5, Geller – Campora, Amsterdam 1987.)

17. ... ♕e7 18. c4 ♖he8 19. ♕e5 ♗c7 20. ♕xc7+ ♕xc7 21. ♗xc7 ♔xc7 22. ♖h4 ♖e7 23. ♘e5 ♘d7

(In Ermenkow – Campora, Amsterdam 1985, folgte 23. ... b5 24. b3 bxc4 25. bxc4 ♖b8 26. ♖d3 ♔d6 27. ♖a3 ♖c7 28. ♖a6 ♖bc8 29. ♖f4, und Weiß bewahrte ebenfalls die besseren Chancen.)

24. ♖f4 ♖f8 25. ♔c2 ♘xe5 26. dxe5 ♖d7 27. ♖xd7+ ♔xd7 28. c5. Das entstandene Turmendspiel ist objektiv remis, aber mir gelang es schließlich, meinen Kontrahenten zu überlisten.

b) Der andere Läuferrückzug 16. ... ♗d6 folgte in der Partie Geller – Saidy (New York 1990): 17. c4 c5 18. ♗c3 ♖he8 19. dxc5 ♕xc5 20. ♘d4 a6 21. f4 ♗c7.

(Aufmerksamkeit verdient 21. ... e5, denn hier bringt das zu forsche 22. ♘f5? exf4 23. ♘xd6+ ♖xd6 Schwarz in Vorteil. Richtig ist 22. ♘b3 ♕c7 23. ♗a5 b6 24. c5 ♗xc5 25. ♕xa6+ ♔b8 mit kompliziertem Spiel.)

22. b4! ♕e7 23. ♔b2 ♖d7 24. ♖d2

♖ed8 25. ♖hd1 ♗b6 26. c5 ♗c7 27. c6 ♖d5 28. cxb7+ ♔xb7 29. ♕f3! ♕d7 30. g4 ♔a7 31. g5 ♘e8 32. g6 fxg6 33. hxg6 ♗b6 34. f5! ♗xd4 35. ♗xd4+ ♔b8 36. fxe6 ♕xe6 37. ♗a7+! ♔xa7 38. ♖xd5 ♖xd5 39. ♕xd5 Schwarz gab auf.

16. ...   ♗d6

In dem Treffen Van der Wiel – Miles (Tilburg 1984) riss Schwarz nach 16. ... ♗b6 schon bald die Initiative an sich.

(Der Zug 16. ... ♖he8 führte in der Partie Christiansen – Chandler, Wijk aan Zee 1982, zu deutlichem weißem Vorteil: 17. ♗c3 ♔b8 18. ♕e2 ♗f8 19. ♘e5 c5 20. dxc5 ♗xc5 21. f4.)

1) 17. ♗c3

(Schnell endete die Begegnung Miles – Hort, Bath 1983: 17. ♗f4 ♕e7 18. ♕e3 ♖he8 19. ♔b1 Remis.)

17. ... ♖he8 18. ♕e2

(Gutes Spiel bekam Weiß auch in der Partie Tal – Miles, Bugoino 1984: 18. ♔b1 a6 19. ♕c2 ♖e7 20. ♘e5 ♗a5 21. b4 ♗b6 22. a4 ♕b8!)

18. ... c5 19. ♔b1 ♖e7 20. a3 cxd4

2) Der Läuferrückzug nach b6 bringt Schwarz allerdings keinen Ausgleich, wie die Partie De Firmian – Miles (Tunis 1985) zeigte: 17. ♔b1 c5 18. ♗f4! ♕e7 19. d5 ♖he8

(Unzureichend ist auch 19. ... exd5 20. ♖he1 ♕d7 21. ♘e5 ♕e6 22. ♘g6 dxc4 23. ♘e7+ ♔xe7 24. ♕f5+ ♕e6 25. ♖xd8+.)

20. ♖he1 ♕f8 21. ♘e5 ♗c7 22. ♕f3 Weiß steht besser.

17. ♗c3   ♔b8

Auf 17. ... c5 folgt 18. d5.

18. ♕e2   ♔a8

Beachtung verdiente 18. ... c5 19. dxc5 ♗xc5.

1) 20. b4 ♗d6 21. c5 ♘d5 22. ♖xd5 exd5 23. ♕c2 d4 24. ♗xd4 ♕c6 mit beidseitigen Chancen.

2) Oder 20. ♗e5 ♗d6 21. ♖xd6 ♖xd6 22. ♗xd6 ♕xd6 23. ♘e5 mit gewissem Druck am Damenflügel.

19. ♔b1   b5!

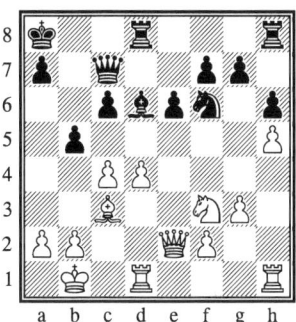

Durch dieses Bauernopfer verschafft Schwarz sich Stützpunkte für seine Figuren, insbesondere natürlich den auf d5. – Auch hier kann übrigens auf 19. ... c5 der starke Vorstoß 20. d5 erfolgen.

20. cxb5

In der Partie Timoschenko – Marusenko (Budapest 1991) brachte Weiß die wichtige Neuerung 20. d5!

1) Es folgte 20. ... bxc4 21. ♗xf6.

(Stärker war 21. dxe6! ♘d5 22. ♗xg7 ♖hg8 23. ♗d4 c3 24. exf7 ♕xf7 25. ♗xc3 mit Vorteil.)

21. ... gxf6 22. dxe6 c3! 23. exf7 ♕xf7 24. ♘d4 ♕h7+ 25. ♔c2 ♕xc2+ 26. ♔xc2 cxb2 27. ♘e6 ♖d7 28. ♖d3! In einem scharfen Endspiel behielt Weiß die Oberhand.

2) Zur Bewertung dieser Neuerung sollte man unbedingt auch die Variante 20. ... cxd5 21. ♗xf6 gxf6 22. cxd5 ♕c4! untersuchen; z.B. 23. ♕xc4 bxc4 24. dxe6 fxe6 25. ♘d4. (25. ♖h4 ♗c5 bereitet Schwarz keine Sorgen.)

25. ... ♗c5 26. ♘xe6 ♖xd1+ 27. ♖xd1 ♗xf2 28. g4 ♖h7! (Schlecht ist 28. ... ♖g8? 29. ♖d8+ ♖xd8 30. ♘xd8 ♗g3 31. ♘f7 ♗f4 mit Gewinnstellung für Weiß.)

29. ♖f1 ♖e7 30. ♖xf2 ♖xe6 31. ♖f4 Allerdings muss Schwarz in diesem Turmendspiel ums Remis kämpfen.

20. ...   **♖b8**

Falls 20. ... cxb5, so geschieht 21. d5!? ♘xd5 22. ♗xg7 ♖h7 23. ♗d4!? mit besseren Chancen für Weiß.

21. bxc6   ♕xc6

Für den Bauern hat Schwarz gutes Figurenspiel.

22. ♖c1   ♕d5!
23. ♘d2   Remis.

Das Ergebnis geht in Ordnung, wie man sich überzeugen kann: 23. ... ♖hc8 24. ♔a1 (24. ♖h4 ♕f5+ 25. ♘e4 ♘d5!; 24. ♘b3 ♘e4!?) 24. ...

♖xc3! 25. bxc3 ♗a3 26. ♖b1 (26. ♘b3 ♗xc1 27. ♖xc1 ♕xh5) 26. ... ♗b2+ 27. ♖xb2 ♕xh1+ 28. ♖b1 ♕xh5 mit völligem Ausgleich.

Partie Nr. 33
Tiwjakow – Miles
Moskau 1989

1. e4	c6
2. d4	d5
3. ♘d2	dxe4
4. ♘xe4	♗f5
5. ♘g3	♗g6
6. h4	h6
7. ♘f3	♘d7
8. h5	♗h7
9. ♗d3	♗xd3
10. ♕xd3	♕c7
11. ♗d2	e6
12. 0-0-0	0-0-0
13. ♘e4	♘gf6
14. g3	Sxe4
15. ♕xe4	♗d6

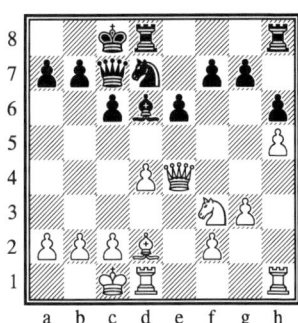

1) In der Partie Tal – Hübner (Montreal 1979) folgte 15. ... ♘f6 16. ♕e2 c5 17. dxc5 ♗xc5 18. ♖h4 ♔b8? (notwendig war 18. ... ♘d5!) 19. ♗f4

Kapitel 5 – Klassisches System **129**

♗d6 20. ♖xd6! ♖xd6 21. ♘e5!, und Schwarz konnte sich nicht retten.

2) Nicht so gut stünde der Läufer nach 15. ... ♗e7; z. B. 16. ♔b1 ♖he8 17. ♕e2 ♗d6 18. ♖he1.

a) Nach 18. ... ♘f6 19. ♘e5 c5 20. dxc5 ♗xe5 21. ♕xe5 ♕xe5 22. ♖xe5 ♖d4 hat Schwarz Probleme (Geller – Kasparow, UdSSR-Meisterschaft 1978).

b) Deshalb spielte Kasparow diese Variante später lieber mit Weiß: 18. ... ♖e7 19. c4 c5 20. ♗c3 mit starkem Druck (Kasparow – Vukic, Skara 1980).

16. c4   c5
17. d5!?

1) Der neutrale Zug 17. ♔b1 bringt Schwarz gutes Spiel ein.

a) 17. ... ♖he8 18. ♗c3 ♘f6 19. ♕e2 ♕c6 20. ♖h4 ♗c7 21. ♘e5 ♗xe5 22. ♕xe5 ♖d7 23. ♖c1 cxd4 24. ♗xd4 b6, und Schwarz übernahm die Initiative (De Firmian – Adianto, San Francisco 1987).

b) Ein anderes Beispiel: 17. ... ♘f6 18. ♕e2 cxd4 19. ♘xd4 ♗xg3 20. ♘xe6 ♖he8 21. fxg3 ♖xe6 22. ♕f3 ♕c6 23. ♕xc6+ ♖xc6 24. b3 ♖cd6. Weiß musste im Endspiel ums Remis kämpfen (Spasski – Izeta, Oviedo 1991).

2) Neben dem Zentrumsdurchbruch hat Weiß auch die ruhige Fortsetzung 17. ♗c3, um das wichtige Feld e5 unter Kontrolle zu nehmen und den Bauern g7 anzugreifen. 17. ... cxd4

a) In der Partie Hjartarson – Timman (Amsterdam 1989) folgte 18. ♘xd4!? ♘c5 (18. ... ♕xc4? 19. ♘f5!) 19. ♕c2.

(Richtig war 19. ♕e3!?, um den Punkt e5 zu kontrollieren. Nach 19. ... a6 20. ♘f3 verdient die weiße Stellung etwas den Vorzug.)

19. ... a6 20. ♖he1 ♗e7 21. ♔b1 ♗f6 22. f4?!

(Ausgleich ergibt 22. ♘b3.)

22. ... ♖d7 23. ♘f3!?

(Wieder war 23. ♘b3 genauer.)

Nach Turmtausch erhielt Schwarz die besseren Chancen im Endspiel: 23. ... ♖xd1+ 24. ♖xd1 ♖d8 25. ♖xd8+ ♕xd8 26. ♗xf6 gxf6 27. a3 f5 28. ♔a2 f6! 29. b4 ♘e4 30. g4 ♕d6 31. gxf5 ♕xf4 32. ♕g2 ♘g5! mit Gewinn.

b) Nach 18. ♗xd4 kann Schwarz sich leichter verteidigen und den Bauern h5 attackieren: ♘f6 19. ♕e2 ♕a5 20. ♔b1 ♕f5+ 21. ♔a1 ♗b8!? 22. ♕e3 ♖d7 23. ♗e5 ♘g4 24. ♕c5+ ♖c7 25. ♕d4 ♕xf3 26. ♗xc7 ♗xc7 27. ♕xa7 ♘e5 mit baldiger weißer Kapitulation (Hellers – Miles, Biel 1989).

17. ...   ♘f6

1) Es lohnt sich nicht, den Bauern d5 sofort zu nehmen: 17. ... exd5 18. cxd5.

(Nicht jedoch 18. ♕xd5 ♘b6 19. ♕f5+ ♔b8 20. ♗a5 g6 21. hxg6 fxg6 22. ♕xg6 ♕c6 23. ♕h5 ♕a4 24.

♗xb6 ♕xc4+ 25. ♔b1 ♕e4+ 26. ♔a1 axb6, denn Schwarz ergreift nach dem Rückgewinn des Bauern die Initiative, Solomon – Adianto, Sydney 1991.)

18. ... ♔b8 19. ♗c3 ♖hg8 20. ♖he1 ♔a8 21. ♘h4 b5 22. ♘f5, und Weiß gewann schnell (Beikert – Bernai, Capelle la Grande 1991).

2) In der Partie Iwanow – Miles (Philadelphia 1989) zog Schwarz 17. ... ♖he8, und nach 18. ♗c3 exd5 19. ♕xd5 hätte er durch 19. ...♗e5! (anstelle von 19. ... ♘e5?) gutes Spiel bekommen können.

18. ♕c2   exd5

Hier hat der Zwischenzug 18. ...♖he8 schon keinen Erfolg mehr: 19. ♗c3 exd5 20. ♗xf6 gxf6 21. ♖xd5, und die Schwäche der schwarzen Bauern am Königsflügel kann sich auswirken.

19. cxd5   ♖he8
20. ♗c3

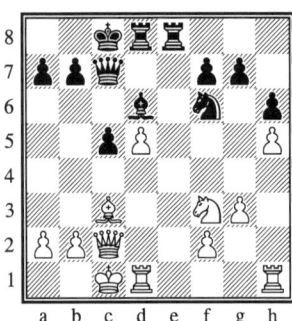

20. ...   ♔b8
21. ♖h4

Jetzt sollte Weiß dem Gegner besser sofort einen Doppelbauer zufügen, was ihm nach 21. ♗xf6 gxf6 22. ♘h4 etwas bessere Chancen gegeben hätte.

21. ...   ♕d7!

Schwarz ist bereit, seine Türme auf der e-Linie zu verdoppeln, was völligen Ausgleich verheißt.

22. ♗xf6   gxf6
23. ♖e4   f5

Gut ist auch 23. ... ♖xe4 24. ♕xe4 f5!? nebst f5-f4.

24. ♖xe8   ♖xe8
25. ♘h4

Nach 25. ♖e1? ♖xe1+ 26. ♘xe1 f4! würde Schwarz seinen schwachen Bauer los und vortreffliche Aussichten erhalten.

25. ...   ♖e4

Beachtung verdiente auch 25. ... ♖e5!?.

26. ♔b1   ♗e5

Oder 26. ... a6 27. a3 mit Ausgleich.

27. ♕xc5   ♖e2
28. ♕f8+

Das einzig Richtige. Sonst könnte Weiß sich im Endspiel nicht halten.

28. ...   ♕c8
29. ♕xc8+   ♔xc8
30. ♖c1+   ♔d7
31. ♖c2   ♖e1+
32. ♖c1   ♖e2
33. ♖c2   Remis.

Partie Nr. 34
Iwantschuk – Seirawan
Novi Sad 1990

1. e4	c6
2. d4	d5
3. ♘c3	dxe4
4. ♘xe4	♗f5
5. ♘g3	♗g6
6. h4	h6
7. ♘f3	♘d7
8. h5	♗h7
9. ♗d3	♗xd3
10. ♕xd3	♘gf6

Die Züge e7-e6 und ♕c7 kann Schwarz auch etwas später ausführen. Wenn Weiß seinen Läufer nach f4 stellen will, so wird das selbst durch 10. ... ♕c7 nicht verhindert, weil darauf 11. ♖h4 e6 12. ♗f4 folgt.

11. ♗f4	e6
12. 0-0-0	♗e7
13. c4	

Häufig kommt auch 13. ♔b1 vor. Sehen wir uns die Partie Bologan – Anand (Dortmund 2003) an: 13. ... ♕a5 14. ♘e5 ♖d8. (Vernünftiger war 14. ... 0-0 15. ♘xd7 ♘xd7 16. ♘e4 mit nur geringem weißem Vorteil.) 15. ♕e2 (Besser ist 15. ♘c4 ♕b5 16. ♗c7 ♖c8 17. ♘d6+ ♗xd6 18. ♗xd6 ♕xd3 19. ♖xd3, Timman – Larsen, Amsterdam 1980.) 15. ... 0-0 16. ♘g6

Diesen Zug hat seinerzeit schon Tal analysiert. Er war der Ansicht, es sei gefährlich für Schwarz, den Springer auf g6 zu schlagen, und die Folgen gaben ihm Recht.

16. ... ♖fe8 17. ♘xe7+ ♖xe7 19. ♖he1 ♖ee8 20. ♖d3 ♕d5 Schwarz hat gleichwertiges Spiel. Anand griff danach jedoch fehl, geriet in einen Angriff und verlor die Partie.

13. ...	b5!?

Der uns schon bekannte Gegenschlag. Dieses Mal aber erfolgt er im frühen Partiestadium. Schwarz kämpft wie gewohnt um die zentralen Felder.

14. c5!

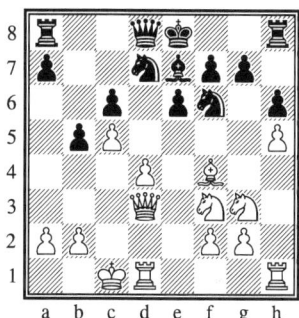

Die richtige Reaktion! Weiß überlässt dem Gegner völlig den Punkt d5, denn er hat dank seiner vorgeschobenen Bauern c5 und h5 bereits großen Raumvorteil. Jetzt kann Weiß den Gegner in die Zange nehmen, weil dessen übliches Konterspiel auf der a- und b-Linie ausbleibt. Im Falle von 14. cxb5? cxb5 15. ♕xb5 0-0 hätte der Nachziehende reichlich Angriffsmöglichkeiten am Damenflügel.

14. ...　　　0-0

Damit begibt sich Seirawan am Königsflügel in Gefahr, weil der weiße g-Bauer vorstoßen kann.

1) Besser war es, den König am Damenflügel in Sicherheit zu bringen: 14. ... ♘d5 15. ♗d2 ♕c7 16. ♘e2 0-0-0. Aber nach 17. g3 nebst 18. ♘f4 steht Weiß leicht besser.

2) In der Partie Iwantschuk – Kortschnoi (Monaco 1993) führte 14. ... a5 15. ♘f1 a4 16. ♘e3 ♕a5 17. g4 0-0-0 18. ♔b1 ♔b7 19. ♕c2 ♖he8 20. ♖dg1 a3 zu unklarem Spiel.

15. ♔b1　　　a5
16. ♗c1

Möglich ist auch sofort 16. ♘e2, um dem g-Bauern den Weg zu öffnen. Nach 16. ♘e4 ♘xe4 17. ♕xe4 ♖c8 18. ♘e5 ♘f6 19. ♕e2 ♘d5 20. ♗c1 a4 hat Schwarz eine feste Stellung.

16. ...　　　a4

Nach 16. ... ♕b8 17. ♘e2 ♘d5 18. g4! ♕d8 19. ♖dg1 ♗g5 20. ♘xg5 hxg5 21. ♕d2 f6 22. ♕d3 schafft Weiß gefährliche Drohungen.

17. ♘e2　　　♕b8

Zieht Schwarz 17. ... ♘g4, so könnte die Partie nach 18. ♖hf1 (18. ♖df1? ♘xc5!) 18. ... ♕c8 19. ♕e4 ♘gf6 20. ♕c2 ♘g4 mit Zugwiederholung enden. Aber 19. ♘e1 nebst f2-f3 und g2-g4 eröffnet Weiß bessere Perspektiven.

18. g4

Das Einschieben der Züge 18. ♗f4 ♕d8 wäre ungünstig für Weiß, weil der Springer e2 nicht über f4 in den Angriff eingebunden werden kann. Sofort möglich war jedoch 18. ♘f4! ♖d8 19. ♕c2 b4 20. ♕c4 ♘d5 21. ♘xd5 exd5 22. ♕d3.

18. ...　　　♘xg4
19. ♖dg1!

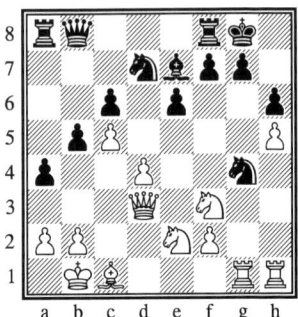

19. ...　　　f5!

Die einzige Verteidigung.

1) Auf den Hasard-Zug 19. ... ♘xf2 geschieht 20. ♕c2!
(Nicht aber 20. ♖xg7+? ♔xg7 21. ♖g1+ ♗g5! 22. ♗xg5 ♘xd3.)
20. ... ♘xh1 21. ♗xh6!? Schwarz kann sich jetzt nicht mehr halten, z. B.: 21. ... ♗f6 22. ♗xg7 ♗xg7 23. h6 ♘f6 24. ♖xg7+ ♔h8 25. ♘e5 ♖a7 26. ♘f4 ♕e8 27. ♕g6!! mit anschließendem Matt.

2) Nicht übel sieht auf den ersten Blick 19. ... ♘df6 aus, aber darauf entscheidet 20. ♘e5! ♘xe5 21. dxe5 ♕xe5 22. ♗xh6 ♘e8 23. ♗xg7 ♘xg7 24. f4! ♕d5 25. ♕xd5 cxd5 26. h6 ♗f6 27. hxg7 ♗xg7 28. f5 exf5 29. ♘d4 die Partie zugunsten von Weiß.

20. ♘f4

20. ♗f4 bot sich, wie es scheint, ebenfalls an, doch die starke Antwort 20. ... e5! 21. ♘xe5 (21. ♗g3 e4) 21. ... ♘dxe5 22. dxe5 ♗xc5 räumt Schwarz vortreffliche Aussichten ein. Ungefährlich für ihn ist auch 20. ♖g2 a3!? 21. b3 e5!.

20. ...   ♖f7

1) Noch immer bringt 20. ... ♘xf2 nichts wegen 21. ♕e2 ♘xh1 22. ♕xe6+ ♖f7 23. ♖xg7+! ♔xg7 24. ♕g6+ ♔f8 25. ♘e6+ ♔e8 26. ♘g7+ ♔f8 27. ♗xh6 usw.

2) Schlecht ist ebenfalls 20. ... e5, was durch 21. ♘g6 ♖f7 22. ♘xe7+ ♖xe7 23. ♕xf5 ♘f6 24. ♗xh6 widerlegt wird.

21. ♕e2   e5

Genauer war 21. ... ♘f8!, was eine sichere Verteidigung gewährleistet: 22. ♘xe6 ♗f6 23. ♘xf8 ♕xf8, und auf 24. ♕e6!? kann 24. ... ♕c8 folgen.

22. ♘g6

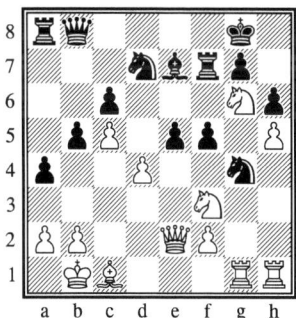

22. ...   ♕e8!

Indem Schwarz seine Dame in die Verteidigung einbezieht, bannt er alle Gefahren. Hingegen würde er nach 22. ... e4? 23. ♘xe7+ ♖xe7 24. ♘h4 ♖f7 25. ♘xf5 ♖xf5 26. ♕xg4 ♘f7 27. ♗xh6 in eine kritische Situation geraten.

23. ♘h2

1) Das Qualitätsopfer 23. ♖xg4 fxg4 24. ♘fxe5 ♘xe5 25. ♘xe5 ♗f6! reicht nicht aus.

2) Und nach 23. dxe5 erhält Schwarz ebenfalls gutes Spiel: 23. ... ♗xc5 24. e6 ♖f6 25. ♖e1 ♘f8 oder 23. ♘fxe5 ♗xc5 24. ♖xg4 fxg4 25. ♕c2 ♘xe5 26. ♘xe5 ♗xd4 27. ♘xf7 ♕xf7 28. ♕xc6 ♕f5+ 29. ♔a1 ♖c8.

23. ...   ♘xh2
24. ♖xh2   ♔h7!

Damit unterbindet Schwarz den Einschlag auf h6. Der Angriff auf der g-Linie ist abgewehrt, und der Nachziehende beherrscht auch das Zentrum.

25. f3!   ♗f8

Ein feiner Rückzug.

1) Schlecht wäre 25. ... exd4 wegen 26. ♖e1! d3 27. ♕xd3 ♘xc5 28. ♕c2.

2) Und das andere Läufermanöver 25. ... ♗f6 würde mit 26. ♖e1 e4 27. fxe4 ♗xd4 28. e5! ♘xc5 29. e6 ♖f6 30. ♕d1 (oder 30. e7) widerlegt.

26. ♖e1   e4
27. fxe4   ♕xe4+
28. ♕xe4   fxe4
29. ♖xe4   ♖f5!

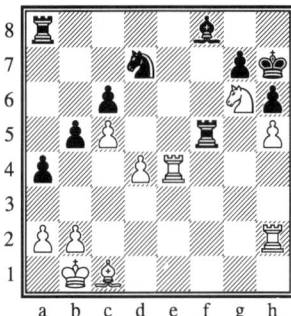

Schwarz hat seinen Turm aktiviert, und schon droht ♘f6 mit Übernahme der Initiative. Das erfordert genaues Spiel von Weiß.

30.	♖e6	♖c8
31.	♔c2	♔g8
32.	♗d2	♔f7
33.	♖ee2	

Nach 33. ♖he2 ♘f6 34. ♘e7 ♗xe7 35. ♖xe7+ ♔f8! nebst ♘d5 bekäme Weiß ernste Schwierigkeiten.

33. ...		♘f6
34.	♖ef2	Remis.

Der Turmtausch oder die Variante 34. ... ♖d5 35. ♖h4 ♗e7 ergeben völligen Ausgleich.

Partie Nr. 35
Dwoiris – Judassin
Leningrad 1990

1.	e4	c6
2.	d4	d5
3.	♘d2	dxe4
4.	♘xe4	♗f5
5.	♘g3	♗g6
6.	♘f3	♘d7
7.	h4	h6
8.	h5	♗h7
9.	♗d3	♗xd3
10.	♕xd3	♘gf6
11.	♗d2	♕c7
12.	0-0-0	e6
13.	♔b1	

Eine verhältnismäßig seltene Fortsetzung. Häufiger geht Weiß mit der Dame nach e2 zurück oder spielt 13. ♘e4.

13. ...		0-0-0
14.	c4	♔b8!?

Auch der schwarze König weicht zur Seite aus. Dieser relativ neue Zug hängt mit der uns bekannten Idee b7-b5!? zusammen. Die Standardfortsetzung lautet hier 14. ... c5.

15.	♗c3	♔a8

Jetzt ist alles bereit für den Gegenstoß b7-b5.

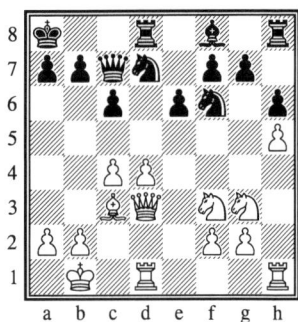

16.	♕e2	

Verhindert das Bauernopfer 16. ... b5, weil darauf 17. ♘e5! folgen könnte. Der Bauer f7 ist bedroht, und nach 17. ... ♘b6 (17. ... ♘xe5 18. dxe5 nebst

19. cxb5) 18. cxb5 cxb5 19. ♕xb5 geht es Schwarz schlecht, denn es droht 20. ♕c6+ (L. Judassin).

16.... ♗d6

Nichts taugt 16. ... c5 wegen 17. ♘e5 ♘xe5 18. dxe5 mit großem Vorteil.

17. ♘e5 ♖hf8

Indem Schwarz den Bauern f7 verteidigt, verzichtet er keinesfalls auf b7-b5, aber gutes Spiel erhält er auch nach dem traditionellen c6-c5.

18. f4 c5
19. b3

Völlig ungefährlich für Schwarz ist 19. d5 exd5 20. cxd5 (20. ♘f5 d4!) 20. ...♖c8 21. ♖he1 ♘b6, und Weiß kann etwas „erleben".

19.... a6

Möglicherweise war es hier gut, auf d4 zu schlagen.

20. ♗b2

Erneut bringt der Vorstoß 20. d5 wegen 20. ... exd5 21. cxd5 ♘b6 nichts ein. Jetzt aber droht bereits 21. d5, weil auf 21. ... exd5 unangenehm 22. ♘f5 d4 23. ♘xg7 folgt.

20.... cxd4
21. ♖xd4 ♗c5
22. ♖d3 ♘xe5
23. ♗xe5

Genauer ist 23. fxe5, obwohl Schwarz nach 23. ... ♖xd3 24. ♕xd3 ♖d8 25. ♕f3 (sonst geschieht 25. ... ♘d7) 25. ...♘h7 mit dem Springer nach g5 eilt und eine feste Stellung hat.

Möglich wäre auch 25. ... ♘e8 26.

♖f1 ♖d7 27. ♘e4 ♗f8 oder 27. ... ♗d4 mit scharfem Spiel.

23.... ♗d6!

Schwarz möchte auf e5 tauschen, wonach Weiß auf dort einen schwachen Bauern erhält. Nach 23. ... ♕c6 24. ♖hd1 hätte Weiß mehr vom Spiel.

24. ♗xd6

Nach 24. ♖xd6 ♖xd6 25. ♘e4 ♘xe4 26. ♕xe4 ♕c6? 27. ♕xc6 ♖xc6 28. ♗xg7 hat Weiß klaren Vorteil. Nach dem richtigen 26. ... ♖fd8! jedoch bekäme er schon Probleme.

24.... ♖xd6
25. ♕e5 ♖d7

Seltsamerweise verliert das natürlich aussehende 25. ...♖fd8 sofort: 26. c5! ♖6d7 27. ♕xc7 ♖xc7 28. ♖xd8+.

26. ♕xc7

Es ist besser, die Damen auf c7 zu tauschen. Nach 26. ♖hd1? ♕xe5 27. fxe5 ♖xd3 28. ♖xd3 ♘g4 hätte Schwarz deutlichen Vorteil. Gut für ihn wäre auch 26. ♖xd7 ♕xd7 mit aktiver Stellung.

26.... ♖xc7

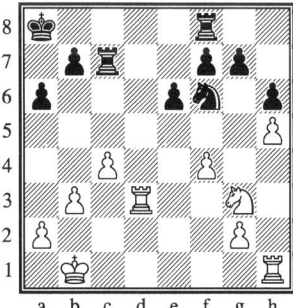

27. ♚b2?!

Dieser Zug beruht auf allgemeinen Erwägungen. In solchen Situationen geht die Initiative im Endspiel wegen der eigenen schwachen Bauern häufig an den Gegner über. Deshalb sollte Weiß hier besser über einen Remisweg nachdenken, z. B. 27. ♖hd1:

1) 27. ... ♖c5 28. ♖d8+ ♖xd8 29. ♖xd8+ ♚a7 30. ♖f8 ♘xh5 31. ♘xh5

(Nach 31. b4? ♖xc4! 32. ♘xh5 g6 33. ♘f6 ♖xb4+ und ♖xf4 erhält Schwarz viele Bauern.)

31. ... ♖xh5 32. ♖xf7 g5 33. fxg5 ♖xg5 34. ♖f2;

2) Schwarz braucht aber die Aktivierung des Turms nicht zu übereilen, sondern kann zuerst 27. ... ♚b8, 28. ... ♚c8 und erst dann 29. ... ♖c5 spielen.

27. ...　　　**♖fc8!**
28. f5?

Notwendig war 28. ♖d2 b5 29. cxb5 axb5. Auch wenn der schwarze Springer nach dem Erscheinen auf d5 sein Gegenüber dominiert, reicht dies nicht zum Sieg.

28. ...　　　**b5!**

Endlich führt Schwarz den lange geplanten Gegenstoß aus.

29. cxb5

Weiß durfte die Turmverdopplung nicht zulassen. Auch 29. fxe6 bxc4 30. bxc4 fxe6 31. ♖e1 ♖c6 hätte Schwarz gute Chancen eingeräumt.

29. ...　　　**♖c2+**
30. ♚b1

Verlieren würde 30. ♚a3 axb5 31. fxe6 fxe6 32. ♖e1 ♘d5! 33. ♖xe6 b4+ 34. ♚a4 ♖xa2+ 35. ♚b5 ♘c7+.

30. ...　　　**♖xg2**
31. fxe6　　　**fxe6**
32. ♖he1　　　**♘d5!**
33. ♖c1　　　**♖xc1+**
34. ♚xc1　　　**axb5**
35. ♘f5

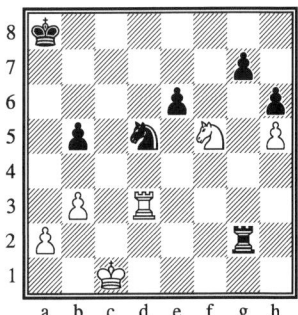

Weiß hofft auf Remis im Turmendspiel, aber Schwarz tauscht die Springer natürlich nicht.

35. ...　　　**♘b4**

Noch stärker war 35. ... ♘f4!? 36. ♖d8+ ♚b7 usw.

36. ♖d8+　　　**♚b7**
37. ♘d4　　　**♘xa2+**
38. ♚d1　　　**♘c3+**
39. ♚e1　　　**e5!**
40. ♘e6　　　**e4**

Mit dem klaren Ziel 41. ... e3 und 42. ... ♖g1 matt.

41. ♖d2　　　**♖g1+**
42. ♚f2　　　**♖h1**

43. ♘xg7   ♖h2+
44. ♔e3

Nichts half 44. ♔e1 ♖h3 45. ♖g2 e3 46. ♖g1 ♖h2! 47. ♘f5 ♖b2, denn Schwarz gewinnt durch die Mattdrohung den Springer: 48. ♘xe3 ♖e2+.

44. ...   ♖h3+
45. ♔d4   e3!
46. ♖g2   e2
47. ♖g1   ♖f3
48. ♘e6   ♖f1
49. ♘c5+   ♔c7
50. ♖g7+   ♔d8!

Die letzte Feinheit. Nach 50. ... ♔c6 51. ♘d3 ♖d1 52. ♖e7 konnte Weiß noch Widerstand leisten.

51. ♘b7+   ♔e8

Weiß gab auf.

Partie Nr. 36
Hellers – Khalifman
New York 1990

1. e4	**c6**
2. d4	**d5**
3. ♘c3	**dxe4**
4. ♘xe4	**♗f5**
5. ♘g3	**♗g6**
6. h4	**h6**
7. ♘f3	**♘d7**
8. h5	**♗h7**
9. ♗d3	**♗xd3**
10. ♕xd3	**e6**
11. ♗d2	**♕c7**
12. 0-0-0	**0-0-0**
13. ♕e2	**♘gf6**
14. ♘e5	

Das Manöver – Damenrückzug nach e2 nebst nachfolgendem Rösselsprung nach e5 – bildet eine beliebte Alternative zur Rückkehr des anderen weißen Springers nach e4.

14. ...   ♘b6

1) Populär ist auch der Tausch 14. ... ♘xe5 15. dxe5 ♘d5 oder 15. ... ♘d7 (siehe nächste Partie).

2) Kaum zu empfehlen wäre das Zurückweichen 14. ... ♘b8. Nach 15. ♖h4 ♗d6 16. ♖e1 (gut ist auch 16. ♘c4) 16. ... ♖he8 17. ♗f4! scheitert 17. ... c5 an der einfachen Antwort 18. dxc5!. Der weiße Turm geht dann nach f3 und paralysiert den feindlichen Königsflügel.

15. c4

Lange Zeit war der Zug 15. ♗a5 sehr beliebt.

(Nach 15. c3 c5 16. dxc5 ♗xc5 oder 15. ♖h4 c5 16. ♗a5 cxd4 17. ♖hxd4 ♗c5 18. ♖c4 ♖d5 sind die Chancen gleich.)

Darauf gilt 15. ... ♖d5 als beste Antwort, worauf die gebräuchlichste Fortsetzung in 16. ♗xb6 besteht.

(Auf 16. b4 mit der Drohung 17. c4 folgt das Qualitätsopfer 16. ... ♖xa5 17. bxa5 ♗a3+ 18. ♔b1 ♘a4 19. ♕f3 ♗b4 mit scharfem Spiel.)

16. ...   axb6 17. c4

(Nach 17. f4 ♖d8 hat Schwarz eine feste Stellung.)

17. ...   ♖d8 18. ♘e4. In der Partie Spasski – Pomar (Las Palmas 1968) folgte der Tausch 18. ... ♘xe4.

(Beachtung verdiente das Qualitäts-opfer 18. ... ♖xd4 19. ♖xd4 ♕xe5.) Nach 19. ♕xe4 ♗d6 20. ♘f3 ♖he8 21. ♔b1 ♕e7 22. ♖he1 behielt Weiß die etwas besseren Aussichten.

In jüngster Zeit kommt gerade das Opfer des d-Bauern (nach c2-c4) häufig vor, aber es ist nicht sehr gefährlich für Schwarz.

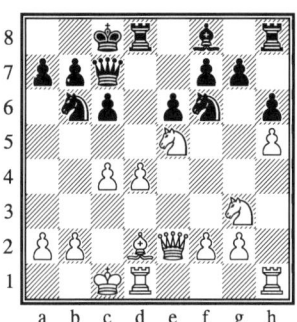

15. ...   ♖xd4

Unzureichend ist 15. ... c5 16. ♔b1! ♗d6 17. ♗a5 ♕e7 18. dxc5 ♗xc5 19. ♘d3! mit klarem weißem Vorteil (Tschiburdanidse – Sturua, Tbilissi 1991).

16. ♗e3   ♖xd1+
17. ♖xd1

Für den Bauern hat Weiß deutlichen Entwicklungsvorsprung, aber ist das für den Gegner bedrohlich?

17. ...   ♖g8!

Andere Fortsetzungen sind eindeutig schlechter:

1) 17. ... ♗d6? 18. ♖xd6 ♕xd6 19. ♘xf7;

2) 17. ... ♕xe5? 18. ♖d8+ ♔xd8 19. ♗xb6+ axb6 20. ♕xe5;

3) 17. ... ♗b4 18. ♘d3 ♗e7;

a) 19. ♗f4 ♕d8 20. ♘e5 ♕e8 21. ♘g6 fxg6 22. ♕e5. In allen Fällen steht Weiß auf Gewinn.

b) Genauer ist jedoch 18. ... ♕e7, denn nach 19. a3 ♗d6 20. c5 ♗xg3 21. cxb6 ♗d6 22. bxa7 ♔c7 23. ♘c5 ♖a8 24. ♘a4 b5 hält Schwarz das Gleichgewicht: 25. ♕d2 ♘d7 26. ♕a5+ ♔b7 27. ♕d2 ♔c7 28. ♕a5+ ♔b7 Remis; Sion Castro – Magem Badals, Leon 1991.

4) Auch nach 17. ... ♘a4? 18. ♗xa7 b6 19. ♕f3 ♔b7 20. ♘e4 hat Weiß gefährliche Initiative.

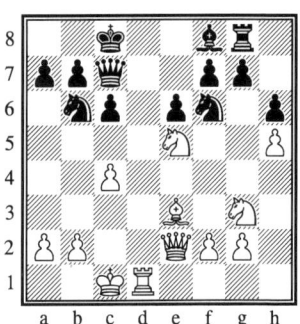

18. ♗f4

Eine brauchbare Alternative besteht in 18. f4.

(Auf 18. ♕d2?! folgt 18. ... ♗b4! 19. ♕xb4 ♕xe5 20. ♗xb6 axb6 21. ♕xb6 ♕f4+, und Schwarz hat das bessere Endspiel.)

1) 18. ... ♘a4 verliert wegen 19. ♗xa7 c5 20. ♕d3 ♕a5 21. ♘d7!.

2) Gefährlich ist auch 18. ... ♕b8 19. f5! ♗d6 20. ♗f4.

3) Aufmerksamkeit verdient jedoch 18. ... g5. In der Partie Shahal – Lederman, Beer-Sheva 1991, einigte man sich nach den Zügen 19. hxg6 fxg6 20. ♕d3 ♘bd7 auf Remis.

4) Nach 18. ... c5 19. ♕d3 ♗e7 20. ♘xf7 hat Schwarz die starke Antwort 20. ... ♘g4!

(Nach 20. ... ♖f8 21. ♘e5 gewinnt Weiß den Bauern zurück und steht aktiver; Sax – Andersson, Szirak 1990.)

21. ♕e2 ♘xe3 22. ♕xe3 ♔b8!

a) 23. ♘e5 ♗f6 24. b3 g5! 25. hxg6 ♗xe5 26. ♕xe5

(Nach 26. fxe5?! ♖xg6 steht Schwarz überlegen, Konguvel – Ravi, Indien 1992.)

26. ... ♕xe5 27. fxe5 ♖xg6 28. ♘e4 ♖xg2 29. ♘xc5 mit gleichem Spiel.

b) Nach 23. ♕xe6 ♕xf4+ 24. ♔b1 folgt nicht 24. ... ♕f6?! 25. ♖e1 mit weißem Vorteil (Misrakans – Ravi, Indien 1992), sondern 24. ... ♕xg3!? mit verteilten Chancen.

18. ...	♘bd7
19. ♕d2	♗b4!
20. ♕xb4	♘xe5
21. ♘e2	♘xh5
22. ♗e3	♖d8
23. ♖xd8+	♕xd8
24. ♕c3	♕d6
25. ♗xa7	

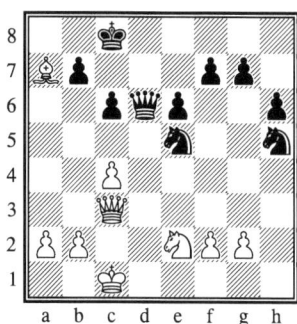

Einen Bauern konnte Weiß zurück erobern, für den anderen erhielt er aber keine Kompensation.

25. ...	c5!

Das führt zwangsläufig zu einem gewonnenen Endspiel für Schwarz.

26. ♕a5	♘d3+
27. ♔b1	♕a6
28. ♕c3	♘xb2
29. ♕xb2	♕xa7

Der weitere Partieverlauf ist einfach.

30. ♕e5	♕b6+
31. ♔c2	♘f6
32. ♘c3	♕c7
33. ♕e3	♘g4
34. ♕e2	♘e5
35. ♘b5	♘c6!
36. ♘xc7	♘d4+
37. ♔d2	♘xe2
38. ♘e8	♘f4
39. g3	♘h3
40. ♔e3	♔d7
41. ♘xg7	♘g5
42. ♘h5	f5
43. ♘f4	♔d6
44. ♘d3	e5
45. f3	♘xf3

Weiß gab auf.

Partie Nr. 37
Akopjan – Magomedow
Minsk 1990

1. e4	c6
2. d4	d5
3. ♘d2	dxe4
4. ♘xe4	♗f5
5. ♘g3	♗g6
6. ♘f3	♘d7
7. h4	h6
8. h5	♗h7
9. ♗d3	♗xd3
10. ♕xd3	♕c7
11. ♗d2	e6
12. 0-0-0	0-0-0
13. ♕e2	♘gf6
14. ♘e5	

Das Manöver ♕d3-e2 in Verbindung mit ♘f3-e5 wurde von Spasski in die Turnierpraxis eingeführt. Nach dem Springertausch sind die schwarzen Bauern am Königsflügel blockiert, und der Nachziehende hat Mühe, ein Gegenspiel aufzuziehen.

14. ...   ♘xe5

Den Zug 14. ... ♘b6 untersuchten wir in der vorigen Partie. Auf 15. ♗a5 ist auch 15. ... c5 möglich.

(Weiter oben haben wir 15. c4 oder 15. ♗a5 ♖d5 betrachtet.)

Nach etwa 16. c4 ♖xd4 17. ♔b1 ♔b8 18. ♖xd4 cxd4 19. ♖c1 ♗d6 20. c5 ♗xe5 21. cxb6 ♕d6 22. bxa7+ ♔xa7 23. ♗c7 ♕xc7 24. ♖xc7 ♗xc7 sind die Chancen verteilt (Ravio – Nishinski, Fernpartie 1992/ 95).

15. dxe5   ♘d5

Oft trifft man auch 15. ... ♘d7 16. f4 ♗e7 mit der Absicht, den Bauern e5 zu befragen. Auf diese Stellung wollen wir etwas näher eingehen.

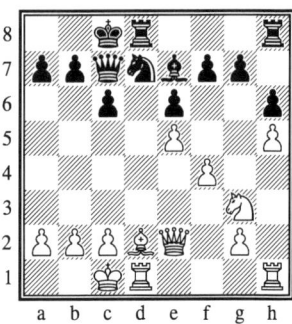

Die Bauern e5 und h5 blockieren den Königsflügel, was dem Weißen Raumvorteil gibt.

Nach g7-g6 entstehen die neuen Schwächen f7 und h6. Nach dem Vorstoß f7-f6 schlägt Weiß auf f6, und die Bauern e6 und g7 werden anfällig. Hier ist ein klassisches Beispiel zu diesem Thema.

Spasski – Petrosjan (13. WM-Partie, Moskau 1966): 17. ♘e4 ♘c5 18. ♘c3 f6 19. exf6 ♗xf6 20. ♕c4 ♕b6 21. b4! ♘a6 22. ♘e4 ♘c7 23. ♖he1 ♖d4 24. ♕b3 ♕b5 25. c3, und Schwarz fiel nichts Besseres als das Qualitätsopfer 25. ... ♖xe4 ein.

16. f4   ♗e7

Die Partie Spasski – Botwinnik (Moskau 1966) ging wie folgt weiter: 16. ... c5 17. c4 ♘b4 18. ♗xb4 ♖xd1+ 19. ♖xd1 cxb4 20. ♘e4 ♗e7 21.

♘d6+ ♔b8, und hier konnte Weiß seinen Vorteil mit 22. g3 ♖f8 23. ♔b1 a6 24. ♕g4 behaupten.

17. ♘e4

Nicht schlecht ist auch die vorherige Stabilisierung der Stellung mittels 17. ♔b1 ♔b8 18. c4 ♘b6 19. b3.

1) Auf 19. ... ♖d7 folgt 20. ♗c3 ♖hd8 21. ♘e4 mit den Drohungen ♘d6 und ♕g4.

2) Nach 19. ... c5 kommt 20. ♗c3 ♖xd1+ 21. ♖xd1 ♖d8 22. ♖xd8+ ♕xd8 23. ♘e4 ♕d7 24. ♔c2 ♕c6 25. g4 ♘d7 26. f5 mit Durchbruch am Königsflügel in Frage.

17. ...	**♕b6**
18. ♖h3	**c5**
19. ♖f1	**♖he8**
20. ♖hf3	**♕c7**
21. g4	**♖h8**

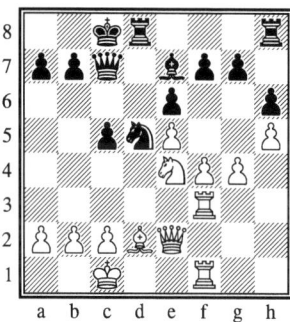

Während Schwarz sich abwartend verhält, bereitet Weiß einen Königsangriff vor. Statt des Turmzuges sollte man besser über das Springermanöver nach c6 via 21. ... ♘b4 nachdenken.

22. ♗e1!

Vor den entscheidenden Aktionen wird der Läufer aktiviert.

22. ...	**♖d7**
23. ♗g3	**♘b4**
24. f5!	**♕c6**

Nach 24. ... ♘xa2+?! 25. ♔b1 ♘b4 26. ♘d6+ ♗xd6 27. exd6 bildet Weiß einen gefährlichen Freibauern.

25. a3	**♘d5**
26. fxe6	**fxe6**
27. ♖f7	**♖hd8**
28. c4	**♘b6**
29. ♘d6+	**♔b8**
30. ♖xe7!	**♖xe7**
31. ♗h4	**♖ed7**
32. ♗xd8	**♖xd8**
33. ♖f7	**♘c8**

Als Ergebnis seiner konsequenten Strategie beherrscht Weiß die siebte Reihe absolut. Nach 33. ... ♘d7 34. ♖xg7 geht der g-Bauer verloren, und nach dem Damentausch 34. ... ♘xe5 35. ♕xe5 ♕xd6 36. ♕xd6+ ♖xd6 folgt der entscheidende Vorstoß am Königsflügel 37. g5 hxg5 38. h6.

34. ♖xb7+	**♔a8**
35. ♖xg7	**♘xd6**
36. exd6	**♖xd6**
37. ♕f1	**♖d8**
38. ♔b1	**♕e4+**
39. ♔a1	**e5**
40. ♔a2	**♕c6**
41. ♕f7	**♕b6**
42. g5	**a5**
43. ♖g8	**♖xg8**
44. ♕xg8+	**♔a7**
45. ♕g7+	**♔a8**

46. ♕xh6　　♕c7
47. ♕f8+　　♔b7
48. g6

Schwarz gab auf.

10. ♕xd3　　e6
11. ♗f4

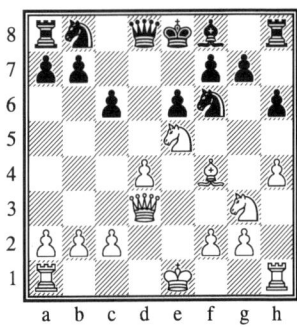

Partie Nr. 38
Swidler – Anand
Wijk aan Zee 1999

1. e4　　　c6
2. d4　　　d5
3. ♘d2　　dxe4
4. ♘xe4　　♗f5
5. ♘g3　　♗g6
6. h4　　　h6
7. ♘f3　　♘f6

In den vorigen Partien haben wir nur 7.... ♘d7 betrachtet, womit der weiße Springerausfall ♘f3-e5 verhindert wird. Aber auch das Manöver 7. ... ♘f6 ist populär: Schwarz fürchtet sich nicht vor dem Auftauchen des feindlichen Springers auf e5.

8. ♘e5　　♗h7
9. ♗d3　　♗xd3

Nichts bringt 9. ... ♕xd4 wegen 10. ♘xf7! ♖g8 (10. ... ♗xd3 11. ♘xh8 ♕e5+ 12. ♗e3 ♗c4 13. ♕d4) 11. ♗xh7 ♕xd1+ 12. ♔xd1 ♘xh7 13. ♘e5, und Weiß steht weit überlegen.

Möglicherweise noch genauer ist 11. ♗d2, was z. B. ♕a5+ verhindert. Dem Läuferzug nach d2 gilt die nächste Partie.

11. ...　　　♕a5+

Hier lohnt es sich abzuschweifen, um die interessante Begegnung Ponomarjow – Tukmakow (Donezk 1998) zu zeigen, die einige Monate vor dieser Partie in der ukrainischen Landesmeisterschaft gespielt wurde: 11. ... ♘bd7 12. 0-0-0 ♗e7 13. ♔b1 0-0 14. c4! (Das ist stärker als 14. ♕e2 a5 15. c4 a4 16. ♖d3 ♖c8 17. ♘e4 ♘xe4 18. ♕xe4 ♘xe5 19. dxe5 ♕b6 20. ♗e3 ♗c5, Iwantschuk – Anand, Frankfurt 1998 – oder 14. ♘e4 ♘xe4 15. ♕xe4 ♘xe5 16. ♗xe5 ♕d5 17. ♕e2 ♖ad8 18. c4 ♕d7 19. ♕g4 f6 20. ♗f4 e5 21. ♕xd7 ♖xd7, Topalow – Jermolinski, Elista 1998. In beiden Fällen konnte Schwarz alle Probleme lösen.) 14. ... c5 15. d5 ♘xe5 16. ♗xe5 ♘g4

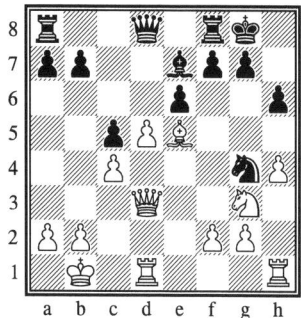

In dieser Stellung brachte Ponomarjow, der damals jüngste Großmeister der Welt, das Läuferopfer 17. ♗xg7! Es wäre interessant zu wissen, ob die Kontrahenten meine alte Partie gegen Hübner (Tilburg 1982) kannten. Damals spielte ich auch mit Weiß gern gegen Caro-Kann. In der besagten Partie entstand (nach anderer Zugfolge) die Diagrammstellung, aber mit einem kleinen Unterschied, denn anstelle von ♔c1-b1 hatte ich h4-h5 gezogen.

1) Es folgte 17. ♗xg7 ♔xg7 18. ♕e2 ♗g5+ 19. ♔b1 ♘f6 20. dxe6 ♕c8 21. e7 ♖e8 22. ♖d6!, und ich gewann schnell die Oberhand. Die Partie wurde seinerzeit als beste im „Informator" ausgezeichnet.

2) Gerechterweise möchte ich anmerken, dass Hübners Antwort 17. ... ♔xg7? fehlerhaft war. Nach 17. ... ♘xf2 gäbe es unüberschaubare Verwicklungen, und die Chancen von Schwarz wären vielleicht nicht schlechter.

Aber es ist bemerkenswert, dass Ponomarjows Einschlag auf g7 in der Diagrammstellung bereits alles entscheidet.

17. ... ♔xg7

(Jetzt folgt auf 17. ... ♘xf2 ein Damenzug – 18. ♕d2 bzw. ♕e3, was in meiner Partie gegen Hübner wegen ♗e7-g5 nicht möglich gewesen wäre. Und auf jedes Schlagen eines Turms geschieht 19. ♕xh6 nebst Matt. In der Tat war die Zurückhaltung des h-Bauern im vorliegenden Beispiel ein sehr wichtiges taktisches Detail.)

18. ♕e2 f5 19. f3 ♘f6 20. ♕xe6 ♘g8 21. ♘xf5+ ♔h7 22. g4 mit weißer Gewinnstellung. Durch den Sieg in dieser Partie konnte Ponomarjow ukrainischer Landesmeister werden und 20 Großmeister hinter sich lassen.

12. c3   ♕a6

In diesem Schritt der schwarzen Königin liegt der ganze Witz. Der Abtausch führt zu einem ausgeglichenen Endspiel, doch nach dem Rückzug der Dame fühlt sich der weiße König noch etwas unwohl.

13. ♕f3   ♘bd7

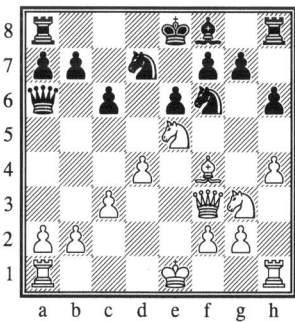

14. ♘xd7   ♘xd7

Und somit ist es Schwarz gelungen, den feindlichen Springer auf dem Zentralfeld „auszuräuchern". Interessant ist es, dass in der Partie Topalow – Leko (Tilburg 1998) der ungarische Großmeister keine Angst davor hatte, auf d7 mit dem König zu schlagen. Sehen wir uns dieses Spiel an.

14. ... ♔xd7 15. ♗e5 ♗e7 16. b3 ♖hd8 17. c4 ♕a5+ 18. ♔e2 ♔e8 19. ♖he1 ♔f8 20. ♔f1 ♖d7 21. a4 ♖ad8 22. ♖ad1 ♔g8

Beide Seiten haben die künstliche Rochade geschafft und sind zum Kampf entschlossen.

23. ♖d3 ♘e8 24. ♘h5 ♗d6

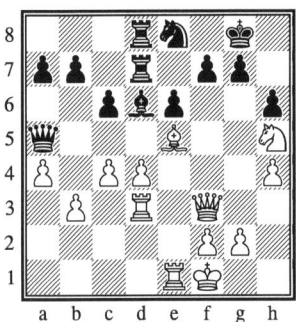

25. ♗xg7?!

Wieder wird der Läufer auf g7 geopfert, aber diesmal schlägt Schwarz mit Erfolg zurück.

25. ... ♘xg7 26. c5 ♘xh5 27. ♕xh5 ♕a6 28. ♖e3

Der weiße Angriff sieht gefährlich aus, aber indem Schwarz mit 28. ...

♗f4! 29. ♕g4+ ♔f8 30. ♕xf4 ♖xd4! den Läufer zurückgibt, übernimmt er die Initiative. Nach 31. ♕xh6+ ♔e8 32. ♔g1 ♖xd3 33. ♖xe6+ ♔d7 34. ♖f6 ♔c8 35. ♖xf7 ♖d1+ 36. ♔h2 ♕e2 realisierte Leko schnell seinen Materialvorteil.

Wie auch immer macht Anand in der Textpartie keine Experimente mit der Zentralisierung des Königs und kann die Stellung ohne Mühe ausgleichen.

15. ♘e4   ♘f6
16. ♘d6+   ♗xd6
17. ♗xd6

Die Leichtfiguren sind etwa gleichwertig, und um die Chancen völlig auszugleichen, muss Schwarz nur noch die Stellung seiner Dame verbessern.

17. ...	**♕b5**
18. ♗e5	**♕d5**
19. ♖h3	**♕xf3**
20. ♖xf3	**♔e7**
21. 0-0-0	**♖hd8**
22. ♖g1	**h5**
23. ♖e1	**♖d7**
24. ♔c2	**♖g8**
25. ♗f4	Remis.

Partie Nr. 39
Leko – Iwantschuk
Morelia/Linares 2008

1. e4	c6
2. d4	d5
3. ♘c3	dxe4
4. ♘xe4	♗f5
5. ♘g3	♗g6
6. h4	h6
7. ♘f3	♘d7
8. h5	♗h7
9. ♗d3	♗xd3
10. ♕xd3	e6
11. ♗f4	♕a5+
12. ♗d2	♗b4
13. c3	♗e7
14. c4	♕c7
15. 0-0-0	♘gf6
16. ♔b1	0-0
17. ♖he1	

Bis hierher steht alles in den Theoriebüchern, und so ist unzählige Male gespielt worden.

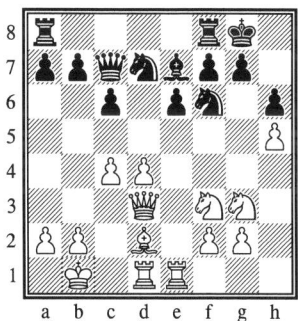

17. ...   a5!?

Normalerweise stellt Schwarz jetzt einen seiner Türme nach d8. Die übliche Fortsetzung an dieser Stelle ist daher 17. ... ♖ad8 oder 17. ... ♖fd8. Gespielt wird mitunter auch 17. ... b5, aber dagegen fand Iwantschuk einen neuen Zug. Er ist vollkommen logisch, denn eine der Hauptressourcen von Schwarz in dieser Variante besteht darin, den feindlichen König zu beunruhigen.

18. ♗c1

Nach 18. ♘f5 kommt der Vorstoß des Randbauern Schwarz bereits zustatten: 18. ... ♗b4! Das Läufermanöver ist auch nach 18. ♗c3 möglich.

1) 18. ... ♗b4 19. ♖c1 ♖fd8

Gefährlich für Weiß wäre natürlich das Schlagen auf b4, was die Öffnung der a-Linie zur Folge hat: 19. ♗xb4 axb4 20. ♕b3 ♕a5 21. ♘e5 ♖a7! mit der Drohung 22. ... ♖fa8!

2) Unmittelbar nach dem Randbauern kann sich übrigens auch sein Nachbar mit 18. ... b5 vorwärts bewegen! In diesem Fall würde die Partie jedoch schnell mit Dauerschach enden: 19. cxb5 cxb5 20. d5 ♘xd5 21. ♗xg7 ♔xg7 22. ♖xe6 fxe6 23. ♕g6+ ♔h8 24. ♕xh6+. Wassili selbst hält 18. ♕e2 für die beste Antwort.

18. ...   ♖fd8
19. ♕c2

Auch jetzt war 19. ♕e2 genauer, z. B. 19. ... a4 20. a3 b5 21. d5! (21. cxb5 cxb5 22. ♕xb5? ♗xa3!), und nach 21. ... cxd5 22. cxd5 ♘c5 23. dxe6 ♘xe6 ergibt sich eine zweischneidige Stellung.

19. ...   **a4**
20. ♘e5

Die folgenden Vereinfachungen im Zentrum führen zu einer günstigen Situation für Schwarz. Deswegen war es besser, mit 20. a3 den Vormarsch von Iwantschuks a-Bauern zu stoppen.

20. ...   **♘xe5**
21. dxe5   **♖xd1**
22. ♕xd1   **♘d7**
23. f4   **♘c5**

Verfrüht wäre 23. ... a3 24. b3 b5 25. cxb5 cxb5 26. ♕c2, und Schwarz hat es nicht leicht, Gegenspiel zu bekommen.

24. ♘e4

Weiß will selbstverständlich den lästigen Springer c5 abtauschen. Die Alternative war 24. ♕f3 ♖d8 25. ♖d1 ♖d7, womit die Umgruppierung 26. ... ♕d8 27. ♔c2 b5 vorbereitet wird. Auch nach 24. ... ♖b8 25. ♗e3 b5 26. cxb5 ♖xb5 27. ♗d4 a3 28. ♕xa3 ist ein schneller Friedensschluss möglich: 28. ... ♘b3 29. ♕a8+ ♖b8 30. ♕a7 ♖b7 31. ♕a8+.

24. ...   **♖d8**
25. ♕c2   **♘xe4**
26. ♖xe4   **♕b6!**

Diesen stillen Zug hatte Leko wahrscheinlich übersehen. Nach dem sofortigen 26. ... a3 27. b3 ♗c5 28. g4! sind die Chancen etwa gleich.

(Nicht jedoch 27. bxa3 ♕b6+ 28. ♕b2 ♕g1 29. ♖e3 ♗c5 30. ♖b3 b6, und Weiß ist keinesfalls um seine Stellung zu beneiden.)

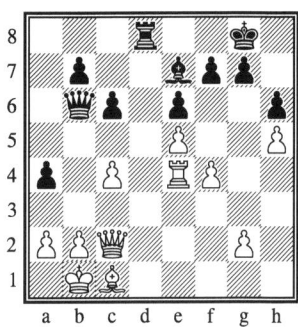

27. ♕xa4?

Seltsamerweise ist das Schlagen des Bauern schon der entscheidende Fehler, denn die schwarze Dame durfte nicht auf die erste Reihe gelassen werden. Nach Meinung Iwantschuks war die richtige Fortsetzung 27. ♖e3! ♕d4 28. g3 b5 29. cxb5 cxb5 30. ♖c3 ♕d5, aber auch dann steht Schwarz angenehmer.

27. ...   **♕g1**
28. ♕c2   **♖d1**

Schwarz muss jetzt nur noch die Stellung seines Läufers verbessern, wodurch das Zusammenwirken der feindlichen Streitkräfte erschwert wird.

29. ♖e2   **♖f1**
30. a3   **♗c5!**

Der Bauer f4 kann nirgendwohin, und das Auftauchen des Läufers im Zentrum fesselt die weißen Figuren entscheidend.

31. ♕d2   **♖d1**
32. ♕c2   **♗d4**
33. c5

Nach 33. ♖d2 ♖f1 34. g3 c5 35. ♖d3 ♖e1 36. ♖d2 ♔f8 beendet totaler Zugzwang den Kampf.

33. ...   **♖f1**
34. ♖d2   **♖xf4**
35. ♔a2

Auch 35. ♕c4 ♗xe5 36. ♖d8+ ♔h7 37. ♕d3+ ♖f5 38. ♖d7 ♗f6 39. ♖xf7 ♗g5 40. ♕c2+ ♔g8 41. ♖xf5 exf5 half nicht mehr.

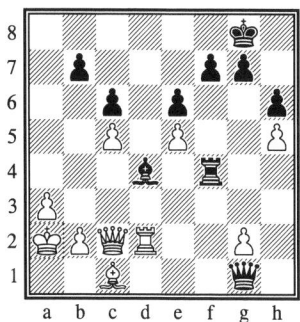

35. ...   **♖f2!**

Wenn die Türme getauscht werden, besteht für Weiß keinerlei Hoffnung mehr.

36. ♖xf2   **♗xf2**
37. g4   **♗xc5**
38. ♗f4   **♕d4**
39. ♕d2   **♕e4**
40. ♔a1

Den Widerstand noch etwas verlängert hätte die Fortsetzung 40. g5 hxg5 41. ♕d8+ ♔h7 42. ♕xg5 ♕d5+ 43. ♔a1 ♕f3 44. ♔a2 ♗d4 45. h6 ♕d5+ 46. ♔a1 ♕h1+ 47. ♔a2 gxh6 48. ♕f6 ♕d5+ 49. ♔a1 ♔g8 50. ♕xh6 ♕g2+.

40. ...   **♗d4**

Das erneute Auftauchen des Läufers im Zentrum bringt Weiß in größte Verlegenheit.

41. ♕h2   **c5**
42. ♔a2   **b5**
43. ♕d2   **♕d5+**
44. ♔b1   **b4**
45. a4   **b3**
46. ♕d3   **c4**
47. ♕e2   **♕h1+**
48. ♗c1   **♕a8**

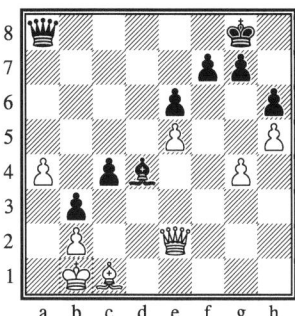

Weiß gab den hoffnungslosen Kampf auf, denn nach 49. ♕xc4 entscheidet 49. ... ♕e4+ 50. ♔a1 ♗xb2+.

Partie Nr. 40
Adams – Leko
Linares 1999

1. e4	c6
2. d4	d5
3. ♘d2	dxe4
4. ♘xe4	♗f5
5. ♘g3	♗g6
6. h4	h6
7. ♘f3	♘f6
8. ♘e5	♗h7
9. ♗d3	♗xd3

Was den Zug 9. ... ♕xd4 angeht, siehe Anmerkungen zur vorigen Partie.

10. ♕xd3	e6
11. ♗d2	♘d7
12. f4!?	

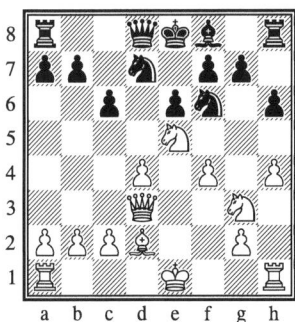

Wegen der Schwäche des Punktes g6 möchte Weiß seinen Angriff mittels f4-f5 verstärken. Wenn der Springer auf e5 getauscht wird, nimmt der Bauer f4 dessen Platz ein. Nichts verspricht Weiß das ruhige 12. ♕e2 wegen 12. ... c5! 13. ♘xd7 ♕xd7 14. dxc5 ♗xc5 15. 0-0-0 ♕a4 16. ♗c3

♗e7 17. ♔b1 ♖c8 (Iwantschuk – Barejew, Olympiade Elista 1998).

12. ...	♗e7

Und auch hier verdiente 12. ... c5! Beachtung. Die scharfe Partie Stefansson – H. Olafsson, Dänemark 1988, ging danach mit 13. 0-0-0 cxd4 14. ♖he1 ♘c5 15. ♕b5+ ♘fd7 16. ♘xf7 ♔xf7 17. f5 weiter, und das Spiel endete schließlich remis.

13. 0-0-0	0-0
14. ♕e2	c5
15. dxc5	♘xc5
16. ♗c3	

Gut ist auch sofort 16. f5.

16. ...	♕c7

Die Fortsetzung 16. ... ♕b6 löst die schwarzen Probleme nicht. Nach 17. ♘g4 ♕a6 18. ♘xf6+ ♗xf6 19. ♕xa6 ♘xa6 20. ♗xf6 gxf6 21. f5 erhielt Schwarz in der Begegnung Adams – Magem (Frankreich 1999) ein schlechtes Endspiel.

17. f5	exf5?

Der weiße Springer durfte auf keinen Fall nach f5 gelassen werden. Nach dem richtigen 17. ... ♘d5 nebst 18. ♗d4 ♗f6 19. ♗xc5 ♕xc5 20. ♘e4 ♘c3! oder 18. ♖xd5?! exd5 19. ♘h5 ♘e4 20. ♕g4 ♗f6 21. ♘d7 ♕xd7 22. ♗xf6 g6 stünde der Kampf erst noch bevor.

18. ♘xf5	♖fe8

Nach 18. ... ♘ce4 ist folgende von GM Schipow gezeigte lustige Variante möglich: 19. ♖d7! ♘xc3 20. ♘xe7+ ♔h8 21. ♘5g6+ fxg6 22.

♘xg6+ ♔h7 23. ♘xf8+ ♔h8 24. ♘g6+ ♔h7 25. ♖xc7 ♘xe2+ 26. ♔d1 ♘g3 27. ♖h3 ♘fe4 28. ♖xg3 ♘xg3 29. ♘f4 mit gewonnenem Endspiel.

19. ♕f3   ♗f8

Wiederum hilft 19. ... ♘ce4 nicht wegen 20. ♖d7! ♘xd7 21. ♘xh6+ mit undeckbarem Matt. Nur mit Mühe kann sich Schwarz nach 19. ... ♘e6 20. ♘g4 ♘xg4 21. ♕xg4 h5 halten. Er hat einen Bauern weniger.

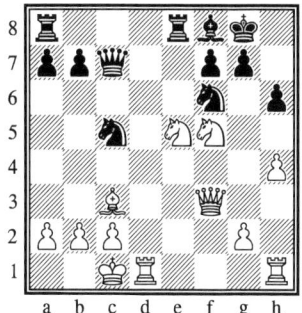

20. ♘xh6+!   gxh6
21. ♘g4!   ♘xg4

Nichts an der Situation ändert 21. ... ♘fe4 22. ♘f6+ ♘xf6 23. ♕xf6.

22. ♕xg4+   ♔h7
23. ♕f5+   ♔g8
24. ♕f6   ♔h7
25. ♕h8+   ♔g6
26. h5+

Schwarz gab auf.

Auf das Matt-Finale 26. ... ♔f5 27. ♕f6+ ♔g4 28. ♕f3+ ♔g5 29. ♗f6 wollte er nicht warten.

Partie Nr. 41
Tiwjakow – Drejew
Ubeda 1999

1. e4	c6
2. d4	d5
3. ♘c3	dxe4
4. ♘xe4	♗f5
5. ♘g3	♗g6
6. ♗c4	

Ein seltener Zug. Die Standardfortsetzung ist bekanntlich h2-h4 nebst Läufertausch auf d3. Aber hin und wieder tut es dem Weißen Leid um seinen Läufer.

6. ...	e6
7. ♘1e2	♘f6
8. ♘f4	♗d6
9. h4	

Großmeister Drejew ist ebenfalls ein großer Anhänger dieser Eröffnung und hatte diese Stellung schon häufig auf dem Brett.

1) In der Partie Rublewski – Drejew (Elista 1998) ergab sich nach 9. c3 ♘bd7 10. ♕f3 ♘b6 11. ♗b3 ♘bd5 12. ♘xg6 hxg6 13. ♗g5 ♗e7 14. 0-0-0 b5 etwa gleiches Spiel. In der Begegnung Pedzich – Drejew (Linares 1999) rochierte Weiß kurz – 14. 0-0 ♘d7 15. ♗xe7 ♕xe7 16. ♖fe1 ♘5f6 17. a4?! ♕d6, wonach Schwarz leichten Vorteil hatte.

2) Der Zug h2-h4 ist in dieser Position auf jeden Fall überflüssig. In der 17. WM-Partie zwischen Tal und Botwinnik (Moskau 1960) ergab sich nach 9. ♘xg6 hxg6 10. ♗g5 ♘bd7

11. 0-0 eine Stellung mit dynamischem Gleichgewicht.

3) Die bekannten Fortsetzungen 9. 0-0 oder 9. ♗b3 führen ebenfalls zu gleichem Spiel.

9. ...	**♕c7**
10. ♘xg6	**hxg6**
11. ♕f3	**♘bd7**
12. ♗g5?	

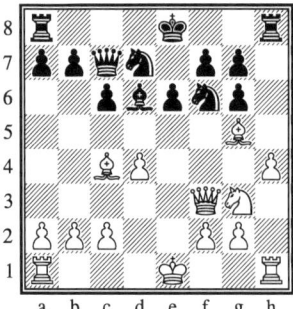

Wenn Weiß zur langen Rochade kommt, eröffnen sich ihm durch sein Läuferpaar gute Perspektiven. Aber Drejew handelt jetzt energisch und übernimmt die Initiative.

12. ...	**c5!**

Nach diesem bekannten Nadelstich zeigt es sich, dass Weiß ernste Probleme hat. So verliert z. B. 13. 0-0-0? sofort wegen 13. ... cxd4 14. ♖xd4 ♗e5.

13. dxc5	**♕xc5**
14. ♗xf6	

Nun wird die Lage des Weißen kritisch.

1) Schlecht für ihn wäre auch 14. ♕xb7 wegen 14. ... ♖b8 15. ♕a6 ♖b6 16. ♕a4 ♖b4.

2) Dieses Urteil gilt auch für 14. ♕e2 ♗xg3 15. fxg3 ♕xg5! 16. hxg5 ♖xh1+ 17. ♔d2 ♖xa1 18. ♕xb7 ♖d8.

3) Nur 14. ♕b3!? hätte Weiß eine annehmbare Stellung verschafft, z. B. 14. ... ♖c8 15. ♗d3 ♕e5+ 16. ♗e2.

14. ...	**♘xf6**
15. ♗b3	**0-0-0**
16. c3	

Hartnäckiger war 16. 0-0-0 ♖xh4 17. ♖xh4 ♕g5+ 18. ♔b1 ♕xh4, und Schwarz müsste noch arbeiten, um den Punkt zu erkämpfen.

16. ...	**♗xg3!**
17. ♕xg3	**♖h5**
18. 0-0	**♖dh8**
19. ♕f3	**♖xh4**
20. g3	**♖h2**
21. ♗c2	**g5**
22. ♗e4	**g4**
23. ♕f4	**♕h5**

Weiß gab auf.

Kapitel 6

Das Petrosjan-Smyslow-System
1. e4 c6 2. d4 d5 3. ♘c3 dxe4 4. ♘xe4 ♘d7

Dieses System wurde Mitte des 20. Jahrhunderts von Tigran Petrosjan und Wassili Smyslow ausgearbeitet. Schwarz entwickelt den Königsspringer erst später nach f6. Er verdrängt das feindliche Ross aus dem Zentrum oder tauscht es ab, so dass eine Bauernverdopplung (wie nach sogleich 4. ... ♘f6) oder positionelle Zugeständnisse (wie nach 4. ... ♗f5) vermieden werden. Die Hauptfortsetzung ist 5. ♘g5 ♘gf6 6. ♗c4 (oder 6. ♗d3) 6. ... e6 nebst h7-h6. Danach ergibt sich folgende Bauernstruktur.

läufer noch nicht ins Freie gelangt. Die Initiative von Weiß fußt auf der Besetzung des Punktes e5 durch einen Springer – das schwarze Gegenspiel auf dem Vorstoß c6-c5. Weil die Stellung des Schwarzen keine Bauernschwächen aufweist, hat er gute Chancen auf vollwertiges Spiel.

Dieses System stand lange Zeit in meinem Repertoire gegen 1. e2-e4 an erster Stelle (wenn Weiß auf den Panow-Angriff verzichtet). Ich habe es in vielen Partien auch auf höchster Ebene erprobt und kann mich über die erzielten Ergebnisse nicht beklagen.

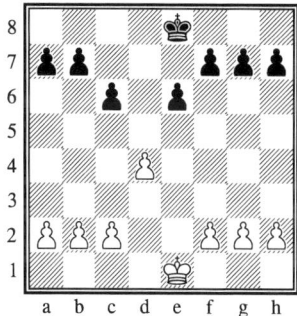

Das Schema unterscheidet sich von dem im vorigen Kapitel nur dadurch, dass der h-Bauer noch auf seinem Ausgangsfeld steht und die schwarze Handlungsfreiheit nicht beeinträchtigt. Aber dafür ist der schwarze Damen-

Partie Nr. 42
De Firmian – Karpow
Biel 1990

1. e4	c6
2. d4	d5
3. ♘d2	

Nach 3. ... dxe4 4. ♘xe4 macht es keinen Unterschied mehr, ob Weiß den Springer nach c3 oder d2 entwickelt hat. Worin besteht der Unterschied denn dann? Auf den Standardzug 3. ♘c3 hat Schwarz anstelle des Schlagens auf e4 die Möglichkeit, mit 3. ... g6 Gegenspiel im Zentrum anzustreben (das System gehört zu den seltenen, deshalb gehen wir nicht

darauf ein).

Jetzt aber macht g7-g6 keinen Sinn mehr, denn der Bauer d4 kann ja zuverlässig durch c2-c3 geschützt werden, z. B. 3. ... g6 4. c3 ♗g7 5. ♗d3 dxe4 6. ♘xe4 ♗f5 7. ♘c5 b6 8. ♘b3 ♗xd3 9. ♕xd3 ♘f6 10. ♘f3 0-0 11. 0-0 ♕c7 12. ♖e1 ♖c8 13. ♘e5 mit ernsten Drohungen (Geller – Botwinnik, Moskau 1967).

3. ...	dxe4
4. ♘xe4	♘d7
5. ♘g5	

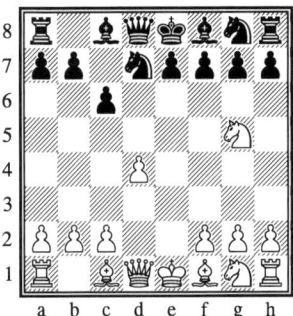

Dieser Springerausfall ist die aktivste Fortsetzung. Der andere Zug im vorliegenden System ist 5. ♗c4, um erst nach 5. ... ♘gf6 mit 6. ♘g5 fortzufahren (siehe Partien Nr. 45 und 46). Nach einem Rückzug des weißen Springers kann Schwarz erfolgreich das Zentrum sprengen, wie die folgende Beispielpartie zeigt.

| 5. ... | ♘df6 |

Bekanntlich soll man eine Figur in der Eröffnung nicht zweimal ziehen. Logischer sieht 5. ... ♘gf6 aus. Aber auch das extravagante 5. ... ♘df6 kommt in der Praxis vor. Der Springer g8 kann entweder nach e7 oder (nach ♘f6-d5) nach f6 entwickelt werden.

Ein anderer „Tempoverlust" durch ein Springermanöver besteht in ♘d7-b6. Hier ist ein Beispiel für einen schwarzen Erfolg.

Van der Wiel – Karpow (Amsterdam 1988): 5. ... ♘b6 6. ♘1f3 g6 7. c3 (Der Entwicklungszug 7. ♗d3 hätte Weiß bessere Aussichten eröffnet. Das passive Spiel bringt ihm nichts Gutes.)

7. ... ♗g7 8. ♕b3 ♘h6 9. ♗e2 0-0 10. 0-0 ♘f5! Schwarz steht bereits prächtig, und nach einem Dutzend weiterer Züge – 11. ♖d1 ♕c7 12. g3 ♘d6! 13. ♘e5 (sicherer ist 13. c4) 13. ... c5 14. dxc5 ♕xc5 15. ♘d3 ♕f5! 16. ♘e1 ♗d7! 17. ♗d3 ♕a5 18. ♕b4 ♕xb4 19. cxb4 ♖fd8 20. ♖b1 ♘a4 21. ♖d2 ♗b5 22. ♘gf3 ♘c4! – war die Lage von Weiß hoffnungslos.

| 6. ♗c4 | e6 |

Den Zug 6. ♗d3 sowie die Variante 6. ♗c4 ♘d5 betrachten wir in der nächsten Partie.

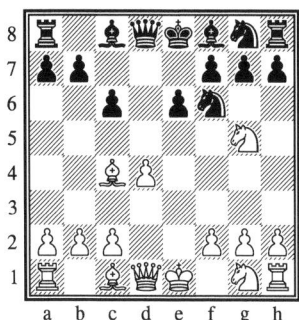

7. ♘e2

1) In der Begegnung Hübner – Karpow (Belfort 1988) geschah 7. ♘1f3 h6 8. ♘h3 ♗d6 9. ♕e2 ♘e7 10. ♗d2 ♗c7 11. 0-0-0 b5 12. ♗d3 a6 13. ♖he1 ♗b7 mit Ausgleich.

2) Interessant ist die Partie Schirow – Iwantschuk (Linares 1998), in der Weiß 7. ♕e2 spielte. Es folgte 7. ... ♗d6.

(Sehr gefährlich wäre 7. ... ♕xd4 8. ♘1f3 nebst 9. ♘e5.)

8. ♗d2 ♕c7 9. 0-0-0 b6 10. ♘1f3 h6 11. ♘h3?!

Dieser Springer findet bis zum Ende der Partie keinen geeigneten Platz. Er sollte besser nach e4 zurück.

11. ... ♘e7 12. ♘e5

Auch der zweite Springer manövriert unglücklich. Erst musste der Turm h1 zentralisiert werden.

12. ... c5

(Aufmerksamkeit verdiente 12. ... ♘f5.)

13. ♗b5+ ♔f8 14. ♘c4 cxd4

(Hier war 14. ... ♗b7!? genauer.)

15. ♘xd6 ♕xd6 16. ♗f4 ♕d5!

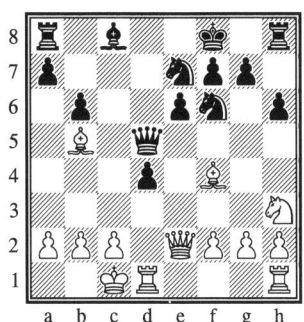

17. ♗e5?!

(Weiß hätte nach 17. ♖xd4!? ♕xd4 18. ♖d1 ♕xd1+ 19. ♔xd1 bessere Chancen erhalten. Bei materiellem Gleichstand steht der schwarze König auf f8 schlecht.)

17. ... ♘f5 18. c4?!

Danach kann Schwarz die Initiative ergreifen.

18. ... ♕c5 19. ♕f3 ♕xe5 20. ♕xa8 ♕c7 21. ♕c6 ♕b8 22. ♕f3 ♗b7 23. ♕a3+ ♔g8 24. f3 g5 25. ♗a4 e5 26. ♖he1 ♔g7 27. ♗c2 ♘h4 28. ♖d2 ♖c8 29. ♔b1 ♖xc4 30. ♘g1 ♖c5 31. g3 ♖a5 32. ♕d3 ♘g6 33. ♗b3 ♕d6 34. ♖c2 e4! 35. ♕c4 ♘e5 36. ♕c7 ♕b4! 37. ♖d1 ♗d5 38. ♗xd5 ♖xd5 39. fxe4 ♘xe4 40. a3 ♕b5 41. ♔a2 d3 42. ♖cc1 d2 43. ♖c2 ♘d3 44. ♖cxd2 ♖c5 45. ♕d8 ♕c4+ 46. b3 ♘c3+ 47. ♔a1 ♖a5! Weiß gab auf.

7. ...   c5!

Eine Verstärkung gegenüber 7. ... ♗d6, was z. B. in der Partie Sokolow – Spraggett (Saint John 1988) vor-

kam. Nach 8. 0-0 h6 9. ♘f3 ♕c7 10.
♘g3?! ♘e7 11. ♖e1 0-0 konnte
Schwarz alle Probleme lösen, was ihm
nach 10. ♗d3! nebst c2-c4 schwerer
gefallen wäre .

8. 0-0	**h6**
9. ♘f3	**a6**
10. a4	

Zum Ausgleich führt 10. dxc5 ♕xd1
11. ♖xd1 ♗xc5, aber Vorteil für Weiß
ergibt 10. ♗d3!? cxd4 11. ♘exd4
♗d6 12. ♕e2 ♘e7 13. ♘e5!? oder
auch 13. c4 0-0 14. b3 ♕c7 15. ♗b2
♗c5.

10. ...	**cxd4**

Ein anderer populärer Zug an dieser
Stelle ist 10. ...♕c7. Er wird in den
Partien Nr. 57 und 58 untersucht.

11. ♘exd4	**♗d6**
12. ♕e2	**♘e7**
13. ♘e5	

So gewährt Weiß seinem Gegner gutes Spiel. Genauer war 13. b3 ♕c7 14.
♖e1 (14. ♗b2? scheitert an 14. ...e5.)
14. ... 0-0 15. ♗b2 ♘ed5.

13. ...	**♕c7**
14. ♘df3	**0-0**
15. b3	

Sicherer ist 15. ♗f4 ♘ed5 16. ♗g3
b6 17. ♖ad1 ♗b7 mit Ausgleich.

15. ...	**b6**
16. ♗b2	**♗b7**
17. ♖ad1	**♘ed5**
18. ♖d4	**b5!**

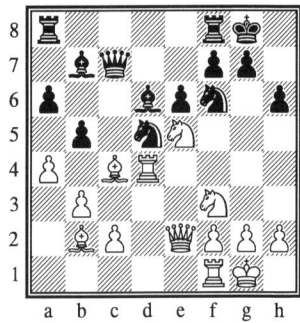

19. ♗xd5?!	

Weiß hätte das Bauernopfer annehmen sollen: 19. axb5 axb5 20. ♗xb5
♖a2 21. ♘c4.

(21. ♖b1? ♗xe5 22. ♘xe5 ♖xb2! 23.
♖xb2 ♘c3 24. ♕c4 ♕xe5 25. ♕xc3
♕xb5 führt zu deutlichem schwarzem Vorteil.)

Obwohl Schwarz im Fall von 21. ...e5
genügend Kompensation besitzt.

19. ...	**♗xd5**
20. ♘g4	**♗e7**

Schwach wäre 20. ...♘xg4?! 21. ♖xg4
f6 22. c4 bxc4 23. bxc4 ♗xf3 24.
♕xe6+.

21. ♘fe5	**♕b7**
22. ♘xf6+	**♗xf6**
23. ♖g4	**♔h8**

Diese Akkuratesse ist unbedingt notwendig, denn nach 23. ... bxa4? 24.
c4! ♗c6?

(Die einzige Antwort war 24. ... h5.)

25. ♘xc6 ♗xb2 26. ♕xb2 dominiert
Weiß.

24. c4	

Nach 24. ♘d3 ♗xb2 25. ♘xb2 ♖ac8 behält Weiß leichten Vorteil.

| 24. ... | bxc4 |
| 25. ♘d7? | |

Erforderlich war hier 25. bxc4 ♗c6 26. a5!?

25. ...	♗xb2
26. ♛xb2	♖g8
27. ♖h4	♔h7
28. ♘e5	cxb3
29. ♖e1	♖ac8
30. ♛d2	f5
31. g4	g5
32. ♖h3	♖c2

Weiß gab auf.

Partie Nr. 43
Psachis – Rodriguez
Sotschi 1988

1. e4	c6
2. d4	d5
3. ♘d2	dxe4
4. ♘xe4	♘d7
5. ♘g5	♘df6
6. ♗c4	

1) Der andere Weg besteht in 6. ♗d3, und nun z. B.: 6. ... ♗g4 7. ♘1f3 ♗h5. (Nicht aber 7. ... h6? wegen 8. ♘xf7! ♗xf3 9. ♗g6.)

8. c3 e6

(Nach 8. ... ♛c7 9. ♛c2 geht 9. ... h6 wieder nicht, weil darauf 10. ♘e6! fxe6 11. ♗g6+ ♗xg6 12. ♛xg6+ ♔d8 13. ♘e5 ♔c8 14. ♛f7 geschieht.)

9. ♛b3 ♛c7 10. ♘e5 ♗d6 11. ♘c4 (Oder 11. f4 ♘e7 mit kompliziertem Spiel.)

11. ... ♗e7 12. ♘e5 ♘d7 13. ♘xd7 ♛xd7 14. 0-0 ♘f6 15. ♖e1 ♖d8!? 16. ♘e4 ♘xe4 17. ♗xe4 ♛c7 18. g3 ♖d7 19. ♗f4 ♛c8 20. ♛a4 a6 21. ♛a5 ♗g6 22. ♗f3 0-0 mit gleichen Aussichten (Van der Wiel – Karpow, Amsterdam 1988).

2) Hier wurde allerdings eine genaue Methode gefunden, die Weiß Vorteil einbringt: 6. ♘1f3 e6 7. ♘e5 ♘h6 8. ♗d3 ♗d6 9. c3 ♛c7 10. ♛e2 c5 11. ♗b5+ ♔e7 12. 0-0 cxd4 13. cxd4 ♘f5 14. ♗e3! ♘xe3 – so geschehen in der Partie Nunn – Tal (Brüssel 1988). Nach 15. ♛xe3 ♘d5 16. ♛g3 f6 17. ♘e4! ♖g8 18. ♛h4 ♗xe5 19. dxe5 ♛xe5 20. ♛xh7 ist die schwarze Lage nicht beneidenswert.

6. ...   ♘d5

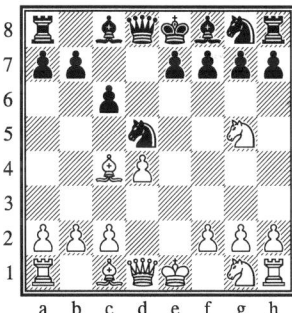

Das führt zum Tempoverlust, wonach Schwarz ernsthaft in seiner Entwicklung zurückbleibt. Weiß kontrolliert die zentralen Felder und verdammt den Gegner zu passiver Verteidigung. Diese Partie widerlegt im Grunde den Springerzug nach d5.

7. ♘1f3 g6
8. 0-0 ♗g7
9. ♖e1 h6

Anderenfalls setzt sich nach 9. ... ♘gf6 10. ♘e5 0-0 11. c3 h6 12. ♘gf3 für immer ein Springer auf e5 fest.

10. ♘e4 ♗g4
11. c3

In der Partie Spasski – Karpow (Belfort 1988) erhielt Weiß nach 11. a4 ♘gf6 12. ♘xf6+ ♗xf6 13. ♖a3 ♔f8 14. h3 ♗xf3 15. ♖xf3 ♔g7 leichten Vorteil. Indem er hier seinen Springer nach c5 stellt, erreicht er bedeutend mehr.

11. ... ♘gf6
12. ♘c5!

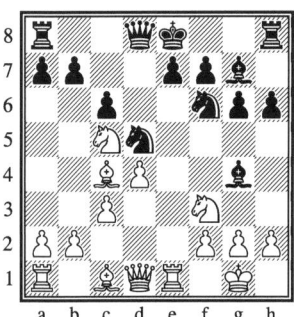

Wie sich bald herausstellt, hat diese Figur eine große Zukunft. Weiß vermeidet zunächst Vereinfachungen, weil er nach 12... b6 13. ♘d3 noch den Punkt e5 befestigen möchte.

12. ... ♕c7
13. h3 ♗xf3

Ein fragwürdiger Tausch. Besser war 13. ... ♗f5, obgleich die weiße Stellung nach 14. ♘e5 angenehmer ist.

14. ♕xf3 0-0
15. ♗b3 b6

Notwendig war 15. ... ♖ad8, doch nach 16. c4 ♘b6 17. ♗f4 ♕c8 18. ♖ad1 spürt man die räumliche Überlegenheit von Weiß.

16. ♘d3 b5
17. a4 a6
18. ♗f4 ♘xf4

Auf 18. ... ♕c8 wäre 19. ♗e5 gut, um die Initiative zu bewahren. Jetzt aber zeigt sich die Stärke des weißfeldrigen Läufers.

19. ♘xf4

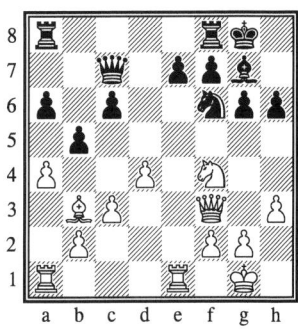

19. ... ♔h7

Wehrt die Drohung ♘xg6 ab. Auf das natürliche 19. ... e6 folgt das schöne Turmopfer 20. ♖xe6! fxe6 21. ♗xe6+ ♔h7 mit der Fortsetzung 22. ♘xg6! ♖fe8 23. ♕f5 ♖xe6 24. ♘e5+ ♔h8 25. ♕xe6 ♖e8 26. ♕f5, und Schwarz dürfte es sehr schwer haben, sich zu verteidigen.

In der Textpartie kommt er jedoch vom Regen in die Traufe.

20. axb5 cxb5
21. ♗xf7! ♖xf7
22. ♘xg6! ♖d8

Der Bauer a6 ist nicht zu halten, weil nach 22. ...♖a7 23. ♘e5 ♖f8 24. ♘c6 der Bauer e7 fällt.

23. ♖xa6 ♔g8

Der weiße Springer bleibt tabu: 23. ... ♔xg6? 24. ♕e4+.

24. ♘e5 ♖ff8
25. ♘c6 ♘d5
26. ♕e2 ♖d6
27. ♕xb5 ♖c8
28. ♘e5 ♖b8
29. ♕a4 ♖xb2
30. ♖xd6 ♕xd6
31. ♘c4

Schwarz gab auf.

Partie Nr. 44
Sokolow – Karpow
WM-Kandidatenmatch (7)
Linares 1987

1. e4 c6
2. d4 d5
3. ♘d2 dxe4
4. ♘xe4 ♘d7
5. ♗c4

In der 3. und 5. Partie dieses Wettkampfes zog Weiß 5. ♘f3, erreichte damit jedoch nichts. Auch dieses Mal konnte ich die Eröffnungsprobleme gut lösen.

5. ... ♘gf6
6. ♘g5 e6
7. ♕e2 ♘b6
8. ♗d3

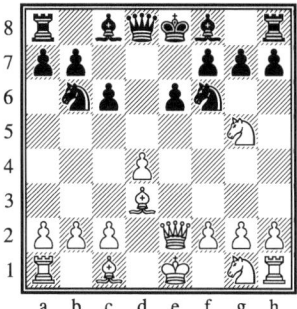

Weiß hatte die Wahl zwischen 8. ♗d3 und 8. ♗b3. Den Läuferrückzug nach b3 nehmen wir in Partie Nr. 48 unter die Lupe.

8. ... h6

Der d-Bauer ist vergiftet: 8. ... ♕xd4 9. ♘1f3 ♕d5 10. ♘e5! ♕xg2 11. ♖f1 ♗e7 12. ♘ef3 ♕g4 13. ♘xf7! (Arnason – Hellers, Reykjavik 1982). Schwarz tut gut daran, den feindlichen Springer sogleich zu vertreiben.

9. ♘5f3 c5
10. dxc5

Die aktivste Fortsetzung. Weniger Aussichten bietet 10. c3, 10. ♘e5 oder 10. ♗f4. Aber es lohnt sich, den alten Zug 10. ♗e3 zu betrachten.

1) Danach verlief die Partie Swidler – Karpow (Tilburg 1996) wie folgt: 10. ... ♕c7 11. ♘e5 ♗d6 12. ♘gf3 ♘bd5 13. ♗b5+ ♔e7 14. 0-0 a6 15. ♗d3 b5

16. c3 ♗b7 17. ♗d2 cxd4 18. cxd4 ♖hc8 19. ♖fc1 ♕b6 20. ♖e1 ♗b4 21. a4 ♗xd2 22. ♕xd2 ♔f8 23. ♗f1 ♖ab8 24. axb5 axb5 25. ♕d3 ♘e7 26. ♕a3 b4 27. ♕b3 ♗d5 Remis.

2) Die andere Möglichkeit ist 10. ... ♘bd5 11. ♘e5 a6 12. ♘gf3 ♕c7 13. 0-0.

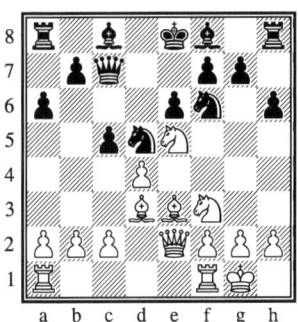

Vor vielen Jahren spielte ich diese Stellung mit Weiß gegen Balaschow (Tilburg 1977).

a) Dort folgte 13. ... ♗d6 14. c3 b6. (Genauer ist 14. ... b5 15. ♗d2 cxd4 16. cxd4 ♗b7 17. ♖ac1 ♕b6 18. a3 0-0 19. ♖fe1 ♘e7 mit Ausgleich, Hellers – Khalifman, Biel 1993.)

15. ♖ad1 0-0

(Schwarz musste hier auf e3 tauschen.)

16. ♗c1 ♗b7 17. ♖fe1 ♖fd8 18. ♗b1 b5 19. a3 ♖ac8 20. h3 ♗a8 21. ♘h4 cxd4 22. cxd4 ♗f8 23. ♕d3 ♕b7 24. ♘g4 ♗d6 25. ♗d2 ♔f8 26. ♘e5 Und ich konnte meinen Vorteil verwandeln.

b) Mehr als zwei Jahrzehnte später versuchte ich, das Spiel von Schwarz zu verstärken, aber in der Diagrammstellung wählte ich den ungünstigen Zug 13. ... cxd4?!. Nach 14. ♗xd4 ♗c5 fand Weiß den sehr starken Zug 15. ♗b5+!? mit der Folge 15. ... ♔f8. (Schlecht wäre auch 15. ... ♔e7? 16. ♘c6+! oder 15. ... axb5? 16. ♕xb5+ ♘d7 17. ♘xd7 ♗xd4 18. ♘f6+ ♔e7 19. ♘xd5+ exd5 20. ♘xd4.)

16. ♗xc5+ ♕xc5 17. c4 g6 18. ♗xd5 ♘xd5 19. c4 ♘f6 20. a3 ♗d7 (Genauer ist 20. ... ♔g7 21. b4 ♕e7 mit hartnäckiger Verteidigung.)

21. ♖fd1 ♗e8 22. b4 ♕e7 23. ♕b2 ♔g8 24. ♖d4 ♔h7 25. ♖ad1 Weiß erhielt entscheidenden Vorteil (Rublewski – Karpow, Polanica Zdroj 1998).

10. ...   **♗xc5**

Das ist sicherer als 10. ... ♘bd7. In diesem Fall würde das Spiel sehr verschärft, und Weiß bekäme Gelegenheit, nicht nur auf Eröffnungsvorteil zu spielen, sondern mit 11. b4!? eine teuflische Falle zu stellen: 11. ... b6 12. ♘d4 bxc5? 13. ♘c6! ♕c7 14. ♕xe6+! fxe6 15. ♗g6 matt. Auch nach 12. ... ♘xc5 13. ♗b5+ ♘d7 14. a3 ♗b7 15. ♘gf3 steht Weiß besser.

11. ♘e5

In der Begegnung A. Iwanow – Karpow (Moskau 1992) wählte Weiß 11. ♗d2. Darauf folgte ♕c7 12. 0-0-0 0-0 13. ♘e5 ♗d7!? 14. ♘gf3 ♖fc8 15. g4 ♗e7.

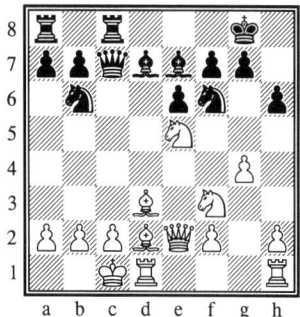

16. g5?!

(Ungefährlicher war das prophylaktische 16. ♔b1. Es ist schwer zu glauben, dass die Partie jetzt nur noch vier Züge dauert.)

16. ... hxg5 17. ♘xg5 ♗b5! 18. ♗f4? ♗xd3 19. ♖xd3?

(Der entscheidende Fehler. Noch kämpfen konnte Weiß nach 19. ♘xd3 ♕c4 20. ♔b1 ♘fd5 21. ♕h5 ♕xc2+ 22. ♔a1 ♗xg5 23. ♗xg5.)

19. ... ♘fd5 Alle Figuren des Gegners hängen in der Luft. 20. ♖f3 ♘xf4 Weiß gab auf.

Sein Damenspringer hat einen langen Weg zurückgelegt – ♘b1-c3-e4-g5-f3-e5 – und ist schließlich im Zentrum gelandet. Zudem stützt ihn sein Kollege. Der Kampf um den Punkt e5 war das Schlüssel-Motiv in dieser Partie.

11. ...   ♘bd7
12. ♘gf3   ♕c7

1) Der voreilige Springertausch ist ungünstig für Schwarz: 12. ... ♘xe5 13. ♘xe5 ♕c7 14. ♗b5+! ♗d7 15.

0-0 0-0 16. ♘xd7 ♘xd7 17. c3, und Weiß dominiert.

2) Nach 12. ... 0-0 13. ♗d2 ♘xe5 14. ♘xe5 ♕d5 15. 0-0-0 ♕xa2 16. c3 b5 17. ♗b1 ♕a4 kann sich der Nachziehende auch nicht halten, was die Partie „Fritz" – Adams (Frankfurt 1999) bestätigte, die wir noch zeigen werden.

13. 0-0

Jetzt kann Weiß seinen Plan mit langer Rochade nicht realisieren, weil Schwarz auf 13. ♗d2? die Erwiderung 13. ... ♘xe5 14. ♘xe5 ♗xf2+! 15. ♔xf2 ♕xe5! 16. ♕xe5 ♘g4+ hat.

Ebenfalls nicht zu empfehlen ist 13. ♗f4 ♗b4+.

I) Denn nach 14. ♔f1 verliert er das Rochaderecht. In der Partie Timman-Karpow (Amsterdam 1988) tauschte Weiß nach 14. ... ♗d6! 15. ♗g3 0-0 16. ♖d1 ♘xe5 17. ♘xe5 ♖d8! 18. ♘c4 ♗xg3 19. hxg3 ♗d7 die Damen – 20. ♕e5 ♖ac8 21. ♕xc7 ♖xc7, und das Treffen endete remis. Hingegen konnte Schwarz mit 19. ... b5!? noch um die Initiative kämpfen.

II) Der Disput mit Timman zog sich über fünf Jahre hin. Die Stellung nach 14. ♘d2 ♗xd2+ 15. ♔xd2 0-0 16. ♖hd1 kam zweimal in unserem WM-Match 1993 vor.

A) In der 1. Partie geschah 16. ... ♕b6.

1) 17. ♘c4 ♕c6 18. ♕f3 ♘d5 19. g3 ♘c5, und Timman opferte eine Figur – 20. ♗xh6, aber nach 20. ... gxh6 21.

♕g4+ ♔h8 22. ♘e5 ♕a4 23. ♕h5
♔g7 24. ♘g4 ♖h8 25. ♘e5 ♖f8 26.
♘g4 ♖h8 27. ♘e5 ♕e8 28. ♕g4+
♔f8 29. ♕d4 ♘xd3 30. ♘g6+ fxg6
31. ♕xh8+ ♔e7 32. ♕xe8+ ♔xe8
33. ♔xd3 h5 hatte ich den Angriff
abgewehrt und entscheidenden
Materialvorteil.

2) In der 3. Partie verstärkte Timman
das weiße Spiel mit 17. ♔c1. Nach
17. ... ♘d5 18. ♗g3 ♘c5 19. ♗c4
♗d7 20. ♘xd7 ♘xd7 21. a4 ♖ac8
22. ♖a3 ♕b4 23. ♗xd5 exd5 24.
♕b5 ♕e4 25. ♕d3 ♘f6 26. ♕xe4
dxe4 stand Weiß äußerst aktiv, und
ich hatte Mühe, Remis zu halten.

B) In der 7. Partie brachte ich selbst
dann die wichtige Verstärkung 16. ...
♘c5 an. Auf solche Nuancen basiert
die moderne Theorie. Der Springer
geht etwas eher nach c5, womit
Schwarz sofort alle Probleme gelöst
hat.

17. ♔e1.

(Der König ändert seine Marschroute
– auf 17. ♘g6 folgt das Damenschach
auf a5 – aber nach dem Tausch des
weißfeldrigen Läufers kann Weiß
nicht mehr auf Vorteil zu hoffen.

Jetzt bringt 17. ♗c4 wegen des Kon-
ters 17. ... b5! nicht den gewünschten
Erfolg. Die b-Linie ist noch nicht von
der Dame besetzt, und nach 18. ♗xb5
♘d5 19. ♗g3 ♕a5+ 20. ♔c1 ♗b7
hat Schwarz reichlich Kompensation
für den Bauern.)

17. ... ♘d5 18. ♗g3 ♘xd3+ 19. ♖xd3
b5! (befestigt den Springer d5) 20. c3

♕b7 21. ♖ad1 Remis

13. ...   **0-0**
14. ♗d2

Den Zug 14. ♖e1 besprechen wir in
der nächsten Partie.

14. ...   **♗d6**

Oder 14. ... ♘xe5 15. ♘xe5 ♗d4! 16.
♘c4 b5!? 17. ♗a5 (Sawon –
Charitonow, Moskau 1991). Nach 17.
... ♕f4 oder 17. ... ♕e7 steht das Spiel
gleich.

15. ♘xd7   **♗xd7**
16. ♖ae1

Die Kommentatoren merkten an, 16.
♖ad1 sei genauer. Ich denke aber
nicht, dass das Verrücken des Turms
um ein Feld nach links die Stellungsbeurteilung ändert.

16. ...   **♖fd8**
17. ♘e5

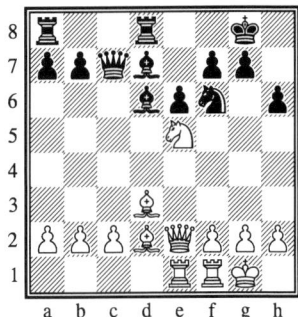

Ohne diesen Rösselsprung ist der
Angriff schwer zu führen. Der Läuferrückzug 17. ♗c1 kommt einem
Tempoverlust gleich, und das Manöver 17. ♗c3 bringt nach 17. ... ♘d5
sogar Schwarz in Vorteil.

17. ... &b5!

Ein netter kombinatorischer Schlag zum Thema Überlastung. Die taktische Operation kann nur in dieser Reihenfolge durchgeführt werden. Nach 17. ... &xe5? 18. ♕xe5 ♕xe5 19. ♖xe5 wird das Feld b5 vom Turm e5 kontrolliert, und das Endspiel wäre wegen des starken weißen Läuferpaares unangenehm für Schwarz.

18. &xb5

Man kann sich leicht davon überzeugen, dass Weiß keinen anderen Zwischenzug hat.

| 18. ... | &xe5 |
| 19. ♕xe5 | |

Die drei Bauern b2, c2 und h2 waren zugleich angegriffen.

19. ...	♕xe5
20. ♖xe5	♖xd2
21. &d3	♖ac8
22. ♖ee1	

Weiß konnte versuchen, die Tauschkombination des Gegners zu verhindern: 22. g3 ♘d5 23. a3, und die Beweglichkeit des Springers ist eingeschränkt. Jetzt würde Schwarz nach 23. ... b5 24. ♖a1! b4 25. ♔f1 b3 26. ♔e1 die Qualität verlieren. Aber der Springer kann eine andere Marschroute wählen: 22. ... ♘d7! 23. ♖e4 ♘c5 24. ♖c4 ♖c6!, und bei Schwarz ist alles in Ordnung.

22. ... b5!?

Weniger effektiv ist 22. ... ♘d5 23. ♖d1 ♖xd1 24. ♖xd1 ♘f4 25. c3 ♘xd3 26. ♖xd3 b5 27. a3!, und da

Weiß die d-Linie beherrscht, hat er bessere Chancen.

23. ♖ed1	♖xd1
23. ♖xd1	♘d5
25. a3	

Auch nach 25. c3 a6 waren die Aussichten gleich.

25. ...	a5
26. g3	b4
27. axb4	♘xb4
28. c3	♘xd3
29. ♖xd3	♖b8
30. ♖d2	a4

Der weiße Vorteil ist nur symbolisch und der friedliche Ausgang unvermeidlich.

31. ♔f1	♖b3
32. ♔e2	a3
33. bxa3	♖xa3
34. ♔d3	♔f8
35. ♔c4	♖a8
36. ♔b3	♖b8+
37. ♔c2	♖c8
38. ♖d7	♔e8
39. ♖b7	♖c5
40. ♖b8+	♔e7
41. ♖b7+	♔e8

Remis.

Partie Nr. 45
Iwantschuk – Karpow
Reykjavik 1991

1. e4	c6
2. d4	d5
3. ♘c3	dxe4
4. ♘xe4	♘d7
5. ♗c4	♘gf6
6. ♘g5	e6
7. ♕e2	♘b6
8. ♗d3	h6
9. ♘5f3	c5
10. dxc5	♗xc5
11. ♘e5	♘bd7
12. ♘gf3	♕c7
13. 0-0	0-0
14. ♖e1	

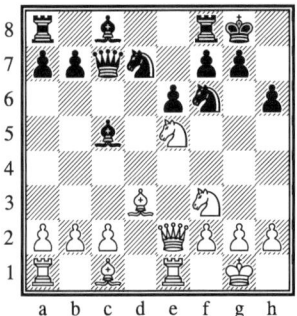

Im Unterschied zur vorigen Partie verstärkt Weiß die Kontrolle über den Punkt e5.

14. ... b6

Schwarz will seine Entwicklung vollenden und ist bereit, dem Gegner das Läuferpaar zu überlassen. Gut war aber auch 14. ... ♗d6:

1) 15. ♘c4 ♗e7 16. ♘d4 ♘c5 17.

♘b5 ♕d8 18. ♖d1 ♗d7 (Minasjan – Wyshmanawin, Debrecen 1992);

2) In der Partie Izeta – Karpow (Dos Hermanas 1993) nahm Weiß nach 15. ♘c4 ♗e7 mit 16. ♘ce5 den Springer zurück, aber nach 16. ... ♘c5 17. ♗c4 a6 18. a3 b5 19. ♗a2 ♗b7 20. ♗e3 ♘ce4 21. ♗d4 ♖ad8 22. c3 ♗c5 23. ♘d3 ♗xd4 24. ♘xd4 ♖d6 25. ♖ac1 ♖fd8 26. f3 ♘c5 27. ♘e5 ♗d5 28. b3 ♕b6 29. ♔h1 ♘cd7 30. ♗b1 ♘xe5 31. ♕xe5 ♗b7 erhielt Schwarz bedeutenden Vorteil, den er zum Sieg nutzte.

15. ♘xd7 **♗xd7**

Nach 15. ... ♘xd7 16. ♕e4 ♘f6 17. ♕xa8 ♗b7 18. ♕xa7 ♖a8 19. ♕xa8 ♗xa8 behält Weiß leichten Vorteil.

16. ♘e5 **♗c6**

Auf 16. ... ♖fd8 geschieht unangenehm 17. ♕f3 mit der Drohung ♗xh6.

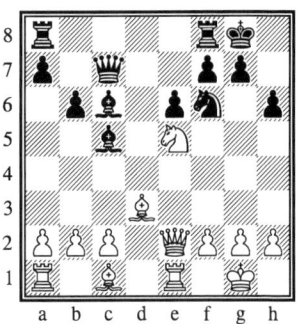

17. ♘xc6

Ein voreiliger Entschluss. Der Tausch des aktiven Springers erleichtert Schwarz die Verteidigung. Richtig war 17. ♗f4 ♖fd8 18. ♗g3 ♗d6 19.

♖ad1 ♗b7 20. c3, wonach Weiß den Druck aufrecht erhält.

    17. ...   **♕xc6**
    18. ♗f4   **♖ad8**

Möglich ist auch 18. ... ♗b4 19. c3 ♗e7 20. ♖ad1 ♕a4!?.

    19. ♖ad1   **♗d6**

Gefährlich wäre 19. ... ♕a4 20. ♗e5 ♕xa2? 21. b3, weil sich Schwarz wegen der Drohung ♖a1 von seinem Bauern a7 verabschieden muss.

    20. ♗d2   **♕c7**
    21. g3   **♕c6**

Interessant ist auch 21. ... ♗e7!? 22. ♗c3 ♖d5 23. ♗c4 ♖c5.

    22. a3   **♗e7**
    23. ♗c3

Aufmerksamkeit verdiente zunächst 23. c4, um erst nach 23. ... a5 mit 24. ♗c3 fortzufahren. Nach 24. ... a4 25. ♗c2 entwickelt Weiß gefährliche Aktivität.

Oder 23. ... ♕a4 24. ♗c1 ♖c8 25. ♕f3 ♔h8 26. ♗f1 nebst b3 und ♗b2.

    23. ...   **♕c7**
    24. ♗e5   **♗d6**

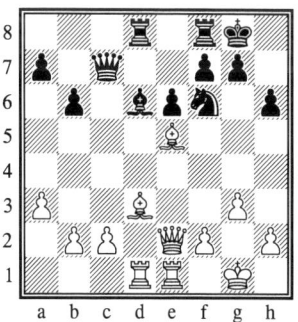

Verzögerungstaktik ist jetzt nicht mehr angebracht, denn auf 24. ... ♕c6 folgt 25. g4. Darum war ich hier bereit, den aktiven Läufer von Weiß um den Preis eines Doppelbauern zu tauschen.

    25. ♗c3

Nach 25. ♗xf6 gxf6 muss sich Schwarz nicht vor 26. ♕g4+ ♔h8 27. ♕h5 fürchten.

(Wichtig ist auch die Variante 27. ♕d4 ♗e7 28. ♕h4 ♔g7 29. ♕g4+ ♔h8 30. ♕h5 ♔g7 31. ♖xe6 ♖xd3!) Denn nach 27. ... ♔g7 28. ♖e4?! f5 29. ♖h4 ♖h8 30. g4 ♗e7 31. ♖h3 f4 fühlt er sich ausgezeichnet.

    25. ...   **♗e7**
    26. ♗c4

Selbst auf Kosten des Läuferpaares war es sinnvoller, die weißen Bauern am Damenflügel in Bewegung zu setzen und die Majorität auszunutzen: 26. ♕f3 ♘d7 27. b4 ♗f6 28. ♗xf6 ♘xf6 29. c4.

    26. ...   **♕c6**
    27. ♖d3   **♖xd3**

Ungünstig ist 27... ♘d5 wegen 28. ♗xd5 ♖xd5 29. ♖xd5 ♕xd5 30. ♖d1 ♕c6 31. ♕g4.

    28. ♗xd3   **♖d8**
    29. ♖d1   **♖d5**
    30. ♕f3   **b5!**
    31. ♖e1   **♕d7**

Natürlich nicht 31. ... ♕b6? 32. ♗xf6 ♗xf6 33. ♕xd5!

    32. ♖e5   **♗f8**

33. ♖xd5   ♘xd5
34. ♕e4

Auf 34. ♗d2 hatte ich eine kleine Abtauschkombination vorbereitet: 34. ... b4! 35. axb4 ♘xb4 36. ♗xb4 ♗xb4 37. ♕e4 ♗c5 38. ♕h7+ ♔f8 39. ♕h8+ ♔e7 40. ♕xg7 ♕d4! 41. ♕xd4 ♗xd4 mit Remis.

34. ...   f5
35. ♕d4   a6!
36. ♗d2

Weiß erreicht am Damenflügel nichts mehr. Auf 36. b4 folgt 36. ... ♕c7 37. ♗d2 ♘b6 38. ♗f4 ♕c6 – und auf 36. ♗e2 geschieht 36. ... ♕c8! mit völligem Ausgleich.

36. ...   ♗e7!
37. ♕e5   ♗f6
38. ♕b8+   ♔f7
39. ♕a8   ♕d6
40. b3

Oder 40. ♗c1 ♗g5!

40. ...   ♗c3

Auf 40. ... ♕xa3 folgt 41. ♗xf5 ♕a1+ 42. ♔g2 ♕d1 43. ♕c6 mit Remis, aber Schwarz konnte sich bereits mit 40. ... ♗g5! die Initiative sichern.

41. ♗xc3   ♘xc3
42. ♕c8   ♘d5
43. b4   ♘e7
44. ♕b7   ♔f6
45. ♗f1

Remis.

Partie Nr. 46
» Fritz « – Adams
Frankfurt 1999

Sie haben sich bereits davon überzeugen können, dass die Caro-Kann-Verteidigung sehr zuverlässig ist. Allerdings nur gegen Menschen! Etwas Anderes ist es nämlich, wenn Ihnen ein Computer gegenüber sitzt. Selbst Garri Kasparow verlor 1997 das entscheidende Spiel gegen „Deep Blue" (siehe Partie Nr. 49).

Im Sommer 1999 fand das traditionelle Schnellschach-Festival in Frankfurt statt, wo Kasparow, Karpow, Kramnik und Anand im Hauptturnier spielten. Am Großmeister-Wettbewerb beteiligten sich solche Koryphäen wie Morosewitsch, Swidler, Adams, Leko und Judit Polgar. Aber dieses Turnier gewann das bekannte Schachprogramm „Fritz"! Am traurigsten war, dass der Computer beide Weißpartien, in denen Caro-Kann aufs Brett kam, für sich entschied. Hier ist eine davon.

1. e4   c6
2. d4   d5
3. ♘c3   dxe4
4. ♘xe4   ♘d7
5. ♗c4   ♘gf6
6. ♘g5   e6
7. ♕e2   ♘b6
8. ♗d3   h6
9. ♘5f3   c5
10. dxc5   ♗xc5
11. ♘e5   0-0

12. ♘gf3	♘bd7
13. ♗d2	♘xe5
14. ♘xe5	♕d5
15. 0-0-0	♕xa2
16. c3	b5
17. ♗b1	♕a4

Dass der ganze Plan mit dem Schlagen auf a2 gefährlich für Schwarz ist, haben wir schon an anderer Stelle erwähnt.

18. ♕d3	♗b6
19. ♕f3	♖b8

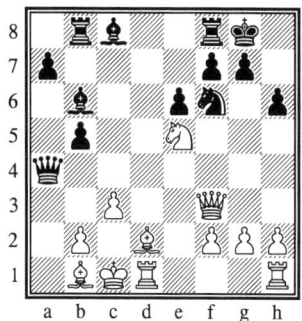

20. ♗xh6	♕h4
21. ♗e3	♗b7
22. ♕g3	♕xg3
23. hxg3	♗xe3+
24. fxe3	♖fc8
25. ♖h2	g6
26. g4	♔g7
27. g5	♘d5
28. ♖h6	♖c7
29. ♗xg6	fxg6
30. ♖df1!	

Schwarz gab auf.

Partie Nr. 47
Kasparow – Karpow
Linares 1992

1. e4	c6
2. d4	d5
3. ♘d2	dxe4
4. ♘xe4	♘d7
5. ♘g5	♘gf6
6. ♗c4	e6
7. ♕e2	♘b6
8. ♗b3	

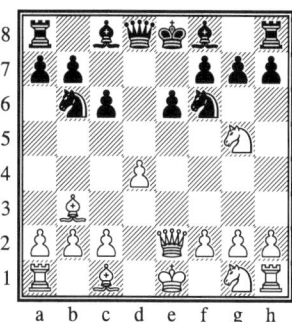

Auf der Diagonale a2-g8 hat der Läufer nicht weniger Perspektiven als auf der benachbarten.

8. ...	**h6**

1) Nach 8. ... c5 9. ♘1f3 h6 10. dxc5 ♗xc5 11. ♘e4 ♘xe4 12. ♕xe4 0-0 13. ♗d2 bekommt Weiß das bessere Spiel.

2) Die Flankenoperation 8. ... a5 brachte Schwarz in der Partie Kasparow – Speelman (Linares 1992) nichts Besonderes ein.

a) Nach 9. c3! a4 10. ♗c2 a3 11. b3 ♘bd5 12. ♗d2 ♗d6 und 13. ♘e4 (statt 13. ♘1f3 ♘f4!) erhielt Weiß erheblichen Vorteil.

b) Dieses Thema kam bei mir übrigens schon etliche Jahre früher mit Weiß vor. In der Begegnung Karpow – Petrosjan (Tilburg 1983) folgte 9. a3 a4 10. ♗a2 h6 11. ♘5f3 c5 12. c3 ♗d7 13. ♘e5 cxd4 14. cxd4 ♗e7 15. ♘gf3 0-0 16. 0-0 ♗e8 17. ♗d2 ♘bd5 18. ♖fc1 ♕b6 19. ♗c4 ♖c6 20. ♖e1 ♘c7 21. ♘xc6 bxc6 22. ♗f4, und ich bewahrte die Initiative.

9. ♘5f3 c5

Der Zentrumsangriff ist die Hauptmethode des schwarzen Gegenspiels. Aber hin und wieder wird auch das vorbereitende 9... a5 angewandt, um Raum am Damenflügel zu gewinnen. Das schließt natürlich die lange Rochade aus.

I) Die natürliche Reaktion besteht in 10. a4 c5.

A) Danach verfolgte Weiß eine Zeit lang den beliebten Plan mit Eroberung des Punktes e5: 11. ♗f4 ♗d6 12. ♗g3 0-0, der von Schwarz eine exakte Verteidigung erfordert.

1) Die dabei auftretenden Schwierigkeiten demonstrierte das Treffen M. Zeitlin – Lutz (Budapest 1989): 13. ♖d1 ♘bd5 14. ♘e5! cxd4 15. ♘gf3 ♗b4+? 16. ♔f1 ♘d7 17. ♘xd4 ♘xe5 18. ♖xe5 ♗d7 19. h4!, in dem Weiß einen gefährlichen Angriff inszenierte.

2) Interessant verlief auch die Partie

Anand – Karpow (Linares 1994): 13. ♘e5 ♕e7 14. ♘gf3 ♘bd5 15. 0-0 ♘h5 16. ♖fe1 ♕c7 17. ♖ad1 ♘xg3 18. hxg3 ♘f6 19. ♘c4 ♗e7 20. ♕e5 ♕c6 21. ♘a3 ♗d6 22. ♕e2 cxd4 23. ♘xd4 ♘c5 24. ♘c4 ♗b8 25. ♘e5 ♖a6 26. ♕b5 ♕c7 Remis.

B) Im Tilburger Turnier 1993 spielte Beljawski gegen mich 11. dxc5 – mit der Folge 11. ... ♘bd7 12. ♘e5 ♘xe5 13. ♕xe5 ♘d7 14. ♕e2 ♗xc5 15. ♘f3 b6 16. 0-0 0-0 17. c3 ♕c7 18. ♗e3 ♗a6 19. ♗c4 ♗xe3 20. ♗xa6 ♗c5, wonach Schwarz ausgezeichnetes Spiel hatte und am Ende die Oberhand behielt.

II) Anders spielte Iwantschuk gegen mich (Tilburg 1993): 10. a3 a4 11. ♗a2 c5 12. ♗f4 ♘bd5 13. ♗e5 ♕a5+ 14. ♘d2 b5 15. ♘f3 b4 16. ♗c4 ♗a6 17. 0-0 bxa3 18. ♖xa3 cxd4 19. ♖aa1 ♗e7 20. ♘xd4 0-0 21. ♘c6 ♗xc4 22. ♘xc4 ♕b5 23. ♘xe7+ ♘xe7 24. ♗d6 ♖fe8 25. ♖fe1 ♘f5 26. ♗e5 ♖ec8 27. ♘a3 ♕xe2 28. ♖xe2 ♘d7, und wieder ergab sich ein günstiges Endspiel für Schwarz. Dieses Mal aber hielt Weiß stand.

III) Weiß kann den Läuferrückzug aber auch mit 10. c3 vorbereiten. Wichtige theoretische Bedeutung hat hierzu die Partie Kasparow – Karpow (Linares 1994), die folgenden Verlauf nahm: 10. ... c5 (10. ... a4 11. ♗c2 a3 12. b3 c5 13. ♗d2) 11. a3 ♕c7 12. ♘e5 cxd4 13. cxd4.

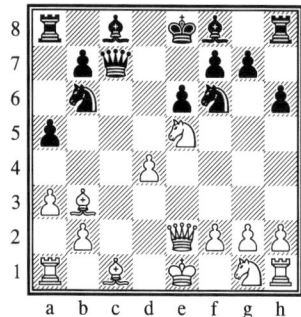

A) Jetzt hätte ich mit dem Überraschungszug 13. ... ♗xa3 einen Bauern gewinnen können, und viele dachten, beide Gegner hätten dies übersehen. Nach 14. ♗xh6! jedoch ist die Stellung nicht so klar. Hier sind drei Varianten:

1) 14. ... ♖xh6 15. ♖xa3 ♕c1+ 16. ♗d1 ♘fd5 17. ♘gf3 f6 18. ♘d3;

2) 14. ... ♗b4+ 15. ♗d2 ♗xd2+ 16. ♕xd2 a4 17. ♖c1;

3) 14. ... ♗xb2 15. ♕xb2 ♖xh6 16. ♘gf3.

In allen Fällen hat Weiß ausgezeichnetes Spiel.

B) Unsere Partie ging jedoch anders weiter: 13. ... a4 14. ♗c2 ♗d7 15. ♘xd7 ♘bxd7 16. ♕d1 ♗d6 17. ♘e2 ♘d5 18. ♗d2 b5 19. ♘c3 ♘xc3 20. ♗xc3 ♘f6 21. ♕d3 ♘d5 22. ♗d2 ♔e7! 23. ♖c1 ♕c4 24. ♔e2!

1) 24. ... ♖hb8 25. g3 ♕xd3+ 26. ♔xd3 b4 27. ♖a1! bxa3 28. bxa3 ♖b3 29. ♗c2! ♖xa3 30. ♖xa3 ♗xa3 31. ♖a1 ♗b2 32. ♖xa4 ♖xa4 33. ♗xa4 ♗xd4 34. f4! ♔d6 35. ♔f3 f5 36. h4 ♗b2 37. g4 fxg4+ 38. ♔xg4

♘f6+ 39. ♔f3 ♘d5 40. ♗c2 ♗f6 41. h5 Remis

2) Besser wäre 24. ... ♘f4+! 25. ♗xf4 ♗xf4 26. ♕xc4 bxc4 27. ♖b1 ♖hd8 28. ♖hd1 ♗g5 gewesen, denn obwohl Schwarz Vorteil hat, ist die weiße Stellung verteidigungsfähig; z.B. 29. g3 ♗f6 30. ♔e3.

10. ♗f4

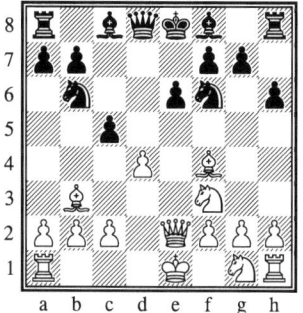

Weiß will den Punkt e5 kontrollieren. Wie die Praxis zeigte, sind die Fortsetzungen 10. a3, 10. c3 oder 10. dxc5 ungefährlich für Schwarz.

10. ...   ♗d6

Schwarz möchte den Läufer sogleich tauschen, obwohl es sich herausstellt, dass dies gar nicht so einfach ist. Als Hauptantwort an dieser Stelle gilt 10... ♘bd5. In der Partie Short – Speelman (Hastings 1988/89) folgte 11. ♗e5 ♕a5+ 12. ♘d2.

1) Und nach 12. ... b5 13. c4 bxc4 14. ♗xc4 ♘b6 15. b4! ♕xb4 16. ♖b1 ♕a5 17. ♗b5+ ♗d7 18. ♗xf6 gxf6 19. ♘gf3 cxd4 20. 0-0 ♖d8! 21. ♘e4! hatte Weiß gefährliche Initiative.

2) Der 12. Zug von Schwarz war jedoch ungenau, denn besser war 12. ... cxd4 13. ♘gf3 ♗e7 14. ♘xd4 0-0.

a) Nach 15. 0-0 ♗d7 16. c4 ♘b4 17. ♘4f3 ♘c6 18. ♗c3 ♕f5 19. a3 ♖fd8 20. ♖fd1 ♗e8 sind die Chancen gleich (Anand – Karpow, Monaco 1993).

b) Weiß konnte aber energischer 15. 0-0-0!? spielen. Weiter geschah danach in der Begegnung Anand – Khalifman (Biel 1993) 15. ... ♗d7 16. ♔b1 ♕b6 17. c4 ♘b4 18. ♘e4 ♘xe4 19. ♕xe4 ♗c5?!

(Sicherer war 19. ... ♖fd8!? 20. ♕g4 ♗f8.)

20. ♘c2! ♗c6 21. ♕g4 f6 22. ♗c3 a5 23. ♗xb4 axb4 24. ♕xe6+ ♔h8 25. f3 ♖ae8?

(Richtig ist 25. ... f5! mit Kompensation für den Bauern.)

26. ♕f5 ♖e2 27. ♘e1! Und am Ende gewann Weiß.

11. ♗g3!   ♕e7

Der Tausch der schwarzfeldrigen Läufer 11. ... ♗xg3 12. hxg3 käme Weiß entgegen, weil sein Turm nach Öffnung der h-Linie ohne Zeitverlust aktiviert wird.

Natürlicher sieht allerdings 11. ... ♕c7 aus, weil sich das Feld e5 jetzt völlig in weißer Hand befindet.

12. dxc5   ♗xc5
13. ♘e5   ♗d7
14. ♘gf3   ♘h5

Schwarz beabsichtigt die Rochade, aber es wäre zu gefährlich, die Magis-trale h2-b8 aufzugeben (14. ... 0-0-0? 15. ♘xf7! ♕xf7 16. ♕e5). Aus diesem Grund beeilt er sich, die schwarzfeldrigen Läufer zu tauschen, denn Weiß kann keinen Nutzen aus dem hängenden Springer auf h5 ziehen. Nach 15. ♘xf7 ♘xg3 16. fxg3 ♔xf7 17. ♘e5+ ♔e8 18. ♕h5+ ♔d8 19. ♘g6 ♕g5 20. ♕xg5+ hxg5 21. ♘xh8 ♔e7 erleidet Weiß Materialverlust.

15. 0-0-0   ♘xg3
16. hxg3   0-0-0

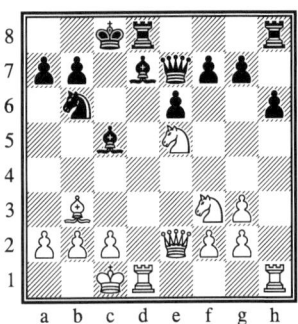

17. ♖h5!

Ein ungewöhnlicher Zug. In der Regel übt ein Turm *vertikalen* Druck aus, aber hier umfasst sein Handlungsspielraum auch die Horizontale. Es droht 18. ♘xf7 ♕xf7 19. ♖xc5+. Der Läuferrückzug 17. ... ♗d6 hilft Schwarz jetzt wegen 18. ♖xd6 nicht weiter. Der Turm konnte zwar mittels 17. ... g6 18. ♖h4 abgedrängt werden, aber ich wollte meine Bauernstruktur nicht schwächen.

17. ...   ♗e8
18. ♖xd8+   ♔xd8

19. ♕d2+!　♗d6

Die einzige Verteidigung. Eine Königsflucht würde nicht gelingen: 19. ... ♔c8 20. ♘d3 ♗d6 21. ♕c3+. Nach 19. ... ♘d7 20. ♘xd7 ♗xd7 21. ♘e5 oder 19. ... ♕d6 20. ♘xf7+♗xf7 21. ♖xc5 geht Schwarz an der d-Linien-Fesselung auf der zu Grunde.

20. ♘d3　♕c7

Natürlich nicht 20. ... ♔c8? wegen 21. ♕c3+♔b8 22. ♕xg7, aber möglich war 20. ... f5 (20. ... f6 21. ♖a5!) 21. ♖h4 ♔c8, und Schwarz konnte die Stellung sicher halten.

21. g4　♔c8

Wegen der Schwächung des Punktes e6 reicht die Zeit nicht, um den Turm abzudrängen: 21. ... f5 22. ♘d4!

22. g5　♗f8

1) Besser war es, die Königsflucht mit 22. ... ♔b8 fortzusetzen, weil nach 23. gxh6 gxh6 24. ♖xh6? der taktische Trick 24. ... ♗f4! ginge.

2) Keinen Erfolg hat hingegen der Versuch, mittels 22. ... ♗b5 den schlechten Läufer zu tauschen: 23. gxh6 ♗xd3 24. hxg7 ♖d8 25. g3! ♗e4 26. ♖h8 ♗xf3 27. ♗xe6+! fxe6 28. g8♕ ♖xg8 29. ♖xg8+ ♔d7 30. ♖g7+, und das Endspiel ist für Weiß gewonnen (*Kasparow*).

23. ♖h4!　♔b8
24. a4　♗e7?

Ein Tempoverlust. Angebracht war der sofortige Rückzug 24. ... ♘c8 mit der Idee, den Springer nach c6 oder g6 zu bringen.

25. a5　♘d5
26. ♔b1!

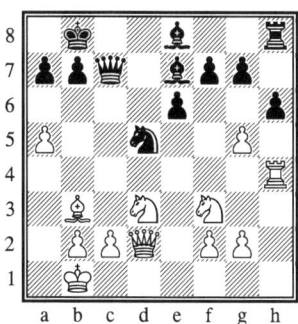

Weiß droht 27. c4 mit Gewinn des Springers.

1) Wenn Schwarz versucht, sich durch 26. ... ♖f8 der Fesselung auf der h-Linie zu entziehen, folgt 27. ♗xd5 exd5 28. ♘b4 hxg5 29. ♘xd5 ♕d8 30. ♖d4 – und auf 28. ... ♗c6 ist eine gefällige „Dame-Kombination" möglich: 29. gxh6 ♗xh4 30. ♘a6+! bxa6 31. ♕b4+♕b7 32. ♕xf8+♕c8 33. hxg7.

2) Rettungschancen bot nur 26. ... ♖g8!, obwohl Schwarz auch dann nach 27. ♗c4 ♕d6 28. ♖d4 hxg5 29. c4 ♗f6 30. cxd5 ♗xd4 31. ♘xd4 kein rosiges Leben hat.

26. ...	**♗d8?**
27. a6	**♕a5**
28. ♕e2!	**♘b6**
29. axb7	**♗xg5**
30. ♘xg5	**♕xg5**
31. ♖h5!	

Der Turm ist zum entscheidenden Sturm bereit. Für 31. ... ♕xg2 bleibt keine Zeit, weil es nach 32. ♘c5 keinen Schutz gegen die Mattdrohungen auf der Diagonale h2-b8 gibt: 32. ... f6 33. ♕xe6 ♕c6 34. ♕e7; 32. ... ♘d7 33. ♕a6 ♘xc5 34. ♖xc5 ♕xb7 35. ♕d6+.

31. ...	♕f6
32. ♖a5!	♗c6
33. ♘c5	♗xb7
34. ♘xb7	♔xb7
35. ♕a6+	♔c6
36. ♗a4+	♔d6
37. ♕d3+	♘d5
38. ♕g3+!	♕e5
39. ♕a3+	♔c7
40. ♕c5+	♔d8
41. ♖xa7	

Schwarz gab auf.

Partie Nr. 48
„Deep Blue" – Kasparow
New York 1997

Es erstaunt Sie vielleicht, dass auch diese Computerpartie Eingang in unser Eröffnungsbuch gefunden hat. Natürlich war das keine Glanzleistung von Garri Kasparow, dafür aber ein sehr wertvoller Beitrag der Maschine zur Schachtheorie. Zum ersten Mal in der Geschichte verlor der Weltmeister ein Match über sechs Partien mit normaler Bedenkzeit gegen einen Computer. Und es ist bemerkenswert, dass im entscheidenden letzten Spiel dieses Duells die Caro-Kann-Verteidigung gewählt wurde. Allerdings war nicht vorauszusehen, dass die Partie schon nach einer guten Stunde im 19. Zug zu Ende sein würde.

1. e4	c6
2. d4	d5
3. ♘c3	dxe4
4. ♘xe4	♘d7
5. ♘g5	♘gf6
6. ♗d3	

In den letzten Jahren der populärste Zug. Der Läufer wird heute viel öfter auf dieses Feld entwickelt als nach c4. Auch die restlichen Partien dieses Kapitels sind dem Läuferausfall nach d3 gewidmet.

6. ...	e6
7. ♘1f3	

Ich habe schon aufgehört zu zählen, wie oft diese Stellung in meinen Partien vorkam. Kasparow hatte diese Position ebenfalls häufig auf dem Brett, darunter gegen mich, aber mit Weiß...

Hier zieht Schwarz immer automatisch 7. ... ♗d6, und erst nach 8. ♕e2 wird der Springer mittels 8. ... h6 befragt, wonach Schwarz eine sichere Stellung hat.

7.... h6?

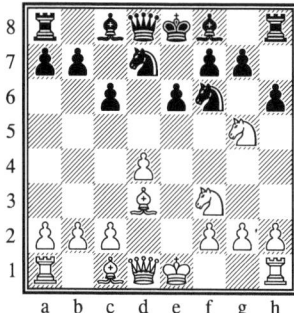

Ein sehr fragwürdiger Zug, der es dem Weißen erlaubt, mit einem Springeropfer einen heftigen Königsangriff zu inszenieren. Nach der Partie äußerte Kasparow, er habe geglaubt, die Maschine sei noch nicht reif für eine solche strategische Entscheidung, da Weiß nur einen Bauern für die Figur bekomme. Dem ist aber nicht so! Der Einschlag auf e6 gehört zu der Kategorie von Eröffnungszügen, die schon früh einprogrammiert wurden. Soweit mir bekannt, ist diese Stellung verschiedenen Programmen „bekannt", und kein einziges zögert auch nur einen Augenblick, mit ♘xe6 fortzufahren.

Eine andere Version lautet, Kasparow habe an diesem Tag einen psychischen Knacks erlitten. Die kolossale nervliche Belastung wirkte sich aus, und dem Ermüdeten unterlief die folgenschwere Zugumstellung. Er wähnte den Läufer schon auf d6 und machte den zweiten Zug vor dem ersten.

Es gibt jedoch noch eine weitere und wahrscheinlichere Erklärung für den schwachen Zug 7. ...h6. Die sich nach dem Springeropfer ergebende Stellung wird in den Eröffnungshandbüchern als zweifelhaft bewertet, und deshalb hat Kasparow sie ganz bewusst angestrebt.

8. ♘xe6!

Stünde der schwarze Läufer auf d6, so wäre der Textzug selbstredend inkorrekt.

8. ... ♕e7

Die Variante 8. ... fxe6 9. ♗g6+ ♔e7 10. 0-0 ♕c7 11. ♖e1 ♔d8 12. c4 ♗b4 13. ♖e2 ♘f8 14. ♘e5 ♘xg6 15. ♘xg6 ♖e8 (Wolff – Granda Zuniga, New York 1992) wird in einem meiner früheren Bücher als spielbar für Schwarz eingeschätzt. Ich gebe Weiß dort allerdings den Rat, anstelle von 12. c4 besser 12. g3!? zu spielen. Doch wusste „Deep Blue" davon?

Wie dem auch sei, das Erscheinen der Dame auf e7 ziert die schwarze Position nicht gerade.

9. 0-0 fxe6
10. ♗g6+ ♔d8
11. ♗f4!

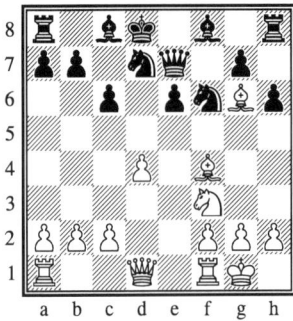

Diese Stellung kann man in dem erwähnten Buch ebenfalls finden.

1) Obwohl z.B. auch 11. c4 ♕d6 12. ♕e2 ♕c7 13. ♖d1! ♗d6 14. ♘e5 ♖f8 15. ♗f4 günstig für Weiß ist (Leko – Bahtadze, Las Palmas 1995). Weiter werden in der Diagrammstellung die Fortsetzungen 11. ... b6, 11. ... ♕b4 und als stärkste 11. ... ♘d5 untersucht. Natürlich kann Schwarz noch hartnäckigen Widerstand leisten, aber die Statistik ist unbestechlich: Fast alle Partien endeten mit einem Fiasko des Nachziehenden.

2) Hier als Beispiel die Partie Chandler – Hübner (Biel 1987): 11. ... ♘d5 12. ♗g3 ♕b4 13. ♖e1 ♗e7 14. ♕e2 ♗f6 15. c4 ♘e7 16. a3 ♕b3 17. ♗d3 ♘f5? (notwendig war 17. ... ♘f8) 18. ♗xf5 exf5 19. ♕e6 ♕b6 20. c5 ♘xc5 21. ♕d6+ ♘d7 22. ♘e5 ♗xe5 23. ♖xe5 ♖e8 24. ♖xe8+ ♔xe8 25. ♖e1+ ♘e5 26. ♖xe5+ ♔f7 27. ♖e7+, und Schwarz gab auf.

Man erkennt mit bloßem Auge, dass die schwarzen Figuren sehr unkoordiniert stehen, aber Kasparow verließ

sich vielleicht ja darauf, dass der Roboter keine Augen hat …

11. ... **b5**

Eine Neuerung oder eine Geste der Verzweiflung? Der Wunsch, dem Springer den bequemen Standort d5 zu verschaffen, bevor dies durch c2-c4 verhindert wird, ist verständlich. Doch Weiß bereitet ihm jetzt neue Probleme, nicht nur im Zentrum, sondern auch am Damenflügel.

12. a4!	**♗b7**
13. ♖e1	**♘d5**
14. ♗g3	**♔c8**
15. axb5	**cxb5**

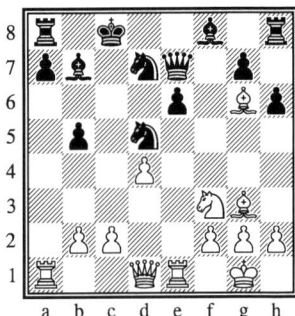

16. ♕d3!	**♗c6**

Schützt Schwarz den Bauern durch 16. ... ♘c7, so entscheidet 17. ♕c3 ♘f6 18. ♖xe6 ♕d8 19. ♗f5 ♔b8 20. ♘e5 ♘fd5 21. ♘c6+ ♗xc6 22. ♕xc6.

17. ♗f5

Das würde auch nach 16. ... a6 geschehen.

17. ... **exf5**

Nichts hilft 17. ... ♘b4 18. ♕c3 ♔b7 19. ♖xe6 ♕d8 20. d5 ♗xd5 21. ♖e8 oder 17. ... ♘c7 18. ♗xc7 ♔xc7 19. ♖xe6 ♕d8 20. ♕c3 ♗d6 21. ♘e5 ♘b8 22. ♗e4.

18. ♖xe7   ♗xe7

19. c4

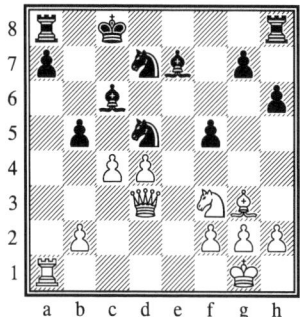

Schwarz gab auf.

Formal herrscht auf dem Brett ungefähr materielles Gleichgewicht. Aber Kasparow verstand nur zu gut, dass ein Weiterspielen gegen die Maschine einfach töricht ist. Nach 19. ... ♘b4 20. ♕xf5 bxc4 21. ♘e5 oder 19. ... bxc4 20. ♕xc4 ♘b4 (20. ... ♔b7 21. ♕a6 matt!) 21. ♖e1 ♖e8 22. ♘h4 ♘b6 23. ♕f7 ♘6d5 24. ♘xf5 ♔d8 25. ♘xg7 fällt die schwarze Stellung wie ein Kartenhaus zusammen.

Partie Nr. 49
Van der Wiel – Karpow
Amsterdam 1987

1. e4	c6
2. d4	d5
3. ♘d2	dxe4
4. ♘xe4	♘d7
5. ♘g5	♘gf6
6. ♗d3	e6

1) Auf 6. ... h6 ist 7. ♘e6! mit gefährlichem Angriff möglich, z. B. 7. ... ♕a5+ 8. ♗d2 ♕b6 9. ♘f3 fxe6 10. ♗g6+ ♔d8 11. 0-0 c5 12. c4 cxd4 13. ♘xd4 e5 14. c5! (nicht gleich 14. ♗a5 exd4 15. ♗xb6+ axb6) 14. ... ♘xc5 (14. ... ♕a6 15. ♗a5+ ♕xa5 16. ♘e6 matt) 15. ♗a5 mit weißer Gewinnstellung (Tal – Oll, UdSSR 1986).

2) Kaum zu empfehlen für Schwarz ist auch 6. ... ♘b6.

(Nicht bewährt haben sich die Fortsetzungen 6. ... g6 und 6. ... c5.)

7. ♘1f3 h6 8. ♘xf7! ♔xf7 9. ♘e5+ ♔g8 10. ♗g6 ♗e6 11. 0-0 ♘c4 12. f4 ♘d6 13. f5 usw.

3) Riskant ist ebenfalls 6. ... ♕c7 7. ♘1f3 h6 8. ♘e6 fxe6 9. ♗g6+ ♔d8 10. 0-0 ♕d6 11. ♕e2 ♘d5 12. ♘e5 ♘xe5 13. dxe5 ♕b4 14. c4 ♘b6 15. ♖d1+ ♗d7 16. ♗e3, und Weiß dominiert (Lauk – Lokotar, Esti 1992).

7. ♘1f3   ♕c7

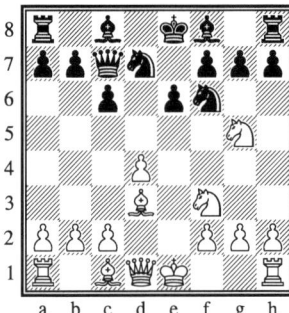

Der Damenzug nach c7 führt zu einem spannenden, aber noch riskanteren Spiel als 7. ... h6. Die Standardfortsetzung 7. ... ♗d6 kommt in allen weiteren Partien dieses Kapitels vor. Seltener wird der Läufer nach e7 gestellt. Hier sind zwei interessante Beispiele.

1) Kasparow – Iwantschuk (Nowgorod 1995): 7. ... ♗e7 8. c3 h6 9. ♘e4 0-0?!

(Schwarz spielt mit dem Feuer, denn richtig ist das sofortige 9. ... c5.)

10. 0-0 c5 11. ♘e5! cxd4 12. cxd4 ♛b6 13. ♘xf6+ ♗xf6 14. ♗e3 ♖d8 15. ♛c2.

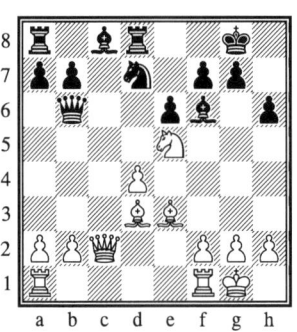

Die schwarze Stellung sieht sehr gefährdet aus, aber der Nachziehende hält dennoch stand. 15. ... ♘f8 16. ♖fd1 ♗d7 17. d5 ♛d6 18. ♘xd7 ♖xd7 19. dxe6 ♛xe6 20. ♗c4 ♖c7! 21. ♗xe6 ♖xc2 22. ♗d5 ♖xb2 23. ♖ab1 ♖xb1 24. ♖xb1 ♖d8 25. ♗xb7 ♗d4 26. ♗xd4 ♖xd4 27. g3 ♘e6 28. ♗c6 g6 Remis

2) Khalifman – Arkell (Leningrad 1989): 7... ♗e7 8. 0-0 h6 9. ♘e4

(Weiß kann sich nicht zu dem Springeropfer 9. ♘xe6!? entschließen, obwohl er nach 9. ... fxe6 10. ♗g6+ ♔f8 11. ♛e2 ♗d6 12. ♘e5! ♛e7 13. f4! bzw. 11. ... ♘b6 12. ♘e5 ♛c7 13. c4 ♗d7 14. ♗f4 ebenfalls über gefährliche Drohungen verfügt.)

9. ... ♘xe4 10. ♗xe4 ♘f6 11. ♗d3 0-0 12. ♗f4 ♘d5 13. ♗d2 c5 14. dxc5 ♗xc5 15. ♛e2 ♛c7 16. ♛e4 ♘f6 17. ♛h4 ♗e7

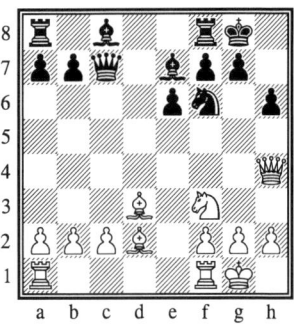

18. ♗xh6!? Ein Standardopfer, das in diesem Fall auf reiner Intuition beruht.

18. ... gxh6 19. ♕xh6 ♖d8 20. ♖ae1 ♖d5 21. ♘g5 ♖xd3 22. cxd3 ♕d8 23. ♖e3 ♗f8 24. ♕h8+! ♔xh8 25. ♘xf7+ ♔g8 26. ♘xd8 ♗c5 27. ♖e2 ♗d4 28. ♘xe6 ♗xe6 29. ♖xe6 ♗xb2 30. ♖e7! b5 31. ♖b1 ♖c8 32. ♔f1 ♘d5 33. ♖d7 ♘f6 34. ♖xa7 ♖c2 35. ♖e7 ♘d5 36. ♖e8+ ♔f7 37. ♖be1 ♘f4 38. ♖8e3 ♔g6 39. g3 ♗c3 40. ♖b1 ♘d5 41. ♖e2 ♖xe2 42. ♔xe2. Das Endspiel ist hoffnungslos für Schwarz, und bald danach gab er auf.

8. ♕e2

Mit der unmissverständlichen Drohung 9. ♘xf7! ♔xf7 10. ♘g5+.

8. ...   h6
9. ♗g6!?

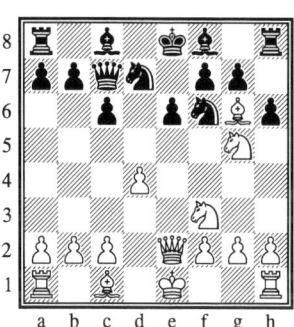

9. ...   hxg5

Der einzige Zug.

10. ♗xf7+

Verlieren würde 10. ♕xe6+ ♔d8 11. ♘xg5 ♕a5+. Ungefährlich für Schwarz ist 10. ♘xg5 ♗b4+! 11. c3 0-0 12. ♘xe6 mit scharfem Spiel.

10. ...   ♔d8

Nicht jedoch 10. ... ♔xf7? 11. ♘xg5+ ♔g6 12. ♕d3+, denn Schwarz wird matt.

11. ♘xg5   ♘b6
12. ♗xe6

Viel stärker ist 12. g3! ♗d7

(Nach 12. ... ♗d6 könnte Weiß eine Gabel auf c5 versuchen: 13. 0-0 ♗d7 14. c4! c5 15. b4, und Schwarz büßt Material ein.)

13. ♗xe6 ♗e8 (13. ... ♗b4+ 14. c3 ♖e8 15. cxb4 mit Gewinn) 14. ♗f5! ♗f7 15. ♗f4 ♕e7 16. ♕xe7+ ♔xe7 17. 0-0 ♗g8 18. b3! mit gefährlichen Drohungen (Van der Wiel).

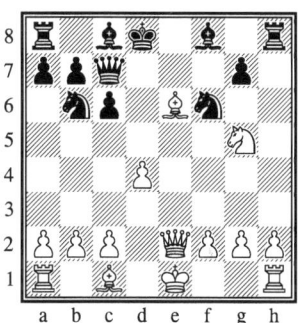

12. ...   ♖xh2!

Nach dem unerwarteten Schlagen fühlt sich Schwarz vollkommen in seinem Spiel bestätigt.

13. 0-0

Im Falle von 13. ♘f7+ ♕xf7! 14. ♗xf7 ♖xh1+ würde sich die Lage entspannen.

13. ...   ♖h5!

14. g3

Vorteilhaft für Schwarz ist 14. ♘f7+
♔e8 15. ♗g4+ ♔xf7 16. ♗xh5+
♘xh5 17. ♕xh5+ ♔g8.

14. ...	**♕e7**
15. ♖e1	

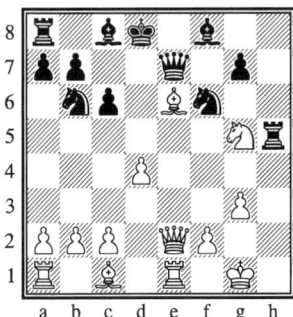

15. ...	**♖xg5**

Hier lässt Schwarz die Möglichkeit
aus, die Initiative zu ergreifen: 15. ...
♗xe6!? 16. ♘xe6+ ♔d7 17. ♘xf8+
♕xf8 18. ♕e6+ ♔d8 19. ♗f4 ♘bd5
20. ♗d6 ♕e8.

16. ♗xg5	**♗xe6**
17. ♕xe6	**♕xe6**
18. ♖xe6	**♔d7**
19. ♖ae1?!	

Richtig war 19. ♖e2 a5 20. a4! (mit
der Drohung b2-b3 und c2-c4) 20. ...
♘fd5 21. c3, und Weiß geht kein
Risiko ein.

19. ...	**♘bd5!**
20. ♗xf6	**♘xf6**
21. ♖6e5	**b5!**

Verhindert 22. a4, denn nach 22.
...bxa4 23. ♖a1 a3! 24. bxa3 a5 25. a4

♘d5 muss Weiß schon um Ausgleich
kämpfen.

22. c3	**a5**
23. ♔f1	**a4**
24. a3	

Die Lage hat sich stabilisiert, und ein
Remis ist schon in Sicht.

24. ...	**♘d5**
25. ♖f5	**♗e7**
26. ♖f7	**♖g8**

Zu riskant ist 26. ... g5?! 27. ♖h7
nebst ♔g2.

27. ♖e2	**♔e8**
28. ♖f5	**♔d7**
29. ♖f7	**♔d6**
30. ♔g2	**♔d7**

Remis.

Partie Nr. 50
Sokolow – Karpow
Belfort 1988

1. e4	**c6**
2. d4	**d5**
3. ♘d2	**dxe4**
4. ♘xe4	**♘d7**
5. ♘g5	**♘gf6**
6. ♗d3	**e6**
7. ♘1f3	**♗d6**

Dies ist der grundlegende Aufbau in
der modernen Caro-Kann-Verteidigung.

8. ♕e2	

Weiß bereitet die lange Rochade vor
und nimmt den Punkt e5 ins Visier.

Eine Alternative wäre der Plan mit kurzer Rochade. Wir zeigen zwei interessante Partien zu diesem Thema.

Kasparow – Karpow (Amsterdam 1988): 8. 0-0 h6 9. ♘e4 ♘xe4 10. ♗xe4 0-0

1) 11. c3 e5 12. ♗c2 ♖e8 13. ♖e1 exd4 14. ♖xe8+ ♕xe8 15. ♕xd4 ♕e7 16. ♗f4 ♗xf4 17. ♕xf4 ♘f8 18. ♖e1 ♗e6 19. ♘d4 ♖d8 20. h4

a) 20. ... ♕c5 21. ♖e3 ♕d6 22. ♘xe6 fxe6?!

(Natürlicher ist 22. ... ♘xe6 23. ♕e4 ♘f8.)

23. ♕g4. Im Endspiel hatte Weiß deutlichen Vorteil.

b) Eine Verstärkung für Schwarz erfolgte in der Begegnung Ulybin – Georgadse (Simferopol 1988): 20. ... ♕d6!? 21. ♘xe6 ♘xe6 22. ♕e4 ♔f8 23. g3 ♕c5?

(Angebracht war 23. ... g6 24. ♗b3 ♔g7 25. ♕e3 b6, wonach die schwarze Stellung schwer zu erstürmen ist.)

24. ♗b3 ♖d2 25. ♖e3 ♕e7 26. ♖f3! ♔g8 27. ♖xf7!! ♔xf7 28. ♕f4+ ♔e8 29. ♕xd2, und Weiß gewann.

2) Kamsky – Karpow (Tilburg 1991): 11. ... c5 12. ♗c2 ♕c7 13. ♖e1 ♖d8 14. h3 ♘f6 15. ♕e2 cxd4 16. ♘xd4 ♗h2+ 17. ♔h1 ♗f4 18. ♘b5 ♕b8 19. a4 ♗d7 20. ♗xf4 ♕xf4 21. ♘d4 ♗c6! mit totalem Ausgleich.

8. ...	**h6**
9. ♘e4	**♘xe4**
10. ♕xe4	

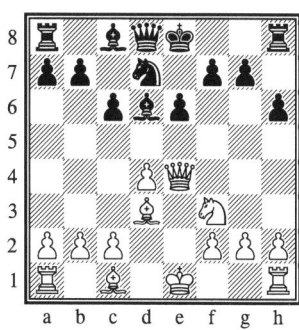

Stattdessen 10. ♗xe4 wäre vollkommen ungefährlich für Schwarz. Zur Illustration bringen wir die Partie Naiditsch – Bologan (Dortmund 2003): 10. ... 0-0

(10. ... ♘f6 11. ♗d3 läuft auf Zugumstellung hinaus.)

11. ♗d2

(Auf 11. 0-0 folgt 11. ... e5 12. dxe5 ♘xe5 13. ♗f4 ♗g4 mit Ausgleich.)

11. ... e5 Mit dieser Entlastungsoperation löst Schwarz alle Probleme.

12. dxe5 ♘xe5 13. 0-0-0 ♘xf3+ 14. ♕xf3 ♕h4! 15. h3

(Sicherer war 15. g3 ♕h3 16 . ♕d3 ♗c5, denn die Bauernjagd führt ins Verderben: 15. ♗xc6? bxc6 16. ♕xc6 ♗f5 17. ♕xd6 ♖ac8 18. ♗c3 ♕a4 19. ♕d2 ♖cd8 20. ♕e2 ♕xa2 21. b3 ♖c8.)

15. ... ♗e6 16. ♔b1?

(Auch hier hätte 16. g3 Weiß noch Ausgleich gebracht: 16. ... ♕e7 17. ♖he1 f5 18. ♗d3 ♕f7 19. ♗f4 ♗d5 20. ♕e3 ♖ae8 21. ♕d2.)

16. ... f5 17. ♗d3 ♗d5 18. ♕e2 ♖ae8 19. ♕f1 ♗c5 20. f3 b5! Die schwarze Stellung verdient klar den Vorzug.

10. ...   **♘f6**

Möglich war hier auch 10. ... c5. Nach 11. ♗d2 ♘f6 12. ♗b5+ ♗d7 13. ♕xb7 ♖b8 14. ♗xd7+ ♘xd7 15. ♕a6 hätte Weiß jedoch einen kleinen, anhaltenden Vorteil (Psachis – Meduna, Trnava 1988).

Ein anderer populärer Zug ist 10. ... ♕c7. Darauf gehen wir in den Partien Nr. 57-59 ein.

11. ♕e2

Behält e5 unter Kontrolle. Auf den Damenzug nach h4 kommen wir an anderer Stelle zurück.

11. ...   **b6**

Die Reihenfolge kann auch 11. ... ♕c7 12. ♗d2 b6 lauten.

12. ♗d2   **♗b7**
13. 0-0-0   **♕c7**
14. ♖he1

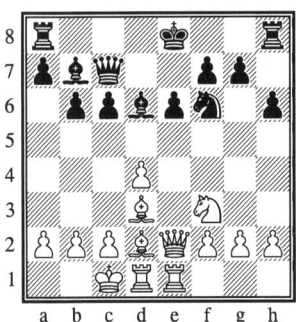

Andere Möglichkeiten für Weiß sind 14. ♔b1 und 14. ♘e5. Wir betrachten sie später.

14. ...   **0-0-0**

Die kurze Rochade studieren wir in der nächsten Partie. Sie sieht gefährlich aus, ist aber nach meiner Erfahrung sicherer für Schwarz.

15. ♗a6   **♗xa6**
16. ♕xa6+   **♔b8**
17. ♕e2   **♘d5**
18. c4   **♘f4**
19. ♕f1   **♘g6**

Die schwarze Stellung weist keine sichtbaren Schwächen auf, ist jedoch passiv. Auf den Vorstoß des g-Bauern 19. ... g5?! 20. g3 g4 hat Weiß die starke Replik 21. ♖e4 gxf4 22. ♖xf4!

20. g3   **♗e7**

Die schwarzen Figuren können sich nicht befreien.

1) Mit 20. ... c5 würde das Feld b5 geschwächt, was sich im Fall von 21. h4 cxd4 22. ♘xd4 bemerkbar macht.

2) Und 20. ... e5 findet eine taktische Widerlegung: 21. dxe5 ♘xe5 22. ♖xe5! ♗xe5 23. ♘xe5 ♖xd2 24. ♘xc6+.

21. h4   **h5**
22. ♕e2   **♖d7**
23. ♗g5   **♗f6**

Irgendwie muss der Punkt e5 überdeckt werden, doch jetzt schaltet Weiß auf den Vorstoß d4-d5 um.

24. ♖d2   **♖hd8**
25. ♖ed1   **♕b7**
26. ♔b1   **♔a8**
27. a3   **♕a6**

Schwarz ist zum Warten verurteilt. Nach 27. ... b5 28. cxb5 cxb5 29. ♖c1 besetzen die weißen Türme die c-Linie und drohen, auf den schwachen Feldern c6 und c7 einzudringen.

28. ♗xf6	gxf6
29. ♘e1	♘e7
30. ♘c2	b5
31. ♘b4	♛b7
32. d5!	

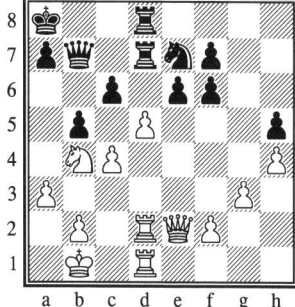

Die Stellung ist typisch für das Nimzowitsch-System, in dem der schwarze Königsflügel Bauernschwächen aufweist und der Zentrumsdurchbruch eine wichtige Ressource im Kampf um die Überlegenheit darstellt.

32. ...	cxd5

Auf 32. ... bxc4 oder 32. ... c5 würde 33. dxe6! folgen, und Schwarz ergeht es schlecht.

33. cxb5	♖c8?!

Hartnäckiger war das sofortige 33. ... ♘g6, wonach Weiß mit 34. a4 ein Tempo zur Verteidigung des Bauern b5 aufwenden müsste.

34. ♛xh5	♘g6

35. ♛e2	♘e5
36. b3	♖dc7
37. ♖c2	♖xc2
38. ♘xc2	a6
39. ♘d4	axb5
40. ♘xb5	♛b6
41. a4	♛c5
42. ♛d2!	♘f3
43. ♛c1	♛xc1+
44. ♖xc1	♖d8

Hier konnte ich vorübergehend das materielle Gleichgewicht wiederherstellen: 44. ... ♘d2+ 45. ♔b2 ♖xc1 46. ♔xc1 ♘xb3+, aber um den Preis des Vorstoßes des h-Bauern: 47. ♔c2 ♘c5 48. h5 ♘d7 49. h6 ♘f8 50. ♘d6 nebst Schlagen auf f7.

Nach dem Textzug muss Weiß nur noch einige technische Probleme lösen.

45. ♖c7	d4
46. ♖xf7	d3
47. ♔c1	d2+
48. ♔d1	♖d3
49. ♘c7+	♔b8
50. ♘a6+	♔a8
51. ♘c7+	♔b8
52. ♘xe6	♖xb3
53. ♖f8+	♔a7
54. ♖d8	♖b1+
55. ♔e2	♖e1+
56. ♔xf3	d1♛+
57. ♖xd1	♖xd1
58. ♔f4	♖f1
59. f3	♔b6
60. ♘g7	♔c6
61. ♘h5	♔d6
62. ♘xf6	♔e7

63. ♘h5	♔f7
64. g4	♔g6
65. ♘g3	♖a1
66. h5+	♔f7
67. g5	♖xa4+
68. ♔f5	♖a5+
69. ♔g4	♖a4+
70. f4	♖b4
71. ♘f5	♖b1
72. h6	♖g1+
73. ♔h5	♖f1
74. ♘d6+	♔e6
75. ♔g6	

Schwarz gab auf.

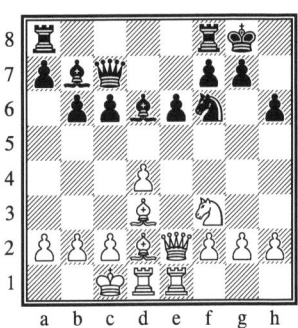

In der 8. Partie zog Kamsky 14. ♘e5 (sie folgt im Anschluss), so dass ich hier auf den Springerausfall gefasst war. Aber der Herausforderer spielte anders. Die kurze Rochade sieht gefährlich aus, deshalb wurde sie bis dahin von niemandem angewendet.

Partie Nr. 51
Kamsky – Karpow
12. WM-Partie
Elista 1996

1. e4	c6
2. d4	d5
3. ♘d2	dxe4
4. ♘xe4	♘d7
5. ♘g5	♘gf6
6. ♗d3	e6
7. ♘1f3	♗d6
8. ♕e2	h6
9. ♘e4	♘xe4
10. ♕xe4	♘f6
11. ♕e2	♕c7
12. ♗d2	b6
13. 0-0-0	♗b7
14. ♖he1	0-0

15. g4   c5

Weiß ging bereits zum Königsangriff über, und natürlich musste ich bei der Vorbereitung auf diese Partie viel Zeit für die Absicherung aufwenden, dass Schwarz nicht mattgesetzt wird. Es ist klar, dass der Bauernfraß Schwarz nichts Gutes bringt: 15. ... ♘xg4 16. ♖g1 ♘f6 17. ♕e3! ♔h8 18. ♖xg7! ♗f4 19. ♕xf4 ♕xf4 20. ♗xf4 ♔xg7 21. ♖g1+, und Weiß gewinnt (21. ... ♔h8 22. ♗e5).

16. g5   hxg5
17. ♘xg5

Nach 17. ♗xg5 ♗f4+ 18. ♗xf4 ♕xf4+ 19. ♘d2 cxd4 hat Weiß keine Kompensation für den Bauern.

17. ...   ♗f4!

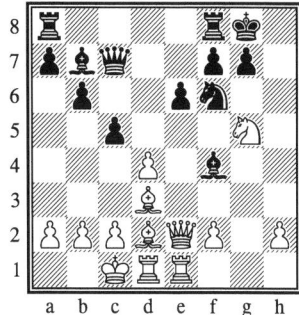

Der g-Bauer durfte nicht genommen werden, aber auch das Schlagen seines Nachbarn wäre Selbstmord. Auf 17. ... ♗xh2 gibt es diese schöne Variante 18. f4! ♗xf4 19. ♖g1 cxd4 20. ♖df1 ♗xd2+ 21. ♔xd2 ♕e7 22. ♘h7! ♘e8 23. ♖xg7+! ♔xg7 24. ♖g1+♔h8 25. ♕h2, und das Matt ist unausweichlich.

18. h4

1) Einige Monate später brachte Weiß in der Partie Jemelin – Jepischin (St. Petersburg 1996) die Neuerung 18. ♖g1. Weiter geschah 18. ... ♖fd8!? 19. dxc5 bxc5 20. ♘h3 ♗xd2+ 21. ♕xd2 ♘e8! 22. ♕h6 ♕e5 23. ♖g5 f5 24. f4 ♕e3+ 25. ♔b1 ♖xd3 26. cxd3 ♗f3 27. ♖dg1?

(Die Analyse zeigte, dass 27. ♖xg7+! ♘xg7 28. ♘g5 ♗xd1 29. ♕h7+ zum Remis führt.)

27. ... ♗g4 28. ♘f2 ♖b8!

(Nicht so klar ist 28. ... ♕xf2 29. ♕xe6+.)

29. ♕h4 ♘f6 30. ♕g3 ♕d4 31. b3 ♘h5 32. ♕h4 ♘xf4 33. ♖5xg4 fxg4

34. ♕xg4 a5! mit schwarzer Gewinnstellung.

2) Spielt Schwarz jedoch 18. ... ♖ad8, so riskiert er nach 19. ♘h7! zu verlieren. Hier ein Beispiel: 19. ... ♗xd2+ 20. ♕xd2 ♘xh7 21. ♗xh7+ ♔h8.

(Das ist die Pointe: Das Feld f8 ist besetzt, und auf 21. ... ♔xh7 entscheidet 22. ♖xg7+! mit schnellem Matt.)

22. ♖xg7!! ♕e5 23. ♖g5!

(Das ist bedeutend stärker als 23. dxe5 ♖xd2 24. ♖xd2 ♔xg7.)

23. ... ♕xd4 24. ♗d3 ♕h4 25. ♖dg1 ♖d5 26. ♖5g3 c4 27. ♕e3 ♖h5 28. ♖g4 ♕xh2 29. ♕d4+ e5 30. ♕d6 Schwarz gab auf (Alvarez – Fernandez, Kuba 1996).

18. ...   ♖ad8

Schlägt Schwarz mit 18. ... cxd4 den weißen Zentrumsbauern, so würde er sich jedes Gegenspiel nehmen. Das Feld d4 ist für andere Zwecke vorgesehen.

19. dxc5   bxc5
20. ♗e3   ♖d4!

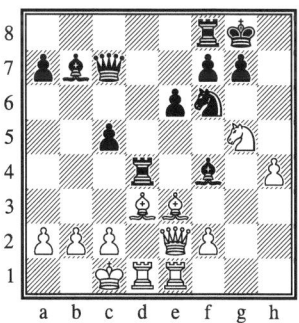

Meine Figuren haben die schwarzen Felder okkupiert, und der Turm zeigt überraschende Aktivität auf der vierten Reihe. Die Eröffnungsprobleme sind gelöst. Nach 21. h5 ♗xe3+ 22. fxe3 ♖h4 hängt der Bauer h5, und zudem droht c5-c4.

21. ♖g1 ♗xe3+
22. fxe3 ♖xh4
23. ♖df1 ♕e5
24. ♕f2 ♖h6

Eine zuverlässige Fortsetzung. Möglich war aber auch das aggressive 24. ... ♖h2. Wenn Kamsky mit der Variante 25. ♕xf6 gxf6 26. ♘f3+ ♔h8 27. ♘xe5 fxe5 28. ♖g5 und Endspielvorteil für Weiß liebäugelte, so war das vergeblich. Nach dem Zwischenzug 25. ... ♕xe3+ und 26. ♔b1 gxf6 ist Weiß verloren.

25. ♖g3 ♗e4!

Nach dem schwarzfeldrigen Läufer wird auch der weißfeldrige das Brett verlassen, und vom Angriff bleibt nichts mehr übrig. Falsch wäre hingegen 25. ... ♘e4? 26. ♗xe4 ♗xe4 27. ♘xf7!

26. ♖fg1 g6
27. ♖f1 ♔g7
28. ♕xf6+

Weiß ist schon froh, dass er „nur" das etwas schlechtere Endspiel erhält.

28. ... ♕xf6
29. ♖xf6 ♗xd3
30. ♖xf7+

Man kann sich leicht davon überzeugen, dass Weiß nach 30. ♖xe6, 30.

♘xe6+ oder 30. ♖f4 eine noch schwierigere Verteidigung bevorstand.

30. ... ♖xf7
31. ♘xf7 ♖h1+
32. ♔d2

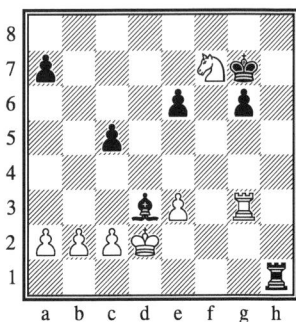

32. ... ♗xc2!
33. ♘d8!

Genauer als 33. ♘g5? ♖h2+ 34. ♔c3 ♔f6, wonach der Bauer verloren geht und der Springer aus dem Spiel ist.

33. ... ♖h2+
34. ♔c3 ♔f6
35. ♘b7 ♗f5

Hier versäumte ich die Gelegenheit, meinen Gegner richtig zu quälen. Viel stärker war 35. ... ♗b1! und weiter:

1) 36. ♘xc5 ♖c2+ 37. ♔d4 ♖xb2 38. ♘d7+ ♔e7 39. ♘e5 ♖xa2 40. ♘xg6+ ♔f6 41. ♘f8 ♖d2+ 42. ♔c5 ♖d8;

2) oder 36. ♖g1 ♗f5 37. ♘xc5 ♖c2+.

Es würde sich die gleiche Stellung wie in der Partie ergeben, aber der Turm steht dort auf g3, was günstiger für Weiß ist.

3) Vorteilhaft für Schwarz wäre schließlich auch 36. ♖f3+ ♔e5 37. ♖f1 ♗e4! 38. ♘xc5 ♖c2+ 39. ♔b4 ♖xb2+.

36.	♘xc5	♖c2+
37.	♔d4	♖d2+
38.	♔c3	♖c2+
39.	♔d4	e5+
40.	♔d5	♖d2+
41.	♔c4	♖c2+
42.	♔d5	♖d2+
43.	♔c4	g5
44.	e4!	

Eine feine Erwiderung, die den friedlichen Ausgang beschleunigt. Jetzt folgt auf 44. ... ♖d4+ 45. ♔c3 ♗xe4 46. ♖g4 ♔f5 47. ♖xg5+! ♔xg5 48. ♘e6+ ♔f5 49. ♘xd4+ exd4 50. ♔xd4. Schwarz hat zwar einen Läufer mehr, doch das ist nur ein moralischer Sieg.

44. ...		♗c8
45.	♔c3	♖d1
46.	♖f3+	♔g7
47.	♘d3	g4
48.	♖g3	♔f6
49.	♘f2	♖c1+
50.	♔d2	♖a1
51.	♘xg4+	♗xg4
52.	♖xg4	♖xa2
53.	♔c3	♖a4
54.	b4	

Remis.

Partie Nr. 52
Kamsky – Karpow
8. WM-Partie
Elista 1996

1.	e4	c6
2.	d4	d5
3.	♘d2	dxe4
4.	♘xe4	♘d7
5.	♘g5	♘gf6
6.	♗d3	e6
7.	♘1f3	♗d6
8.	♕e2	h6
9.	♘e4	♘xe4
10.	♕xe4	♘f6
11.	♕e2	♕c7
12.	♗d2	b6
13.	0-0-0	♗b7
14.	♘e5	

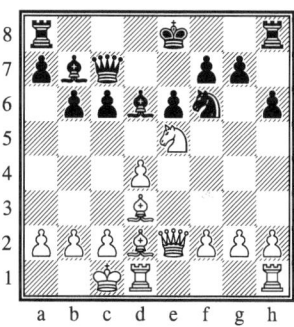

Wie wir gesehen haben, zog Kamsky in der 12. WM-Partie 14. ♖he1. Eine weitere Möglichkeit ist 14. ♔b1 (siehe nächste Partie).

14. ...		c5
15.	♗b5+	♔e7
16.	dxc5	♕xc5
17.	a3	

In dem Treffen Leko – Karpow (Dortmund 1995) folgte 17. ♗c3 ♖hd8 18.♗d4 ♕c7 19.♖he1 ♔f8! 20. c3 a6! 21. ♗d3 ♗c5, und nach 22. ♗xc5 ♕xc5 23. f4 b5 24. ♔b1 ♖ac8 erhielt ich leichten Vorteil.

17. ...   **♕c7**

Selbstverständlich ist der weiße Springer tabu wegen 17. ...♕xe5? 18. ♕xe5 ♗xe5 19. ♗b4+. Zwei Monate vor dem WM-Match wählte ich beim Turnier in Monte Carlo zweimal 17. ... a5, und nach 18. ♗c3 setzte ich gegen Iwantschuk (im Schnellschach) mit 18. ... ♗d5 fort. Gegen Anand (in der Blindpartie) spielte ich 18. ...♖hd8. Ich muss gestehen, dass beide Partien traurig für mich endeten.

Hier beschreite ich einen anderen Weg, aber am genauesten ist eine dritte Fortsetzung, in der Schwarz sofort mit seinem Springer nach d5 geht. Dazu das entsprechende Beispiel.

Van den Doel – Jepischin (Groningen 1996): 17. ...♘d5 18. ♗d3 ♕d4 19. ♘f3 ♕f6 20. ♔b1 ♘f4 21. ♗xf4 ♕xf4 22. ♘d2 ♖hd8 23. ♗e4 ♗xe4 24. ♘xe4 ♗c5 25. b4 f5 26. ♘xc5 bxc5 27. ♖xd8 ♖xd8 28. ♖e1 ♕d6 mit kompliziertem Spiel.

18.	♗f4	♘d5
19.	♗g3	♖hd8
20.	♖d4	♔f8
21.	♔b1	a6

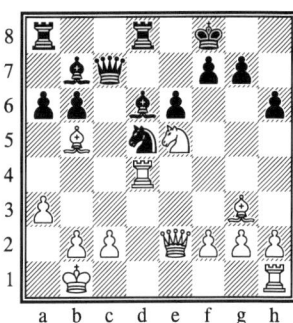

Jetzt folgt auf jeden Rückzug des Läufers 22. ... b5, und mit dem starken Springer im Zentrum schaut Schwarz optimistisch in die Zukunft. Aber mit dem raffinierten Turmmanöver ♖d1-d4-c4 tauscht Weiß alle Leichtfiguren auf Kosten des Isolanis d5 ab und steht im Schwerfiguren- Endspiel überlegen.

22.	♖c4	♕e7
23.	♘c6	♗xc6
24.	♗xc6	♖a7
25.	♗xd5	exd5

Der Zwischenzug 25. ... ♗xg3 wird schön pariert: 26. ♗xe6! ♗xh2 (26. ...♗xf2 27.♖f4 ♖e8 28.♗xf7! ♕xe2 29. ♗c4+ ♔e7 30. ♗xe2) 27. ♖e4.

26.	♗xd6	♕xd6
27.	♖d4	b5
28.	♕d3	♔g8
29.	g3	♕e6
30.	♖hd1	♖ad7
31.	h4	

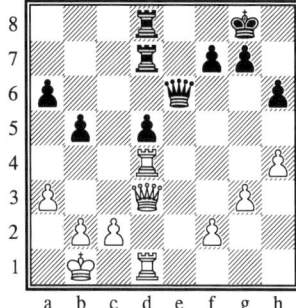

Es ist eine klassische Endspielstellung mit isoliertem Bauern entstanden. Die Technik zur Umsetzung dieses Vorteils wurde in ähnlichen Fällen schon häufig von Capablanca und Aljechin demonstriert.

31. ...	♖d6
32. ♖d2	♕e1+
33. ♔a2	♕e7
34. ♕f3	♕e6
35. ♖e2	♕c8
36. ♕d3	♖c6
37. ♔b1	♖e6
38. ♖e3	♕c6

Natürlich nicht 38. ... ♖xe3? 39. fxe3, und Schwarz kann e3-e4 nicht verhindern.

39. ♕d2	**♖xe3**

Erst wollte ich 39. ... ♖de8 spielen, um nach 40. ♖xd5 ♖xe3 41. fxe3 ♖xe3! 42. ♖d8+ ♖e8 in Ruhe Remis zu machen. Dann bemerkte ich jedoch, dass 40. ♖xe6! fxe6 41. h5 nebst 42. f4 Weiß großen Vorteil einbringt.

40. ♕xe3	

Jetzt ist das Schlagen mit dem Bauern ungefährlich für Schwarz: 40. fxe3 ♖e8! 41. ♖xd5 ♖xe3.

40. ...	**♕e6**
41. ♕d2	

Nichts bringt 41. ♕xe6 fxe6 42. f4 h5, denn indem Schwarz mit seinem König das Feld f6 einnimmt, hält er das Turmendspiel.

41. ...	**♖d6**
42. g4	

Die Schwächung der weißen Bauernkette erlaubt es dem Schwarzen, freier zu atmen.

42. ...	**♕f6**
43. g5	**♕f3**
44. ♔a2	**♕f5**
45. c3	

Oder 45. gxh6 ♖xh6! 46. ♖xd5 ♕e6 und 47. ... ♖xh4.

45. ...	**♕f3**
46. ♖f4	**♕h3**
47. gxh6	

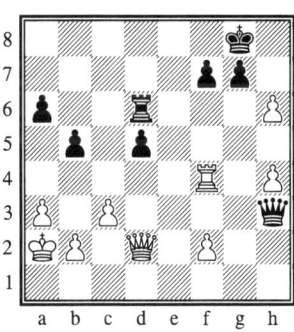

47. ...	**♕e6!**

Ein wichtiger Zwischenzug, auf dem die gesamte schwarze Verteidigung beruht. Sehr gefährlich wäre 47. ... gxh6 (47. ... ♖xh6? 48. ♕xd5 ♖xh4?? 49. ♕d8+), wonach der König in ein Mattnetz geraten kann.

48. ♕d4

Nach 48. hxg7 d4+ riskiert Weiß, die Partie noch zu verlieren.

48. ...	**♕xh6**
49. ♖f5	**♕e6**
50. ♖e5	**♕d7**
51. ♔a1	**f6**
52. ♖e3	**♖c6!**

Schwarz droht jetzt ♖c4 und ♖xh4.

53. h5	**♖c4**
54. ♕b6	**d4!**

Endlich kann ich den Isolani loswerden.

55. ♖d3	**♕f5**
56. ♖xd4	**♖xd4**
57. cxd4	

Der Abgabezug Kamskys. Er sieht normal aus, aber seltsamerweise hätte mir das Schlagen mit der Dame mehr Schwierigkeiten bereitet. Zur Illustration zeige ich eine hinterhältige Variante, die in nächtlicher Analyse gefunden werden musste: 57. ♕xd4 ♕xh5 58. c4 bxc4 59. ♕xc4+ ♔h7 60. ♕d3+ ♔h6 61. ♔a2 ♕f7+ 62. b3 ♕e6 63. a4 g5 64. ♔a3 f5 65. b4 g4 66. b5 axb5 67. axb5 f4 68. ♕d4 ♔g5 69. b6 g3! 70. fxg3 fxg3 71. ♕g7+ ♔h4! 72. b7.

Es scheint, als ob Schwarz sich in einer kritischen Lage befindet, aber

nach 72. ... ♕a6+ 73. ♔b4 ♕b6+ 74. ♔c4 ♕c6+ 75. ♔d4 ♕a4+ 76. ♔d5 ♕b3+ 77. ♔d6 ♕b6+ kann der weiße König sich nicht vor dem ewigen Schach retten.

57. ...	**♕xf2**
58. ♕e6+	**♔f8**
59. ♕d6+	**♔f7**
60. ♕d7+	Remis.

Partie Nr. 53
Topalow – Iwantschuk
Las Palmas 1996

Das Turnier auf Gran Canaria hatte die Kategorie 21 und war eines der stärksten in der gesamten Schachgeschichte. Die scharfe Auseinandersetzung zwischen Topalow und Iwantschuk fand am Nachbartisch statt, und ich konnte dieses spannende, aber nicht fehlerfreie Duell hautnah beobachten. Es war übrigens die einzige Partie des Turniers, in der Caro-Kann gespielt wurde.

1. e4	**c6**
2. d4	**d5**
3. ♘d2	**dxe4**
4. ♘xe4	**♘d7**
5. ♘g5	**♘gf6**
6. ♗d3	**e6**
7. ♘1f3	**♗d6**
8. ♕e2	**h6**
9. ♘e4	**♘xe4**
10. ♕xe4	**♘f6**
11. ♕e2	**♕c7**

12. ♗d2   b6
13. 0-0-0   ♗b7
14. ♔b1   ♖d8

Schwarz zeigt an, dass er nicht lang rochieren möchte, obwohl das gar nicht so schlecht wäre. 14. ... 0-0-0 15. c4 c5 16. ♗c3 ♖he8 (Nach 16. ... ♖hg8 17. ♖he1 ♔b8 18. ♗c2 cxd4 19. ♘xd4 a6 20. g3 steht Weiß etwas besser, Swidler – Wyshmanawin, Nowgorod 1995.) 17.♖he1 ♖e7 18. a3 ♖ed7 19. ♔a1 ♗xf3 20. ♕xf3 cxd4 21. ♗xd4 ♕b7 mit Ausgleich.

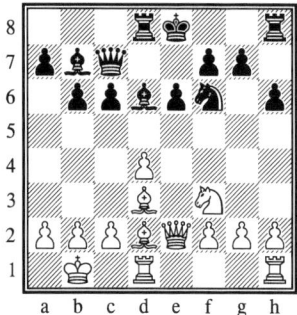

15. ♖hg1!

Eine wertvolle Neuerung. Früher spielte man hier 15. c4. In der Partie Almasi – Karpow (Groningen 1995) erhielt ich nach 15. ... 0-0 16. ♗c3 ♖fe8!? 17. ♘e5 (17. g4 c5 18. ♖hg1 ♗xf3 19. ♕xf3 cxd4 20. ♗d2 ♘d7 21. ♕e4 g6!) 17. ... c5 18. dxc5 ♗xc5 19. f3 a5!? 20. ♗c2 ♗a6 21. ♗a4 ♖xd1+ 22. ♖xd1 ♖d8 23 ♖xd8+ ♕xd8 24. ♗c2 ♕d6 25. f4 ♗b7! 26. g3 ♗e4! das klar

bessere Endspiel und gewann es am Ende auch.

Aber ist jetzt auch die kurze Rochade für den schwarzen König ausgeschlossen?

15. ...   c5

Gefährlich wäre es, den h-Bauern zu nehmen: 15. ... ♗xh2? 16. ♘xh2 ♕xh2 17. g3! und nach 15. ... ♗f4 16. ♗xf4 ♕xf4 17. ♘e5! steht Weiß besser.

16. dxc5   ♕xc5

Möglich ist 16. ... ♗xc5 17. g4 ♘d5! mit scharfem Spiel.

17. a3

Nach 17. g4 ♕d5! 18. ♘h4 ♕e5! hätte Schwarz sofort alle Probleme gelöst.

17. ...   0-0?!

Mit heißer Nadel probierte Leko 1996 in Groningen gegen Timman 17. ... a5. Nach 18. ♗e3 ♕c7 19. ♗b5+ ♔e7 20. ♘d4 ♗xh2 (20. ... g6 21. ♗d3!) 21. ♘f5+ ♔f8 22. ♖xd8+ ♕xd8 23. ♖d1 ♕c7? 24.♗d4 konnte sich Schwarz nicht mehr lange halten. Hätte er hingegen 23. ... ♗d5! gezogen, konnte Weiß nach 24. ♗d4 exf5 25. ♗xf6 gxf6 26. ♗c4 ♕e7! nichts Besonderes herausholen *(Timman)*.

Iwantschuk ist der Meinung, dass Schwarz nach 17. ... ♕h5!? 18. g4 ♕d5 gleiche Chancen besitzt. Falls aber 18. ♗c3 geschieht, sind die Aussichten von Weiß höher zu bewerten.

18. g4 ♛d5

Kaum besser ist die Fortsetzung 18. ...
♞d5 19. g5! ♞f4 20. ♝xf4 ♝xf4 21.
gxh6 ♝xh6 22. ♞e5!

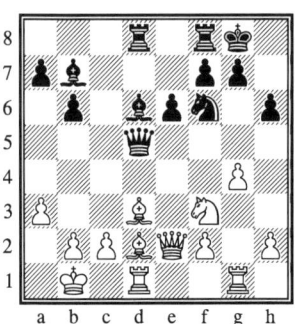

19. g5 ♛xf3
20. gxf6 g6

Auf 20. ... ♛xf6?! folgt 21. ♝c3 e5
22. f4! ♛xf4 23. ♜df1 ♛h4 24. ♝xe5
oder 22. ... ♜fe8 23. ♝b5, und die
schwarze Stellung sieht nicht gut aus.

21. ♝xh6!

Eine lustige Variante führt Iwantschuk an: 21. ♝xg6? fxg6 22. ♜xg6+
♚f7 23. ♜g7+ ♚xf6 24. ♝c3+ ♚f5!,
wonach Schwarz die Oberhand behält.

21. ... ♝xh2
22. ♜h1

Auch hier schlägt das Läuferopfer auf
g6 nicht durch.

22. ... ♛xe2
23. ♝xe2 ♜xd1+
24. ♜xd1 ♜c8
25. f3 ♝g3

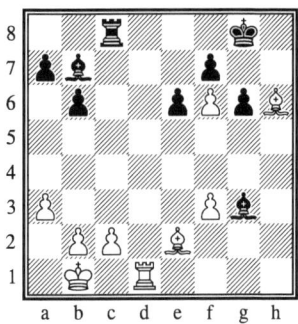

26. ♝g7?!

Da Weiß sich nicht beeilen muss, den
Gegner matt zu setzen, ist der Läufer
hier fehl am Platz. Beachtung verdiente 26. b4 mit der Drohung 27.
♜h1, was wegen des Manövers ♜c8-
c5-h5 nicht sofort geht. Ebenfalls zum
Ziel führt 26. ♜d7! ♜c7 (26. ... ♝c7
27. ♜e7!) 27. ♜d8+ ♚h7 28. ♝g7
♜c8 29. ♜d7 ♜c7 30. ♜d4 ♜c5 (30.
... g5 31. ♝d3+ nebst Matt) 31. c4.

26. ... g5

Das ist die einzige Möglichkeit, um
im Bedarfsfall die h-Linie zu blockieren.

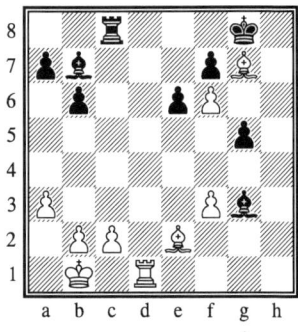

27. 🕮d7?

Jetzt verliert der weiße Turm die Orientierung. Richtig war 27. c4 oder 27. 🕮g1 ♗h4 28. ♗h6, und Weiß konnte noch mit Vorteil rechnen.

27. ...	**♗c6**
28. 🕮xa7	**🕮d8**

Der weiße Läufer steht im Abseits, wogegen der schwarze Turm aktiviert wird. Iwantschuk kann zum entscheidenden Gegenangriff übergehen.

29. a4	**♗e5**

Noch schneller zum Ziel führte 29. ... 🕮d2! 30. ♗b5 ♗xf3 31. ♗e8 🕮d1+ 32. ♔a2 ♗d5+.

30. a5	**🕮d2**
31. ♗c4	**b5**
32. ♗b3?	

Rettungschancen bot 32. 🕮a6!! 🕮d1+!? (Nicht jedoch 32. ... ♗xf3 33. 🕮xe6! fxe6 34. ♗xe6+ ♔h7 35. ♗f5+ mit Dauerschach.) 33. ♔a2 🕮d6! Schwarz steht zwar besser, aber Weiß könnte sich halten.

32. ...	**♗xf3**
33. 🕮e7	**🕮d6!**

Nun ist alles zu Ende.

34. 🕮e8+	**♔h7**
35. ♗f8	**🕮d1+**
36. ♔a2	**♗xf6**
37. a6	**g4**
38. c4	**🕮d2**
39. cxb5	**g3**
40. b6	**g2**

41. ♗c5	**♗xb2**

Weiß gab auf.

Partie Nr. 54
Kamsky – Karpow
Dortmund 1993

1. e4	**c6**
2. d4	**d5**
3. ♘d2	**dxe4**
4. ♘xe4	**♘d7**
5. ♘g5	**♘gf6**
6. ♗d3	**e6**
7. ♘1f3	**♗d6**
8. ♕e2	**h6**
9. ♘e4	**♘xe4**
10. ♕xe4	**♘f6**
11. ♕h4	

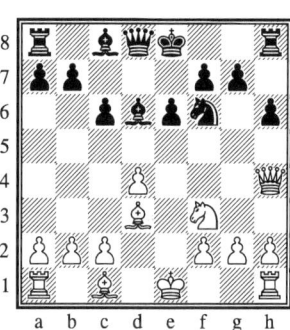

Meist wird 11. ♕e2 gespielt, doch auf h4 sieht die weiße Dame sehr bedrohlich aus.

1) 11. ... 0-0 ginge jetzt nicht wegen des Einschlags 12. ♗xh6! gxh6 13. ♕xh6, und Schwarz kann die Attacke nicht abwehren, denn es droht z. B. 14. ♘g5.

2) Auch nach 11. ... ♕a5+ 12. ♗d2 ♕h5 13. ♕xh5 ♘xh5 14. ♘e5! 0-0 15. 0-0-0 wäre die schwarze Stellung aussichtslos.

3) Nach 11. ... ♘d5 12. ♕xd8+ ♔xd8 13. c3 bewahrt Weiß leichten, aber anhaltenden Vorteil.

4) Wenig verspricht Schwarz auch die Fortsetzung 11. ... ♗d7 12. ♗f4 ♕c7 13. ♗e5! mit weißem Vorteil (Swidler – Burmakin, Meisterschaft Russlands 1994).

11. ...   ♔e7!?

Das paradoxe Manöver des Königs in der Brettmitte hatte ich schon 1988 vorbereitet – und zwar im Vorfeld der weiter oben gezeigten Partie gegen Kasparow in Amsterdam. Ich hatte damals großen Respekt vor dem Ausfall der Dame zum Königsflügel, und der Damentausch erschien mir zu fade.

Lange brütete ich über der Stellung, um die richtige Antwort zu finden. Und so musste die wichtige Neuerung ganze fünf Jahre warten, bis ihre Stunde kam! Mit dem seltsamen Königszug stellt Schwarz überraschend die Harmonie zwischen seinen scheinbar zersplitterten Streitkräften her. Jetzt droht g7-g5-g4 mit Figurengewinn. Wenn Weiß seinen Eröffnungsvorteil bewahren möchte, muss er energisch handeln.

12. ♘e5

Das ist die ehrgeizigste Fortsetzung. Weil der schwarze König im Zentrum geblieben ist, opfert Weiß einen Bau-

ern. Kaum gefallen hätte ihm wohl 12. ♗f4 ♗b4+ 13. ♗d2 (sonst 13. ... g5) 13. ... ♗xd2+ 14. ♔xd2.

12. ...	**♗xe5**
13. dxe5	**♕a5+**
14. c3	

Möglich ist auch 14. ♗d2 ♕xe5+ 15. ♗e3, und es wäre sehr gefährlich für Schwarz, auch noch den zweiten Bauern auf b2 zu fressen.

14. ...	**♕xe5+**
15. ♗e3	**b6**
16. 0-0-0	**g5**
17. ♕a4	

Dem Damenzug nach h3 ist die nächste Partie gewidmet.

| **17. ...** | **c5** |
| **18. ♖he1** | **♗d7** |

Der paradoxe Königszug ins Zentrum machte solchen Eindruck, dass die Weißspieler in den nächsten vier Jahren (jedenfalls in großen Turnieren) auf den Damenausfall nach h4 verzichteten. Schließlich wurde noch ein Versuch unternommen, bei dem Schwarz eine Neuerung brachte.

Golubew – Nisipeanu (Rumänien 1997): 18. ... ♕c7!

Vielleicht ist das noch genauer als die Entwicklung des Läufers nach d7.

19. h4

(Nach 19. ♕a3 ♗b7 20. b4 ♖hc8 steht Schwarz angenehmer.)

19. ... ♖g8 20. hxg5 hxg5 21. f4

(21. ♕a3 a5! ist günstig für Schwarz.)

21. ... ♗d7 22. ♕c4 ♘g4! 23. f5 ♘xe3 24. ♖xe3 ♕f4 25. ♖de1 ♔f6! Kaltblütig verlässt der König die e-Linie. 26. ♗e4

(Ungefährlicher wäre 26. fxe6 ♗xe6 27. ♕a6 ♔g7! 28. g3 ♕f2 29. ♖1e2 ♕f6 30. ♗e4? ♕f1+ 31. ♔c2 ♖ad8 oder 30. ♖h2 ♖h8 mit schwarzem Vorteil – bzw. 30. ♖e1 ♖gd8 31. ♗e4 ♗d5, und auch hier steht Schwarz laut Nisipeanu besser.)

26. ... exf5 27. g3 ♕g4 28. ♕d5 ♗e6 29. ♕d2 fxe4 30. ♖xe4 ♕xg3 31. ♖f1+ ♔e7?!

(Nach 31. ... ♔g6! konnte Weiß sofort aufgeben.)

32. ♕d5 ♕c7 33. ♖xf7+ ♔xf7 Am Ende hatte Schwarz das weiße Gegenspiel unterbunden.

19. ♕a3   ♖hd8

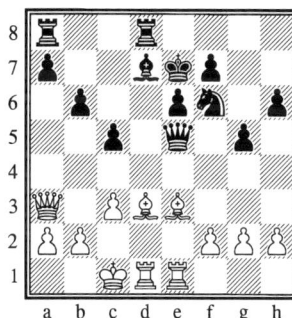

20. g3

Der Ansatz 20. f4 (um gleichzeitig die Diagonale c1-h6 gegen Schachs zu verschließen) sieht gefährlich aus. 20. ... gxf4 21. ♗d4

1) Nun verliert 21. ... ♕d5 wegen 22. ♖e5 ♕xg2 23. ♖xc5! bxc5 24. ♕xc5+ ♔e8 25. ♗xf6.

2) Günstig für Weiß ist ebenfalls 21. ... ♕c7 22. ♗e5 ♕c6 23. ♗xf6+.

(Eine seltene Kombination wäre nach 23. ♗xf4!? ♕a4?? möglich: 24. ♗d6+! ♔e8 25. ♖xe6+! fxe6 26. ♗g6 matt.)

23. ... ♔xf6 24. ♗e4 ♕a4

3) Aber Schwarz rettet sich durch 21. ... ♕g5! 22. ♖e5 ♕h4!, denn 23. g3 führt wegen 23. ... fxg3 24. hxg3 ♕xg3 25. ♖xc5 bxc5 26. ♕xc5+ ♔e8 27. ♗xf6 ♕f4+ nicht zum Ziel.

20. ...   ♕c7

Die schwarze Dame hat das Zentrum verlassen, und jetzt werden alle Zugänge zum König kontrolliert.

21. ♗d4

Auf 21. f4 würde die starke Erwiderung 21. ... ♘g4 22. ♗d4 gxf4 23. h3 ♘e3 folgen.

21. ...   ♗e8!
22. ♔b1   ♖d5

Möglicherweise war 22. ... ♗c6! 23. ♗e5 ♕d7 24. ♗c2 ♔b7 noch besser.

23. f4   ♖ad8
24. ♗c2

Günstig für Schwarz ist 24. ♗e5 ♕c6! 25. c4 ♖5d7 26. ♕c3 ♘g4 27. fxg5 hxg5 28. ♖f1 ♖d4!

24. ...   ♖5d6
25. ♗xf6+   ♔xf6
26. fxg5+   hxg5
27. ♖xd6   ♖xd6

28. c4

Der einzige Zug, denn sonst wäre die weiße Dame aus dem Spiel.

28. ...   ♔e7
29. ♕e3   **f6**
30. h4

Hier schlug Kamsky in beiderseitiger Zeitnot Remis vor, aber ich lehnte ab, weil die schwarzen Chancen klar besser sind. Weiß hat den Vorteil des Läuferpaares eingebüßt und auch seinen geopferten Bauern nicht zurückgewonnen.

30. ...   **gxh4**
31. gxh4   **♕d7**
32. ♕h6   **e5?!**

Bei knapper Zeit beschloss ich, den Bauern f6 zu schützen, wobei ich das viel effektiver tun konnte, denn nach 32. ... ♖d2! 33. ♖f1 ♕d4 wäre die Lage von Weiß hoffnungslos.

33. h5   **♕g4**

Auch hier ist 33. ... ♖d2!? stärker.

34. ♕h7+   **♔d8**

Zum Remis führte 34. ... ♗f7 35. ♗g6 ♖d1+ (35. ... ♕xc4 36. b3 ♕e6 37. ♖g1).

35. h6   **♖d2**
36. ♕f5   **♕xf5**
37. ♗xf5   **♗d7?**

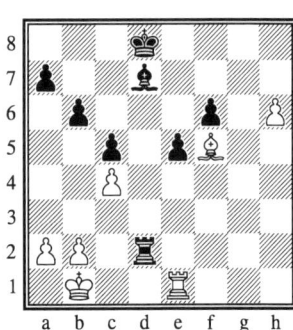

38. ♗g6?

Nach meinem Zeitnotfehler nutzt Kamsky seine Chance nicht. Notwendig war 38. ♔c1!, wonach Schwarz bereits um das Remis kämpfen muss. 38. ... ♖d4

(Der Turm darf die d-Linie nicht verlassen wegen 39. ♖d1 mit Läufergewinn.)

39. ♗xd7! ♖xc4+

(Auf jedes Schlagen auf d7 folgt 40. ♖d1, und der h-Bauer wird verwandelt.)

40. ♔b1 ♖h4 (40. ... ♔xd7 41. ♖h1) 41. ♖d1 ♖xh6, und Schwarz hat nur zwei Bauern für den Läufer. Jetzt kann Weiß das Spiel nicht mehr halten.

38. ... .   **♖h2**
39. h7   **♔e7**
40. ♗d3   **♗e6**
41. ♖g1   **f5**
42. ♖g7+   **♔f6**
43. ♖xa7   **e4**

44. ♗e2	f4
45. b3	f3
46. ♗d1	♗f5
47. ♔c1	♗xh7
48. ♖b7	♔e5
49. ♖xb6	♖xa2

Weiß gab auf.

Klammert man die Zeitnotfehler einmal aus, so war das eine vollkommen logische Partie mit einem gesetzmäßigen Ergebnis.

Partie Nr. 55
Morosewitsch – Iordachescu
Kischinjow 1998

1. e4	c6
2. d4	d5
3. ♘d2	dxe4
4. ♘xe4	♘d7
5. ♘g5	♘gf6
6. ♗d3	e6
7. ♘1f3	♗d6
8. ♕e2	h6
9. ♘e4	♘xe4
10. ♕xe4	♘f6
11. ♕h4	♔e7
12. ♘e5	♗xe5
13. dxe5	♕a5+
14. c3	♕xe5+
15. ♗e3	b6
16. 0-0-0	g5
17. ♕h3	

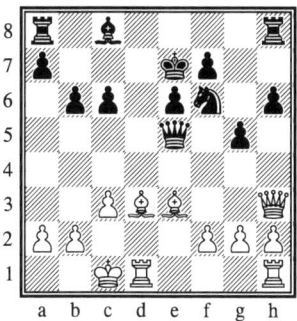

Eine Neuerung im 17. Zug! Kamsky hatte 17. ♕a4 gespielt, wonach Schwarz Vorteil erhielt. Fünf Jahre später gelang es Weiß schließlich, aus dieser Variante etwas zu machen. Aber die Eröffnung ist hier nicht allein dafür verantwortlich.

17. ...	c5
18. ♖he1	♗b7?

Die weiße Dame peilt den Bauern e6 an, der soeben unvorsichtigerweise geschwächt wurde. Vernünftiger war (wie in der vorigen Partie) ♗c8-d7 mit kompliziertem Spiel. Ein Fehler genügt hier, um Schwarz in eine nicht zu beneidende Lage zu bringen.

19. ♗c4!

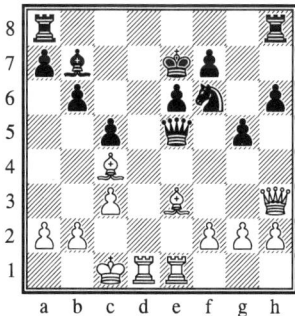

Darin liegt der Sinn: Alle weißen Figuren haben optimale Positionen eingenommen. Für den Bauern hat Weiß mehr als ausreichende Kompensation. Jetzt droht 20. f4 gxf4 21. ♗d4! ♕c7 22. ♖xe6+ mit Gewinn. Schwächer ist 19. g3?! wegen 19. ... ♕c7 20. ♗c4 ♘e4 21. f4 ♖ag8 22. ♕g4 f5 23. ♕h5 ♕c6 mit unklarem Spiel.

19. ...   ♗e4

Zur Blockade der e-Linie.

1) Der auf den ersten Blick natürliche Zug 19. ... ♖ad8 wird mit 20. ♗xc5! ♕xc5 sowie dem bekannten Einschlag 21. ♖xe6+! widerlegt.

2) Auch 19. ... ♘e4 kann die schwarzen Probleme nicht lösen: 20. f4! (20. f3 ♘f2! 21. ♗xf2 ♕f4+ nebst 22. ... ♕xc4) 20. ... gxf4 (Oder 20. ... ♕f6 21. ♗d3 ♘xc3? 22. fxg5 hxg5 23. ♕g3! ♖ag8 24. ♖f1! mit großen Unannehmlichkeiten für Schwarz.) 21. ♕h4+ ♕g5 22. ♕xf4 ♕xf4 23. ♗xf4.

Ordnung, denn er hat die Damen getauscht und auch den Mehrbauern verteidigt. Aber das weiße Läuferpaar ist äußerst effizient; z.B. 23. ... ♖ad8 24. ♖xd8 ♔xd8 25. ♗b5 ♔e7 26. ♖d1 ♗c8.

(Nach 26. ... ♖d8 27. ♖xd8 ♔xd8 28. ♗xh6 ist das Endspiel ungeachtet der ungleichen Läufer klar besser für Weiß.)

27. ♗c6 f5 28. ♗b8 a6 29. ♗a7 b5 30. ♗xe4 fxe4 31. ♗xc5+ ♔f6. Weiß hat sich von einem Läufer getrennt, aber dafür hat er den Bauern zurückerobert und starke Initiative im Endspiel erhalten, z. B.: 32. ♖f1+ ♔g6 33. ♔d2 ♖d8+ 34. ♔e3 ♗b7 35. ♗d4.

20. f3   ♗f5

Auf sogleich 20. ... ♗g6 schlägt 21. ♗xe6 nicht durch: 21. ... ♕xe6 (21. ... fxe6? 22. ♗xc5+ bxc5 23. ♖xe5) 22. ♕g3 ♗e4! 23. ♕c7+ ♔f8 24. fxe4 ♕g7, und bei Schwarz ist alles in Ordnung. Doch Weiß könnte (wie auch in der Textpartie) 21. ♗d5! usw. spielen.

21. g4   ♗g6

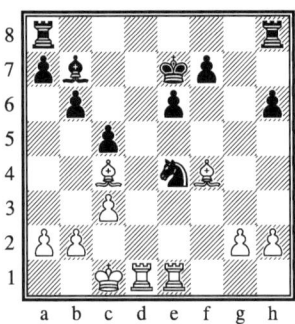

Es scheint, als sei bei Schwarz alles in

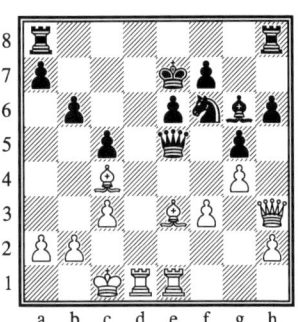

22. ♗d5!

Ein effektvoller und beinahe studienartiger Zug. Die fünfte Reihe ist geschlossen, und Schwarz sieht sich gezwungen, seine Dame zu geben, weil ♗xc5+ und ♗xa8 droht.

22. ...	♛xd5
23. ♖xd5	♘xd5

Die schwarzen Figuren wirken nicht richtig zusammen, so dass dieses Endspiel nur schwer zu retten ist.

24. ♛g3	♖ad8
25. f4!	♘xe3
26. ♛xe3	gxf4
27. ♛xf4	h5?

Das beschleunigt das Ende, aber guter Rat ist bereits teuer.

28. ♛g5+	♔e8
29. ♛h4!	

Nach 29. ♖xe6+ fxe6 30. ♛xg6+ ♔e7 31. ♛g7+ ♔d6 32. ♛a7 ♔c6 könnte Schwarz sich noch halten.

29. ...	♖h7

Es ist schrecklich, aber den schwarzen Türmen ist es in dieser Partie nicht vergönnt, sich miteinander zu verbinden.

30. g5	♗d3
31. ♛a4+	♖d7
32. ♖d1	c4
33. b3	♖g7
34. bxc4	♔d8
35. c5	♖xg5

Oder 35. ... bxc5 36. ♛a5+ nebst 37. ♛xc5.

36. c6	♖d6

Nichts hilft 36. ... ♖g4 wegen 37. ♛a3 ♖g2 38. ♛f8+ ♔c7 39. ♖xd3 ♖xd3 40. ♛xf7+ ♔xc6 41. ♛xe6+ ♔c5 42. ♛e5+ ♖d5 43. ♛c7+ ♔b5 44. c4+.

37. ♛xa7	♖d5
38. c7+	♔d7
39. ♛b7	

Schwarz gab auf.

Die Variante mit dem kühnen Königsmanöver ♔e7 hat in dieser Partie einen Riss bekommen. Aber ich bin der Ansicht, dass sie dennoch weiter leben wird.

Partie Nr. 56
Kasparow – Anand
Linares 1998

1. e4	c6
2. d4	d5
3. ♘d2	dxe4
4. ♘xe4	♘d7
5. ♘g5	♘gf6
6. ♗d3	e6
7. ♘1f3	♗d6
8. ♛e2	h6
9. ♘e4	♘xe4
10. ♛xe4	♛c7

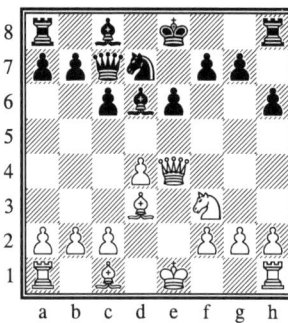

In letzter Zeit beeilt sich Schwarz nicht damit, den Standort seines Springers festzulegen. Von d7 aus unterstützt dieser den Bauernangriff im Zentrum. Hier jedoch ist der Königsflügel ungenügend gesichert. Neben dem Damenzug nach c7 hat Schwarz auch den sofortigen Zentrumsvorstoß 10. ... c5 zur Verfügung. Mit diesem Zug verbinde ich allerdings keine guten Erinnerungen. Nach 11. 0-0 gibt es zwei Fortsetzungen.

1) Gespielt wurde zunächst 11. ... ♛c7 12. ♛g4 ♚f8 13. ♗d2 e5!? 14. dxc5 (stärker ist 14. c3!?) 14. ... ♞xc5 15. ♗f5 h5 16. ♛h3 ♞e4 17. ♖ad1 g6 18. ♗xc8. In der Partie Kornejew – Arlandi, Esti 1997, blieb Schwarz nach 18. ... ♛xc8?! 19. ♖fe1! f5? 20. ♗c3 ♗c5 21. ♖xe4! fxe4 22. ♖d7 mit gescheiterten Hoffnungen zurück. Dagegen hätte 18. ... ♖xc8 zu etwa gleichem Spiel geführt.

2) 11. ... ♞f6 12. ♛h4

a) Iwantschuk – Karpow (Dortmund

1997): 12. ... ♛c7 13. ♖e1 ♗d7 14. ♗g5! ♗e7 15. dxc5 ♛xc5 16. ♞e5 ♗c6 17. ♛h3 ♖d8 18. ♖ad1 (nicht aber 18. c3? ♖xd3!) 18. ... ♞e4 19. ♗xe4 ♖xd1 20. ♗xc6+ bxc6 21. ♖xd1 ♛xe5 22. ♗xe7 ♚xe7

Schwarz hat ein unerfreuliches Endspiel.

23. ♛a3+ ♚f6 24. ♛f3+ ♚g6 25. h4 ♖b8 26. b3 ♖b7 27. c4 ♖c7 28. c5?!

(Danach kann ich mich aus der heiklen Situation befreien. Nach 28. ♛d3+! ♚h5 29. g3 bzw. 28. ... f5 29. ♛d2 ♚f7 30. h5 oder 28. ... ♚f6 29. f4 ♛c5+ 30. ♚f1 müsste Schwarz sich im Endspiel sehr quälen, weil sich die weiße Herrschaft über die d-Linie auswirkt.)

28. ... f5 29. b4?!

(Auch hier war 29. ♛d3! richtig.)

29. ... ♚f6 30. ♛d3 ♛d5! 31. ♛c2 ♛e4 32. ♛c3+ Remis.

b) Lautier – Karpow (Biel 1997): 12. ... cxd4 13. ♖e1 ♗d7 14. ♞xd4 ♛a5 15. ♗e3! ♚f8

(Ich wollte die Drohung 16. ... g5 17. ♛h3 e5 18. ♞f5 e4 aufstellen, wonach Schwarz die Oberhand behält. Doch daraus wird nichts, und deshalb war Damentausch angebracht, obwohl Weiß auch nach 15. ... ♛h5 16. ♛xh5 ♞xh5 deutliche Initiative behalten hätte.)

16. ♗f4! ♗xf4 17. ♛xf4 ♖c8 18. ♞f3 ♗e7 19. ♛g3 ♛b4 20. ♞e5 g5

21. c4 ♖hd8 22. ♕h3 h5 23. ♕e3 g4
24. a3! ♕xb2 25. ♖ab1 ♕xa3

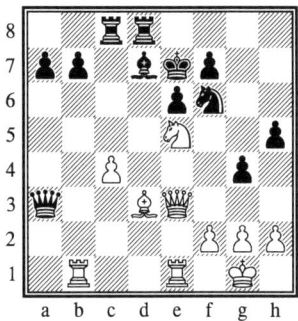

26. ♘xf7! Dieser schöne Einschlag
entscheidet die Partie. 26. ... ♕c5 27.
♘xd8, und Weiß gewann.

11. ♕g4

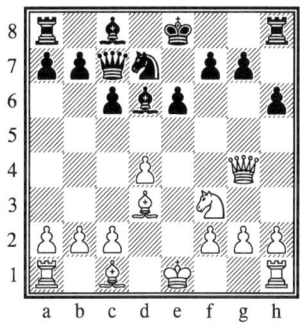

Die energischste Fortsetzung. Nach
11. ♗d2 b6 12. ♕g4 erhält Schwarz
ein wichtiges Tempo für sein Gegenspiel: 12. ... g5! 13. ♕h3 ♖g8 14. g4
♗b7 15. 0-0-0 0-0-0 16. ♖he1 ♗f4
17. ♔b1 ♖h8 18. ♗c3

(Weiß musste mit 18. ♗xf4 ♕xf4 19.
♕g3 ♕xg3 20. hxg3 fortsetzen.)

18. ... ♔b8 19. d5 cxd5 20. ♗xh8
♖xh8 21. ♘d4 a6 22. ♘xe6 fxe6 23.
♖xe6 ♘e5!, und Schwarz holte den
Punkt (Sion Castro – Karpow, Leon
1993).

11. ...  **♖g8!?**

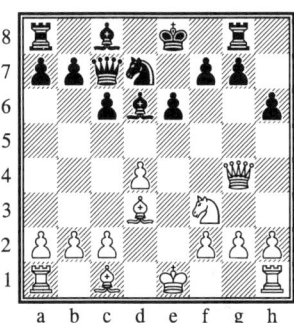

Eine originelle Methode, um das Problem des g-Bauern zu lösen. Diese
Neuerung hatte Anand wahrscheinlich speziell für das Treffen mit Kasparow vorbereitet.

I) Der Zug 11. ...g5 wurde in der Partie
Kasparow – Kamsky (Linares 1994)
widerlegt. 12. ♕h3! ♖g8 13. ♘d2!
(13. ♕xh6? würde zur Zerstörung
des weißen Königsflügels führen: 13.
...♗f8 14. ♕h7 ♘f6 15. ♕h3 g4 16.
♕h4 gxf3 17. ♕xf6 fxg2 18. ♖g1
♕xh2. Jetzt droht f2-f4 mit Angriff
auf der f-Linie.)

13. ... ♗f8?!

(Natürlicher sah 13. ... c5 aus.)

14. ♘e4 ♗g7

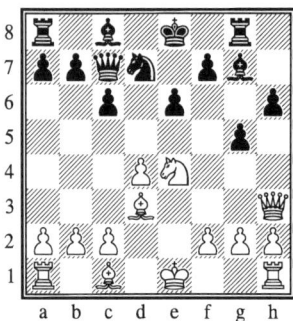

15. 0-0!

Durch das Opfer seines Zentrumsbauern kommt Weiß an den feindlichen König heran.

15. ... ♗xd4 16. ♗e3 ♗e5

(Nach 16. ... ♗xb2 führt Kasparow diese effektvolle Variante an: 17. c3! ♗xa1 18. ♖xa1 ♖g6 19. ♖d1! f5 20. ♕h5 ♔f7 21. ♗c2! fxe4 22. ♗xe4 ♘f8 23. ♗xg6+ ♘xg6 24. ♕xh6 ♕e5 25. ♗d4.)

17. ♖ad1 ♘f6 18. ♘xf6+ ♗xf6 19. ♗h7! ♖h8 20. ♕xh6 ♗e7

(Auf 20. ... ♕e7 entscheidet das starke 21. ♗c5! ♖xh7 22. ♖d8+!! ♕xd8 23. ♕f8+.)

21. ♕g7 ♖f8 22. ♖d3 ♗d7 23. ♗xg5 ♗xg5 24. ♕xg5 ♕d8 25. ♕e5 ♕e7 26. ♕c7 ♗c8 27. ♕a5 b6 28. ♕e5 ♗a6 29. ♗e4 ♖c8 30. c4

(Jetzt gibt es nach 30. ... ♗xc4? noch einen kleinen taktischen Trick: 31. ♗xc6+ ♖xc6 32. ♕b8+.)

30. ... ♖g8 31. b3 ♗b7 32. ♖fd1 ♗a8

33. c5! bxc5 34. ♖d6 c4 35. bxc4 c5 36. ♗xa8 ♖xa8 37. ♕xc5 ♖b8 38. g3 ♕b7 39. ♕d4 ♔f8 40. ♕f6 Schwarz gab auf.

II) Wir müssen unbedingt noch auf die Fortsetzung 11. ... ♔f8 hinweisen.

A) Zuerst schauen wir uns einige Beispiele zu 12. 0-0 c5 an.

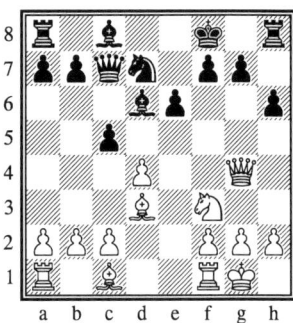

1) 13. b3

a) 13. ... e5 14. dxc5 ♘xc5 15. ♗f5 h5 16. ♕h3 ♘e6 17. ♕h4

(Zehn Jahre später hat Topalow hier das Spiel verstärkt: 17. ♖d1 ♗e7 18. ♕g3 ♘f4 19. ♗xf4 exf4 20. ♕h3 ♗f6 21. ♖ac1 g6 22. ♗xc8. Das alles geschah in der Partie Topalow – Karpow (Cannes 2002). Nach 22. ... ♖xc8 23. ♖d7 ♕b6 24. ♖d6 ♗c6 hat Weiß nichts Konkretes, aber ich spielte 22. ... ♕xc8?. Nach 23. ♕xc8+ ♖xc8 24. ♖d7 erhielt ich ein schlechtes Endspiel, das ich schließlich verlor.)

17. ... ♗e7 18. ♕g3 ♘f4 19. ♗xf4 exf4 20. ♕h3 g6 21. ♗xc8 ♖xc8 22. c4

♔g7 mit raschem Remis in Gelfand – Speelman (München 1992).

b) Leko – Karpow (Linares 2001): 13. ... cxd4

(Dies ist präziser als 13. ...e5.)

14. ♕xd4 ♘e5 15. ♗b2 ♘xf3+ 16. gxf3 f6

(Hier konnte Schwarz auch ohne Risiko den h-Bauern schlagen: 16. ... ♗xh2+!? 17. ♔g2 f6 18. ♗g6 ♗d6 19. ♖ad1 ♔e7, wonach er eine feste Stellung hat.)

17. ♕h4 ♗e5 18. ♗a3+ ♔g8 19. ♖ad1 ♗d7 20. ♖fe1 b5 21. c4 g5

(Schwarz muss seinen Königsflügel entwickeln. 21. ... bxc4? 22. ♗xc4 würde ihm hingegen nicht die Zeit dafür lassen.)

22. ♕h5 ♗e8 23. ♕h3!

(Nach 23. ♗g6 ♔g7 24. ♗xe8 ♖hxe8 25. cxb5 ♖ad8 26. ♗b4 ♕c2 27. ♖xd8 ♖xd8 hätte Schwarz keine großen Sorgen.)

23. ...♗f7 24. cxb5 ♔g7 25. ♖c1 ♕a5 26. ♗c5 ♕xa2 27. ♖e2 ♕a5 28. ♖xe5 ♕d2!

(Sehr gefährlich wäre die Annahme des Qualitätsopfers: 28. ... fxe5 29. ♕g3 ♖hd8 30. ♕xe5+ ♔g8 31. ♗d4 ♖xd4 32. ♕xd4 ♖d8 33. ♕f6 usw.)

29. ♕f1!

Es scheint, als sei bei Schwarz alles in Ordnung, aber Leko findet ein Mittel, dem Gegner „die Frisur zu zerzausen" und die Initiative zu übernehmen.

29. ...fxe5 30. ♗e4 ♖ac8 31. ♖d1 ♕a2 32. b4 ♖hd8 33. ♖a1 ♕b3 34. ♕e2 ♖c7 35. b6 axb6 36. ♗xb6 ♕c3 37. ♕e1 ♖b8 38. ♗xc7 ♕xc7 39. ♖a5 ♔f6 40. ♗c6 ♗e8 41. ♗xe8 ♖xe8 42. ♖c5 ♕d6 43. ♕e4 ♖e7 44. ♔g2 ♖a7 45. ♖a5 ♖c7 46. ♖a1 ♕d5 47. ♖b1 ♖c4! Remis

Schwarz konnte sich halten, weil die Fortsetzung 48. ♕h7 jetzt wegen der überraschenden Gegenattacke 48. ... ♖g4+ 49. ♔f1 ♕c4+ 50. ♔e1 ♖g1+ 51. ♔d2 ♕a2+ nicht spielbar ist.

2) 13. ♖e1 b6

a) Leko – Adams (Dortmund 1994): 14. b3 ♘f6 15. ♕h4 ♗b7 16. ♘e5 cxd4 17. ♕xd4 ♕c5 mit Ausgleich.

b) Topalow – Anand (Linares 1998): 14. c3! ♗b7 15. h4 ♖e8 16. h5, und die Chancen von Weiß waren leicht besser.

3) Topalow – Timman (Schacholympiade 1998 in Elista): 13. ♕h4 b6 14. ♗e4 ♗b7 15. ♗xb7 ♕xb7 16. b3 ♗e7 17. ♕g3 ♗f6 18. ♗e3 g6 19. ♖ad1 ♔g7 20. c4 ♖ad8 21. d5 exd5 22. ♖xd5 ♘f8 23. ♖xd8 ♗xd8 24. h4 h5 25. ♖d1 ♗f6, und Schwarz erhielt das bessere Endspiel.

B) In einem Schnellschach-Match mit Judit Polgar (Budapest 1998) spielten wir dreimal diese Variante, und auf 11. ... ♔f8 erwiderte Judit immer 12. ♗e3.

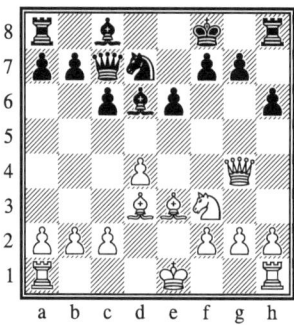

1) In der 2. Partie erhielt Weiß Vorteil nach 12. ... c5 13. dxc5 ♗xc5 14. 0-0-0 ♘f6 15. ♕h4 ♗xe3+ 16. fxe3 ♗d7 17. ♖hf1 ♖c8 18. ♔b1 ♗c6 19. e4 ♔g8 20. c3 ♘d7 21. ♗c2 ♘e5 22. ♘xe5 ♕xe5 23. ♕f2 f6 24. ♕xa7 ♕xh2 25. e5! ♕xe5 26. ♖fe1 ♕c7 27. ♖xe6.

2) Deshalb zog ich in der 4. Partie 12. ... b6, und nach 13. ♘d2 ♘f6 14. ♕e2 ♘d5 15. ♘c4 ♗a6 16. ♘xd6 ♗xd3 17. ♕xd3 ♕xd6 18. 0-0 ♖d8 19. ♖ad1 b5 20. a4 a6 21. c4 bxc4 22. ♕xc4 ♖a8 23. b4 ♕xb4 24. ♕xc6 ♔e7 25. ♗d2 ♕d6 26. ♕b7+ ♔f6 ergriff Schwarz die Initiative.

3) In der 6. Partie spielte ich 12...♘f6, und wieder bekam Schwarz nach 13. ♕h4 b6 14. 0-0-0 ♗b7 15. ♖he1 c5 16. dxc5 bxc5 17. ♘d2 ♘d5 18. ♘c4 ♘xe3 19. ♘xe3 ♖b8 20. ♕c4 h5 21. h3 ♗e5 22. c3 ♗f6 23. ♗e4 ♗c8 24. ♕a4 g6 25. ♕c6 ♕xc6 26. ♗xc6 ♔g7 das bessere Endspiel.

12. ♘d2!

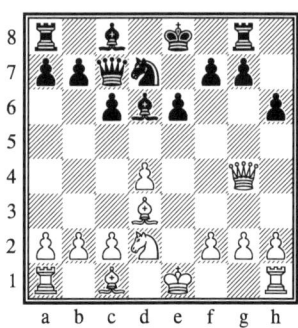

Natürlich nicht 12. ♗xh6? ♘f6 13. ♕g5 ♗f8, denn die weißen Figuren stehen ungemütlich. In einer etwas anderen Situation wiederholt Kasparow seinen Spezialzug mit dem Springer (vergleiche die Anmerkungen zum 11. Zug in der Partie Kasparow – Kamsky).

12. ...   ♘f6
13. ♕f3

Darauf basiert die Idee des Springerrückzuges nach d2. Für die Dame wird der Weg frei gemacht, und für das Ross findet sich ein besserer Platz.

13. ...   e5!?

Der Standardzug 13. ... c5 ist diesmal gefährlich wegen 14. ♘c4 cxd4 15. ♗d2 mit erheblichem Druck auf die schwarze Stellung.

14. dxe5	♗xe5
15. ♘c4	♗e6
16. ♗d2	

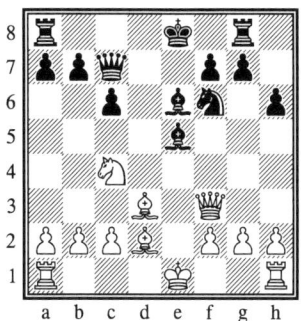

16. ...   **0-0-0**

Schwarz hütet sich davor, auf b2 zu nehmen.

1) Nach 16. ... ♗xb2 17. ♘xb2 ♕e5+ 18. ♗e3 ♕xb2 19. 0-0 hat Weiß den Vorteil des Läuferpaares und gefährliche Initiative.

2) Möglich war aber 16. ... ♗xc4 17. ♗xc4 und jetzt 17. ... ♗xb2 18. ♕e3+ ♕e5 19. ♕xe5+ ♗xe5 20. 0-0-0 0-0-0 21. ♗xf7 ♖gf8 22. ♗e6+ ♔c7 mit unklarem Spiel.

17. 0-0-0	♘d7
18. ♖he1	♖ge8?

Ein unverzeihlicher Fehler. Notwendig war es, die Stellung des weißen Königs auf der Diagonale c1-h6 auszunutzen und 18. ... ♗f6! zu spielen. Es droht 19. ... ♘e5, und falls 19. ♗f4 (19. ♕f4 g5!, 19. ♗a5 b6 20. ♗d2 ♘c5), so geschieht 19. ... ♕xf4+! 20. ♕xf4 ♗g5 21. ♕xg5 hxg5, wonach bei Schwarz alles in Ordnung ist.

19. ♔b1!

Der König verlässt die gefährliche Diagonale, und überraschend stellt sich heraus, dass Schwarz ohne Schutz ist. So kann ein einziger unvorsichtiger Zug zur Katastrophe führen.

19. ...	g5
20. h4	♗f4

Weil der Turm auf e8 steht, geht 20. ... ♗f6 nicht wegen 21. ♗a5 b6 22. ♘d6+. Und nach 20. ... gxh4 21. ♕e3 ♗xc4 22. ♗xc4 ♘b6 23. ♗d3 verliert Schwarz am Königsflügel einen Bauern nach dem anderen.

21. ♗xf4	gxf4
22. ♗f5!	

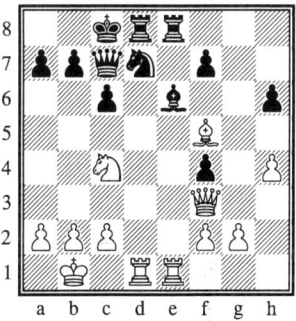

Das Zusammenwirken der schwarzen Figuren ist vollkommen gestört.

22. ... ♗xf5 23. ♖xe8 (Natürlich nicht sofort 23. ♘d6+? ♕xd6! 24. ♖xd6 ♖xe1+ 25. ♖d1 ♘e5! mit schwarzem Gewinn.) 23. ... ♖xe8 24. ♘d6+ ♔b8 26. ♘xf5 Schwarz kann sich nicht halten.

22. ...   **♘f8**

23. ♕h5   ♔b8
24. ♗xe6   ♘xe6
25. a4!?

Der Bauer h6 ist wertlos. Nach 25. ♕xh6 kann Schwarz durch 25. ...b5 26. ♘d2 ♖g8 etwas Aktivität entwickeln.

25. ...   ♕e7
26. ♕e5+   ♕c7
27. ♕h5   ♕e7
28. b3!   ♕f6
29. ♘e5   ♖e7
30. ♘g4   ♖xd1+
31. ♖xd1   ♕g7
32. f3

Dies unterstreicht die Hilflosigkeit des Gegners.

32. ...   ♖e8
33. ♕f5   ♔a8
34. h5   ♖f8
35. ♖d7

Jetzt würde nach 35. ...♕g5 36. ♕xg5 hxg5 37. ♘f6 der weiße h-Bauer verwandelt. Noch während Schwarz über die Antwort nachdachte, fiel sein Blättchen. So hatte Anand in hoffnungsloser Lage wohl erst zum zweiten Mal in seiner Karriere die Zeit überschritten.

Partie Nr. 57
Anand – Bologan
Dortmund 2003

1. e4   c6
2. d4   d5
3. ♘c3   dxe4
4. ♘xe4   ♘d7
5. ♘g5   ♘gf6
6. ♗d3   e6
7. ♘1f3   ♗d6
8. ♕e2   h6
9. ♘e4   ♘xe4
10. ♕xe4   ♕c7
11. 0-0

Wie wir im Kommentar zur Partie Nr. 56 gesehen haben, kann Schwarz nach dem sofortigen 11. ♕g4 mit einem vollwertigen Spiel rechnen.

11. ...   b6
12. ♕g4   g5

Dieser Zug wird sogleich effektvoll widerlegt. Schwarz musste mit 12. ...♔f8 fortsetzen, was wir in der nächsten Partie besprechen.

13. ♕h3

Nicht so klar wäre das sofortige 13. ♖e1 ♘f6 14. ♕h3 g4 15. ♕h4 gxf3 16. ♕xf6 ♗xh2+ 17. ♔h1 fxg2+ 18. ♔xg2 ♖g8+ 19. ♔h1 ♗d6.

13. ...   ♖g8

Diese Stellung ist schon häufig vorgekommen. Die bekannteste Partie ist Ponomarjow – Anand (Mainz 2002). Nach 14. ♘d2 ♗b7 15. a4 0-0-0 endete der scharfe Kampf später friedlich.

14. ♖e1!!

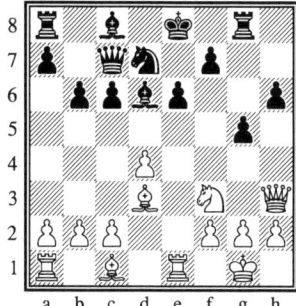

Diese starke Neuerung kam Anand schon während der erwähnten Partie gegen Ponomarjow in den Sinn. Bei der häuslichen Prüfung überzeugte er sich davon, dass Weiß in allen Varianten spürbaren Vorteil hat. Die Eröffnungsüberraschung wartete lange auf ihre Stunde, bis es endlich so weit war. Im ersten Durchgang des Dortmunder Turniers hatte der indische Großmeister gegen Bologan verloren. Jetzt nimmt er schreckliche Rache.

14. ...   ♗f8

Schwarz verzichtet klugerweise auf die Annahme des Figurenopfers. Anand führt folgende Variante an: 14. ...g4 15. ♕xh6 gxf3 16. ♖xe6+ fxe6 17. ♕xe6+ ♗e7.

(Schlecht ist auch 17. ...♔f8 18. ♗h6+ ♖g7 19. ♗g6.)

18. ♕xg8+ ♘f8 19. ♗g6+ ♔d7 20. ♗f5+ ♔e8 21. ♗h6! ♕d6

(Auf 21. ...♗xf5 folgt 22. ♖e1 ♔d7 23. ♖xe7+! ♔xe7 24. ♕g7+ usw.)

22. ♗xf8 ♗xf8 23. ♖e1+ ♔d8 24. ♕f7 ♗e7 25. ♗xc8 ♖xc8 26. ♕xf3 Weiß hat vier Bauern für die Figur, wovon drei sogar Freibauern sind.

15. ♕f5!

Das Turmopfer 15. ♖xe6+ bietet sich förmlich an, aber es folgt 15. ...♔d8! 16. ♖e1 ♘e5! 17. ♗f5 g4 18. ♕h5 ♘xf3+ 19. gxf3 ♗xf5!

(Nicht jedoch 19. ...gxf3+ 20. ♔h1 ♗xf5 21. ♕xf5.)

20. ♕xf5 ♕d7 21. ♖xd7+ ♔xd7 Nun kann Weiß seinen Mehrbauern nur schwer verwerten. Anand gibt noch an, dass sich Schwarz nach 16. ♗h7 ♘c5! halten kann.

(16. ...♘f6? 17. ♖xf6! ♗xh3 18. ♗xg8 ♗e6 19. ♗xf7! ♗xf7 20. ♘e5!)

Hier ist die Hauptvariante: 17. ♗xg8 ♗xe6 18. ♕h5.

(18. ♕g3 ♗d6 19. ♘e5 ♘d7 20. f4 ♘f6 21. f5 ♗d5!)

18. ...♘e4 19. ♘e5 ♘f6 20. ♕f3 ♗g7! 21. ♘xc6+ ♔e8 22. ♘b4 ♖d8

15. ...   ♗g7

Dies ist erzwungen, weil der drohende Einschlag auf e6 nunmehr Gestalt annimmt. Nach 15. ...♕d6 16. ♗xg5! hxg5 17. ♘xg5 ♖xg5 18. ♕xg5 ♕e7 19. ♕g3 ♕d6 20. ♕f3 erhält Weiß heftigen Angriff.

16. h4!

Dies ist stärker als 16. ♗c4 ♘f6 17. ♕d3 ♗b7 18. ♘e5 ♘d5 19. ♗xd5 cxd5, und 16. ♖xe6+ würde hier sogar verlieren: 16. ...fxe6 17. ♕xe6+ ♔f8.

16. ... ♚f8

Nicht spielbar ist 16. ... gxh4? 17. ♗f4 ♛d8 18. ♖xe6+!, so dass Schwarz auf die Rochade verzichten muss.

17. ♛h3

Und wieder wäre das Schlagen auf e6 wegen 17. ... ♘c5! vorteilhaft für Schwarz.

17. ... ♖h8!
18. hxg5 hxg5
19. ♛g4 c5

Bologan hat sich bislang sehr zäh verteidigt, doch Anand versteht es, Öl ins Feuer zu gießen.

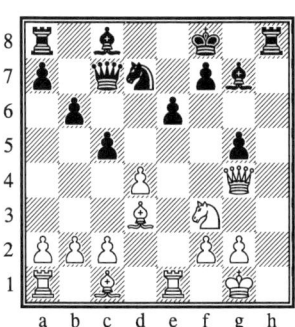

20. ♗xg5

Weniger klar ist 20. ♛xg5 ♗b7 21. ♗f4 ♛d8 22. ♛g3 cxd4 23. ♖ad1 ♗xf3 24. ♛xf3 ♖c8 oder 22. ♘e5 ♘xe5 23. dxe5 ♗h6! 24. ♛g4 ♗xf4 25. ♛xf4 ♛h4 26. ♛xh4 ♖xh4.

20. ... cxd4

Nichts hilft 20. ... ♗xd4 wegen 21. ♗f4 e5 22. ♛g5! exf4 23. ♛e7+ ♚g7 24. ♘g5.

21. ♖ad1!

Noch ein glänzender Zug Anands. Die letzten Reserven werden für den entscheidenden Angriff mobilisiert.

1) Auf 21. ♖xe6 erwidert Schwarz 21. ... ♘c5! 22. ♗e7+ ♚g8.

2) Und nach 21. ♗e7+? ♚g8 22. ♖e4 ...

(in der Hoffnung auf 22. ... ♗b7?? 23. ♛xg7+ ♚xg7 24. ♖g4+ ♚h6 25. ♗g5+ ♚g7 26. ♗d8+)

... hat Schwarz ebenfalls eine Widerlegung parat: 22. ... f5! 23. ♛g6 ♖h6 24. ♛e8+ ♘f8.

21. ... ♗b7

Das erlaubt Weiß eine elegante Schlussattacke, aber auch in anderen Abspielen ist Schwarz nicht zu beneiden:

1) 21. ... ♘f6 22. ♛xd4 ♘d5 23. ♘e5;

2) 21. ... ♘e5 22. ♘xe5 ♗xe5 23. ♛e4 ♗h2+ 24. ♚f1 ♗b7 25. ♛xd4;

3) 21. ... f5 22. ♛f4 ♛xf4 23. ♗xf4 ♘c5 24. ♗c4;

4) 21. ... ♘c5 22. ♗f4 ♛d8 23. ♛g3! ♗b7 24. ♗d6+ ♚g8 25. ♗e5;

5) 21. ... ♘c5 22. ♗e4 ♖b8 23. ♛g3 ♗b7 24. b4! ♛c8 25. ♘xd4.

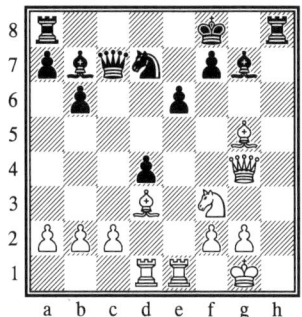

22. 🗌xe6!!

Nachdem der Läufer das Feld c8 verlassen hat, ist nun der Moment für den lange erwarteten Einschlag gekommen. Denn der schwarze König hat danach keinen ausreichenden Schutz mehr.

22. …	fxe6
23. ♗e7+!	♚xe7
24. ♛xg7+	♚d6
25. ♘xd4!	

Darin liegt der Sinn von Anands Kombination. Weiß nimmt in aller Ruhe den Bauern und inszeniert einen unwiderstehlichen Angriff.

| 25. … | ♛c5 |
| 26. ♗f5! | |

Natürlich nicht 26. ♗b5? 🗌h1+ 27. ♚xh1 ♛h5+, wonach Schwarz überraschend die Oberhand behält. Deshalb überdeckt Weiß die fünfte Reihe. Noch überzeugender war 26. ♘b5+! ♚c6 27. ♗e2 🗌ad8 28. c4! ♛e5 29. ♘xa7+ ♚c5 30. ♛e7.

| 26. … | ♛e5 |

Keine Rettung verheißt 26. …♗d5 27.

♗xe6 ♗xe6 28. ♘xe6+ ♚xe6 29. ♛xd7+.

27. ♘f3+	♛d5
28. ♛g3+	♚e7
29. 🗌xd5	♗xd5
30. ♛g5+	♚d6
31. ♛f4+	♚e7
32. ♗e4	🗌h5
33. ♘h4	🗌g8
34. ♘g6+	♚d8
35. ♛f7	

Noch immer konnte Weiß hier mit 35. g4? 🗌xg6! fehlgreifen.

| 35. … | 🗌e8 |
| 36. ♗d3 | |

Schwarz gab auf. Nach 36. …🗌g5 krönt 37. f3 ♗c6 38. c4 die Partie.

Partie Nr. 58
Leko – Bologan
Wijk aan Zee 2004

Müssen wir aus der vorigen Partie schlussfolgern, dass die Caro-Kann-Verteidigung jetzt widerlegt wurde? Nein, natürlich nicht. Sehen Sie sich die folgende interessante Partie an! Beim Superturnier in Holland teilte Peter Leko den zweiten Platz hinter Vishy Anand und übertraf Wladimir Kramnik um 1,5 Punkte – ein Zeichen dafür, dass ihr WM-Match im Herbst 2004 sehr spannend werden würde.

| 1. e4 | c6 |
| 2. d4 | d5 |

3. ♘c3	dxe4
4. ♘xe4	♘d7
5. ♘g5	♘gf6
6. ♗d3	e6
7. ♘1f3	♗d6
8. ♕e2	h6
9. ♘e4	♘xe4
10. ♕xe4	♕c7
11. 0-0	b6
12. ♕g4	♔f8

Nach 12. ... g5 erlitt Schwarz in der vorigen Partie ein Fiasko.

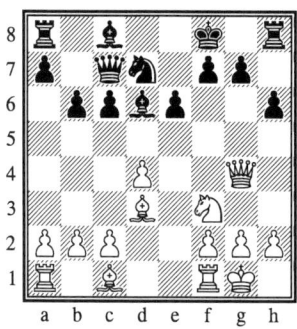

13. b3   ♗b7

Zu weißem Vorteil führt 13. ... c5 14. dxc5 ♘xc5 15. ♗b2 e5 16. ♗f5.

14. ♗b2   ♘f6

15. ♕h4   c5

In dieser Stellung ist der Vorstoß des c-Bauern gar nicht schlecht. Früher erprobte man 15. ... ♘d5 16. ♖fe1 ♘f4 17. ♖ad1 ♔g8 18. c4 g5 19. ♘xg5! mit stürmischen Verwicklungen (Arachamia – Portisch, Frankreich 1998) oder 15. ... ♔e7, aber nach 16. c4! hat Schwarz einen schweren Stand.

16. dxc5

Diese Position ist schon in der Praxis vorgekommen. Nach 16. ...bxc5 bekam Weiß in der Partie Brynell – Vernersson (Schweden 2000) leichten Vorteil.

16. ...   ♕xc5!

Eine wertvolle Neuerung.

17. ♗xf6

Nichts bringt 17. ♗d4 ♕a5.

17. ...   gxf6

Das ist besser als 17. ... ♗xf3 18. ♗b2.

18. ♕xf6   ♕h5!

Nach dem Bauern will Schwarz auch noch einen Turm opfern und überraschend zum Angriff übergehen.

19. ♖fe1

Richtig ist 19. ♕xh8+ ♔e7 20. ♗g6!! (Der einzige Zug. Verlieren würde 20. ♕g7 ♗xf3 21. h3 ♗e5 22. ♕h7 ♕g5.)

Es könnte folgen 20. ... ♕xg6 21. ♕c3 ♖g8 22. g3 ♕f5 oder 22. ... ♕h5 mit guten Aussichten für die Qualität, aber wahrscheinlichem Remis.

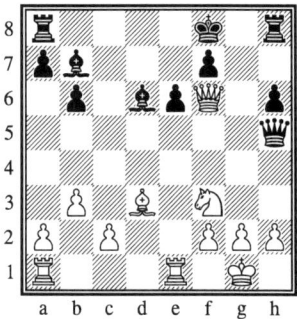

19. ...   ♖g8??

Schade! Hätte Schwarz mit 19. ... ♗xf3! fortgesetzt, so konnte er nach 20. ♕xf3 (20. ♕xh8+ ♔e7 21. ♖xe6+ ♔xe6 22. ♖e1+ ♔d7) 20. ... ♗xh2+ 21. ♔h1 ♕xf3 22. gxf3 das klar bessere Endspiel erhalten. Bologan aber wollte mehr und beging einen schrecklichen Fehler.

20. ♗e4!

Schwarz hatte lange nachgedacht, diesen einfachen Zug jedoch übersehen.

20. ...   ♖xg2+

Auf 20. ... ♕g4 folgt 21. ♘e5, und so muss man den Patzer halt eingestehen und mit einem Bauern weniger weiterspielen.

21. ♔xg2   ♕g4+
22. ♔h1   ♗xe4
23. ♖xe4   ♕xe4
24. ♖e1

Wie sich jetzt zeigt, bemerkte Schwarz zu spät, dass sein Turm auf a8 ungeschützt ist.

24. ...   ♕h7

Verlieren würde 24. ... ♕g4 25. ♖g1 ♕e4 26. ♖g7!, und nach 24. ... ♕g6 25. ♕xg6 fxg6 26. ♖xe6 hat der Nachziehende zwei Bauern weniger.

25. ♘d4!

Der schwarze König ist wehrlos.

25. ...   ♔e8
26. ♘xe6   ♔d7

Oder 26. ... fxe6 27. ♕xe6+ ♗e7 28. ♕c6+.

27. ♕f3   ♖b8
28. ♘d4   ♖c8
29. ♕h3+   f5
30. ♘xf5

Schwarz gab auf. Er hat verloren, aber die Caro-Kann-Verteidigung wird sich halten!

Partie Nr. 59
Leko – Barejew
WM-Kandidatenmatch (3)
Elista 2007

1. e4	c6
2. d4	d5
3. ♘c3	dxe4
4. ♘xe4	♘d7
5. ♘g5	♘gf6
6. ♗d3	e6
7. ♘1f3	♗d6
8. ♕e2	h6
9. ♘e4	♘xe4
10. ♕xe4	♕c7
11. 0-0	b6
12. ♕g4	♔f8

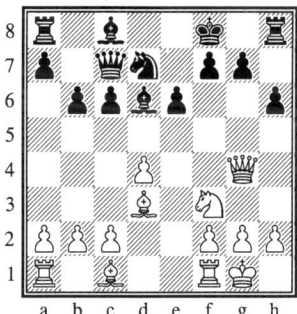

13. ♕h4

Eine seltene Fortsetzung, die Leko

speziell für diese Weißpartie vorbereitet hatte.

Die Diagrammstellung war nämlich auch schon in der 1. Partie des Duells aufs Brett gekommen. Dort wählte Weiß die gebräuchlichere Fortsetzung 13. ♖e1.

(Was den Zug 13. b3 angeht, siehe die im Buch kommentierte Partie Leko – Bologan, Wijk aan Zee 2004.)

13.... c5 14. c3 ♗b7 15. ♕h3 ♖d8 16. ♗e4

Eine Neuerung, die jedoch ungefährlich für Schwarz ist.

16....♗xe4 17. ♖xe4 ♘f6 18. ♖e1 g6 19. b3

(Zum Remis führt 19. dxc5 ♗xc5 20. ♗xh6+ ♔g8 21. ♕h4 ♖xh6 22. ♕xh6 – 22. ♕f6 ♗e7 – 22....♗xf2+.)

19.... ♔g7 20. dxc5 ♗xc5 21. ♗b2 ♖d5 22. c4 ♖h5 23. ♕g3 ♗d6 24. ♘e5 ♖d8 25. h3 ♖f5 26. ♖e2 ♗c5 27. ♖f1?

Jetzt kann Schwarz die Initiative an sich reißen.

(Minimalen Vorteil hätte Weiß nach 27. ♖ae1 ♔h7 28. ♕c3 ♗d4 29. ♕c1 ♗xb2 30. ♕xb2 ♘d7 31. ♘g4 h5 32. ♘e3 ♖f4 33. ♖d1 ♘c5 34. ♖ed2 bewahrt.)

27.... ♔h7 28. ♕h2

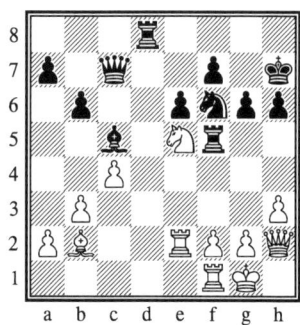

1) 28. ... g5? Ein viel zu riskanter Vorstoß. 29. ♘g4 ♗d6?

Wieder ein Fehler. Ausgleich hätte der Damentausch gebracht.

30. g3 ♘h5? 31. ♘e3 ♗xg3?

Nachdem der Nachziehende die Chance zu einem glänzenden Start vertan hat, geht bei ihm alles schief.

32. fxg3 ♖xf1+? 33. ♘xf1 ♖d1 34. ♖e3. Schwarz gab auf.

Es versteht sich, dass die betrübliche Niederlage Barejews in der ersten Partie nichts mit der Eröffnung zu tun hatte. Deshalb sah er auch keinen Grund, im Matchverlauf davon abzuweichen.

2) Schwarz verpasste die energische Gewinnmöglichkeit 28. ... ♘e4! 29. ♖xe4.

(Ganz schlecht für Weiß ist 29. ♘f3 ♘g3 30. ♖c2 ♕d6 oder 29. ♘g4 ♘g3 30. ♖ee1 ♗d6.)

29.... ♖xf2! 30. ♗c1 (30. b4 ♖f5+

bzw. 30. ♗d4 ♖xd4 31. ♖xd4 ♖xf1+ 32. ♔xf1 ♗xd4) 30.... ♖f3+ 31. ♗e3 ♖xe3 32. ♖xe3 ♗xe3+ 33. ♔h1 g5 34. ♘g4 ♗f4. Diese schöne Variante zeigt, wie Barejew mit der Caro-Kann-Verteidigung einen wertvollen Auftaktsieg hätte erringen können.

13. ...   ♗b7
14. ♖e1   ♔g8

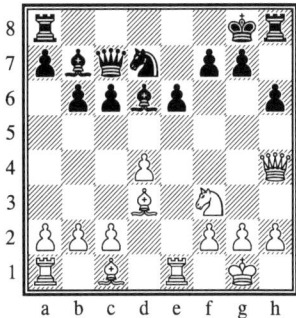

Dieser Wegzug des Königs ist eine Neuerung. Bis dahin spielte man 14. ..♖e8. Weiß zeigt sich jedoch gut darauf vorbereitet.

15. ♕h3!   ♖e8

Schwarz muss den Bauern e6 unbedingt verteidigen. Wenn z. B. 25. ... c5? geschieht, droht das vernichtende Turmopfer 26. ♖xe6! fxe6 17. ♕xe6+ ♔f8 18. ♘h4 g5 19. ♗c4!, und Weiß gewinnt.

16. c4!

Um den Zentrumsdurchbruch c6-c5 mit d4-d5! beantworten zu können.

16. ...   ♘f6

Trotzdem verdiente 16. ... c5 17. d5 und dann 17. ... ♘e5! Beachtung,

wonach die schwarze Verteidigung fest genug ist.

17. ♗d2   c5
18. d5

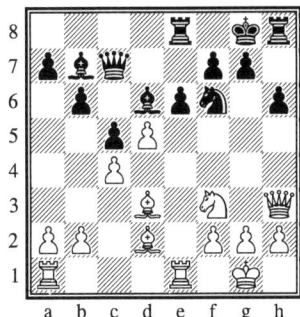

18. ...   e5?!

Danach ist die schwarze Bauernstruktur unsicher. Schwarz hätte das Bauernopfer wohl besser annehmen sollen: 18. ... exd5 19. ♖xe8+ ♘xe8 20. cxd5 ♗xd5 21. ♖e1 ♕d8. Die Stellung ist wenig anziehend, doch Schwarz besitzt einen Mehrbauern.

19. ♗c3!   g6

Wenn man den Druck des weißen Läufers auf der langen Diagonale berücksichtigt, erscheint dieser Zug seltsam. Jedoch ist kein anderer Weg sichtbar, wie König und Turm von Schwarz „rochieren" können.

20. ♕h4   ♔g7
21. ♘d2

Hier war ein effektvolles Damenopfer möglich: 21. ♕g3 ♘h5 22. ♖xe5! ♘xg3 23. ♖xe8+ f6 24. ♖xh8 ♘e2+ 25. ♗xe2 ♔xh8 26. ♗xf6+ ♔g8 27. ♖e1, aber nach ♗c8 und ♕f7 konnte

Schwarz sich noch wehren. Leko traf eine solidere Wahl. Er ging davon aus, dass der gut vorbereitete Vorstoß seines f-Bauern dem Gegner keinerlei Chancen mehr lässt.

21. ... ♛d8

Schon drohte das tödliche f2-f4.

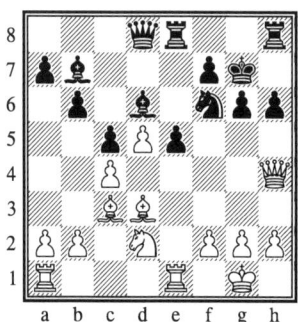

22. ♗c2! ♗c8

Das Manöver ♗c2-a4 konnte durch 22. ... b5 verhindert werden, obwohl Weiß nach 23. b3 seinen Vorteil vergrößert. Natürlich nicht 23. cxb5 ♘xd5 24. ♛xd8 ♖xd8 25. ♗xe5+ ♗xe5 2. ♖xe5 ♘b4!

23. ♗a4 g5

Ein solcher Zug war bereits erforderlich, denn auf 23. ... ♗d7 entscheidet 24. f4! ♗xa4 25. fxe5.

24. ♛g3 ♘h5
25. ♛f3 g4
26. ♛d1

Bei Schwarz tauchen jetzt neue Schwächen auf. Noch stärker war jedoch 26. ♛e3 ♗d7 27. ♗xd7 ♛xd7 28. ♘e4 f6 29. f3.

26. ... ♖e7
27. h3 ♘f6
28. hxg4 ♗xg4
29. f3 ♗c8

Nicht besser ist 29. ... ♗h5 30. ♖e3 ♗g6 31. ♛e1, und der Bauer e5 hält dem Angriff der weißen Schwerfiguren nicht länger stand.

30. ♖e3! ♘h5
31. ♛e1! f6
32. ♛h4 ♘f4
33. ♘e4 ♖f7
34. g3

Der technische Weg bestand in 34. ♘xd6 ♛xd6 35. g3 ♘g6 36. ♛h5, wonach Schwarz hilflos ist. Aber Leko zieht eine taktische Lösung vor, weil alles schon bereit für f3-f4 ist.

34. ... ♘g6
35. ♛h5 ♗b8
36. ♗c2 f5

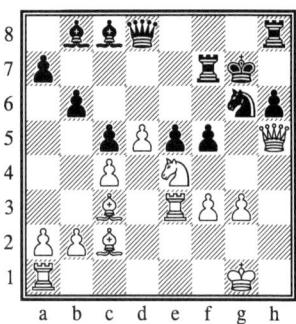

37. f4!!

Endlich führt Weiß die lange vorbereitete und entscheidende Aktion aus. Nach 37. ♘f2 ♛g5! hätte er seinen Vorteil gänzlich eingebüßt.

37. ...   ♖e8

Widerstand war nur noch mit 37. ... fxe4 möglich: 38. fxe5 ♗xe5 39. ♗xe5+ ♘xe5 40. ♕xe5+ ♕f6 41. ♕xf6+ ♖xf6 42. ♖xe4 ♖hf8 43. ♖ae1, obwohl Lekos Endspieltechnik dann vollkommen ausgereicht hätte, um seine Überlegenheit in einen vollen Punkt zu verwandeln.

38. ♘f2   ♖f6
39. ♖ae1   e4
40. ♗xe4

Schwarz gab auf.

Kapitel 7

Das Gambit – 1. e4 c6 2. d4 d5 3. f3

Partie Nr. 60
Morosewitsch – Bologan
Dagomys 2004

Das Buch soll mit einer sehr spektakulären Partie abgeschlossen werden, die der Leser bestimmt lange in Erinnerung behalten wird.

Bei der russischen Mannschaftsmeisterschaft, die im Frühjahr 2004 am Schwarzen Meer in der Nähe von Sotschi ausgetragen wurde, schuf Alexander Morosewitsch, einer der interessantesten Schachmeister der Gegenwart, die folgende schöne Miniatur. An ihrem Ende setzte er seinen Gegner, den tapferen Viorel Bologan, auf herrliche Weise matt.

Diese Partie passt nicht ganz in unsere Eröffnungsübersicht, wie sie im Vorwort steht. Der dritte Zug von Weiß ist eine Rarität, genau wie die aufs Brett gezauberten Mattbilder, welche in der Großmeisterpraxis nicht zum Alltag gehören.

1. e4   c6
2. d4   d5
3. f3

Ein seltener Zug von der Art, wie Morosewitsch es liebt. Diese alte Fortsetzung scheint eigentlich die Eröffnungsprinzipien zu verletzen, weil dem Springer das Entwicklungsfeld f3 verstellt wird. Aber Schwarz muss aufpassen, weil Weiß im weiteren Verlauf oft vor Opfern nicht zurückschreckt und der Kampf sich deshalb sehr zuspitzen kann. Die Caro-Kann-Anhänger müssen nicht betrübt sein, wenn dieses Buch mit einem glänzenden Weiß-Sieg endet. Es ist klar, dass Weiß mit seinem verhaltenen, aber giftigen Schritt des f-Bauern nicht den Anspruch erheben kann, die ganze Verteidigung widerlegt zu haben.

3. ...   e6

Jetzt entsteht ein ähnlicher Aufbau wie bei der Französischen Verteidigung, wo der schwarze Damenläufer ja ebenfalls hinter der Bauernkette bleibt. Wem der letzte Zug nicht gefällt, weil die Figur eingesperrt ist, der hat an dieser Stelle eine große Auswahl an anderen Fortsetzungen. Die Theorie verweist z.B. auf 3. ... ♘f6, 3. ...g6, 3. ...dxe4 und 3. ...e5.

4. ♘c3   ♗b4

Vor mehr als einem halben Jahrhundert (WM-Match, Moskau 1958) wählte Botwinnik gegen Smyslow das Abspiel 4. ...♘f6 5. ♗g5 h6 6. ♗h4 ♕b6 7. a3 c5 und erzielte Ausgleich.

Interessant sind auch die Fortsetzungen 4. ... ♕b6, womit die Entwicklung des Läufers c1 behindert wird, und 4. ... b5.

5. ♗f4

Die bescheidenen Züge 5. ♗d2 oder 5. ♘ge2 versprechen Weiß keinen Vorteil.

5. ...　　　♘e7

Häufiger kommt 5. ...♘f6 vor.

6. ♕d3

In der Partie Murey – Charitonow (Moskau 1989) führte 6. ♘e2 0-0 7. a3 ♗a5 8. ♕d3 ♘d7 9. ♗d6 ♗c7 10. ♗xc7 ♕xc7 11. 0-0-0 b5 zu gleichem Spiel.

6. ...　　　b6

7. ♘e2　　　♗a6

Die beiden letzten Züge von Schwarz sind eine natürliche Reaktion auf das Erscheinen der Dame auf d3, aber auch nebenan fühlt sie sich komfortabel. In dem Treffen Morosewitsch – Vallejo, das kurz vor dieser Partie stattfand (Monte Carlo 2004), spielte Schwarz vorsorglich 7. ...a5, und nach 8. 0-0-0 ♗a6 9. ♕e3 ♘d7 10. h4 0-0 11. a3 ♗xc3 12. ♕xc3 c5 13. ♗d6 ♖c8 14. ♔b1 ♖e8 15. ♗xe7 ♕xe7 16. exd5 exd5 17. ♘f4 erhielt Weiß gefährliche Initiative, die er zum Gewinn nutzte.

8. ♕e3

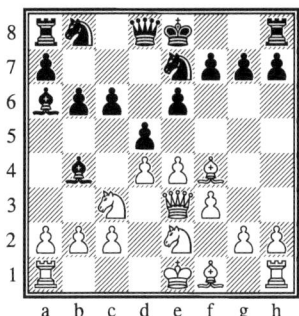

8. ...　　　0-0

Die Stellung ist ungewöhnlich, und man findet sich in ihr nicht so leicht zurecht. Vielleicht sollte man mit der Rochade noch warten: 8. ...♘g6 9. ♗g3 ♘d7 10. 0-0-0 ♗e7. Schwarz verhindert h2-h4 und ist bereit, nach dem Wegzug des Springers von e2 die weißfeldrigen Läufer zu tauschen. Weiß hat ein festes Zentrum und Schwarz einen flexiblen Aufbau.

9. 0-0-0　　　c5

10. a3　　　♗xc3

Natürlicher sah 10. ...cxd4 11. ♘xd4 ♗c5 aus, und plötzlich entsteht eine scharfe Stellung in der Art von Sizilianisch.

11. ♕xc3　　　♗xe2

12. ♗xe2　　　c4

Es heißt, das Läuferpaar sei in einer geschlossenen Stellung nicht stärker als zwei Springer. Aber die Stellung kann sich jeden Moment öffnen, was fatale Folgen für Schwarz hat. Des-

halb sind die Aussichten von Morosewitsch höher zu bewerten, zumal er
jetzt mit dem unverzüglichen Sturm
am Königsflügel beginnt.

13. h4   b5

Seltsamerweise gab es diese Position
bereits in der Praxis – und zwar in der
Partie Nataf – Motyljow, Istanbul
2003. Nach 13. ... ♘c6 14. h5 b5 15.
h6 g6 16. g4 ♘c8 17. ♕e3 ♘b6 18.
♗g5 f6 19. ♗h4 ♕d7 20. ♖he1 b4
21. ♗f1 ♖ae8 22. axb4 ♘xb4 23.
♕a3 ♕d6 24. ♔b1 ♕h2 25. ♕xb4
♕xh4 26. exd5 exd5 27. ♖e7 ♕xh6
28. ♖xa7 ♖e6 Schwarz ergriff die
Initiative und gewann die Partie.

14. ♕e1!   ♘bc6
15. h5   ♕d7

Beachtung verdiente 15. ... a5, denn
wenn Schwarz keinerlei Aktivität am
Damenflügel zeigt, kann er überhaupt
nichts erwarten.

16. g4   f6
17. ♗f1!

Eine feine Überführung des Läufers.

17. ...   ♖ad8

Nicht übel für Schwarz sah 17. ...
♘xd4 18. ♖xd4 (18. exd5 e5) 18. ...
e5 aus.

18. ♗h3   dxe4
19. fxe4   ♘xd4
20. g5   f5
21. ♔b1!

Es ist schwer zu erraten, was für ein
Zug von Morosewitsch das war – ein
positioneller oder ein kombinatori-

scher. Die Situation hat sich schon
klar zu seinen Gunsten geklärt. Seine
Läufer sind frei, und der schwarze
Mehrbauer hat keinerlei Bedeutung.
Computer führen hier verrückte Varianten an, doch einem Menschen ist
klar, dass das materielle Kräfteverhältnis keinerlei Rolle mehr spielt,
wenn Weiß bis zum Punkt g7 und
somit zum feindlichen König vor-
dringt.

21. ...   ♕c6
22. h6   fxe4

Folgende Abspiele illustrieren die
Probleme von Schwarz:

1) 22. ... ♕xe4 23. ♕xe4 fxe4 24.
♖xd4! ♖xd4 25. ♗xe6+ ♖f7 (25. ...
♔h8 26. ♗e5 ♘f5 27. hxg7+ ♘xg7
28. ♗xd4) 26. ♖f1 ♘f5 27. ♗e5! mit
Gewinn;

2) 22. ... g6 23. exf5 gxf5 24. ♕e5;

3) 22. ... ♘g6 23. ♗e3 ♕xe4 24.
♗xd4 ♖xd4 25. ♖xd4 ♕xd4 26.
♕xe6+.

23. ♕c3   e3

Oder 23. ... ♖xf4 24. ♖xd4 ♖xd4 25.
♕xd4 gxh6 (25. ... ♖f7 26. ♕d8+) 26.
gxh6 ♔f7 27. ♕h8, und Weiß behält
die Oberhand.

24. ♖xd4!   ♕xh1+
25. ♔a2   ♕xh3
26. ♖xd8   gxh6

Rettungschancen gibt es schon nicht
mehr, z. B. 26. ... ♘f5 27. ♕e5 ♖xd8
(27. ... ♕h5 28. ♕xe6+ ♕f7 29. ♕xf7+
♔xf7 30. g6+ hxg6 31. ♖xf8+ ♔xf8
32. h7)

28. ♕xe6+ ♔h8 29. hxg7+ ♔xg7 30.
♕f6+ ♔g8 31. ♕xd8+ ♔f7 32. ♕d7+
♔f8 33. ♗d6+! ♘xd6 (33. ... ♔g8 34.
♕e8+ ♔g7 35. ♗e5 matt) 34. ♕xh3.

27. gxh6   ♕g4

Bologan dürfte hier seine Chancen
kaum optimistisch eingeschätzt haben, aber den nächsten Zug hat er
ganz sicher nicht vorhergesehen.

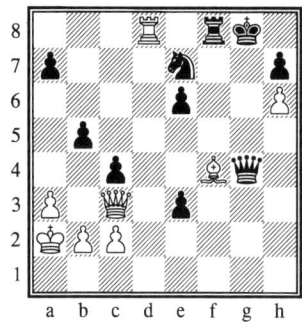

28. ♕h8+!!

Ein außergewöhnlicher kombinatorischer Schlag! Schwarz gab auf. Er
wird in wenigen Zügen matt – nämlich entweder nach 28. ... ♔xh8 29.
♖xf8+ ♘g8 30. ♗e5+ ♕g7 31. hxg7
oder nach 28. ... ♔f7 29. ♕xh7+ ♔f6
30. ♖xf8.

Französisch

...richtig gespielt
Ein Leben lang Französisch

Wolfgang Uhlmann

Joachim Beyer Verlag

Wolfgang Uhlmann

Französisch – richtig gespielt

198 Seiten, kartoniert

Die Französische Verteidigung (1.e4 e6), die erstmals in der ersten Hälfte des 19. Jahrhunderts merklich ins Blickfeld der Schachgemeinde geriet, zählt bis heute zu den wichtigsten und populärsten Eröffnungen im Schach.

Der Autor des vorliegenden Buchs, der deutsche Großmeister Wolfgang Uhlmann, ist ein weltweit angesehener Französisch-Experte, der diese Eröffnung über seine gesamte Schachkarriere praktisch erprobt und ihre Theorie bereichert hat. Eine Auswahl von 76 überwiegend eigenen Partien dokumentiert die beachtlichen Erfolge, die er als Schwarzspieler mit seiner Lieblingseröffnung erzielt hat, häufig gegen stärkste Gegnerschaft. Dabei erhält der Leser mit den eröffnungstheoretischen Ausführungen, die in die Partiekommentare integriert sind, eine fundierte Anleitung zur Behandlung dieser Eröffnung.

Es ist nicht Uhlmanns Anliegen, eine lückenlose Darstellung von Systemen und Varianten zu liefern, vielmehr stehen Stellungsbeurteilung und Planfindung im Vordergrund. Zugleich wird in dieser Zusammenstellung der Werdegang nachvollziehbar, den der Autor mit seinen bevorzugten Französisch-Varianten genommen hat.

Uhlmanns Werk liegt nun in der 4. aktualisierten und ergänzten Auflage vor. Insbesondere hat der Autor fünf neue Partien von anderen Französisch-Spezialisten aus jüngerer Zeit aufgenommen.

Der Dresdner IGM Wolfgang Uhlmann (geb. 1935) war von 1958 bis 1989 der stärkste Spieler der DDR und nahm an 11 Schacholympiaden teil (10-mal am Spitzenbrett). Zu seiner besten Zeit gehörte er zur erweiterten Weltspitze und feierte herausragende Erfolge in vielen nationalen und internationalen Turnieren. Nicht zuletzt war er auch als Bundesligaspieler aktiv und ist als Autor zahlreicher Veröffentlichungen hervorgetreten.